최신 AI 기술의 도입은 선택이 아닌 생존전략이다

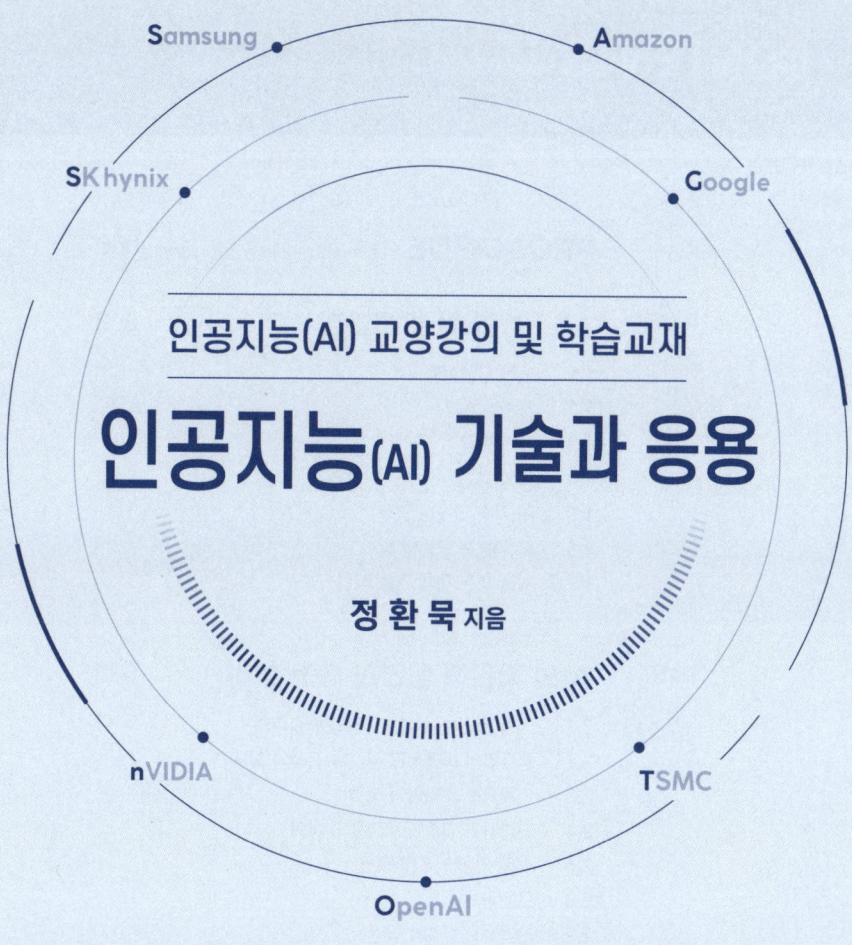

인공지능(AI) 교양강의 및 학습교재

인공지능(AI) 기술과 응용

정환묵 지음

CONTENTS

PROLOGUE 006

PART 01　**AI의 정의 및 발전과정** 008
1.1　AI란 무엇인가
1.2　지능과 AI
1.3　AI의 분류
1.4　AI의 역사
1.5　AI 기술 및 연구영역
1.6　AI 기술의 응용영역
1.7　AI에 의한 대체 가능 직업

PART 02　**AI의 학문적 등장과 응용 분야** 038
2.1　AI를 견인하는 기호주의와 연결주의
2.2　컴퓨터의 비약적인 발전과 지식의 획득
2.3　기계학습의 비약적 발전
2.4　신경망과 기존 프로그램의 차이
2.5　AI에 의한 신 산업혁명
2.6　로봇과 AI
2.7　산업 AI
2.8　군사기술에 활용되는 드론과 무인기
2.9　플랫폼화 하는 AI
2.10　AI 기술과 제품의 관계

PART 03   AI 프로그램의 기본적인 구조 ············ 066

- 3.1   AI에 주어지는 과제와 해결 방안
- 3.2   탐색 알고리즘의 종류와 개요
- 3.3   정렬 알고리즘의 종류와 개요
- 3.4   암호 알고리즘의 종류와 개요
- 3.5   AI의 설계도가 되는 아키텍쳐
- 3.6   독립적으로 일하는 AI의 존재
- 3.7   규칙에 의한 AI의 사고법과 의사결정 방법
- 3.8   목표에 맞춘 AI의 사고법과 의사결정 방법
- 3.9   사례로 배우는 AI의 사고법과 의사결정 방법
- 3.10   유연하게 사고하기 위한 방법

PART 04   AI 관련 데이터(정보) 처리 ············ 088

- 4.1   AI에 필요한 데이터(정보)
- 4.2   데이터 수집과 AI의 활용
- 4.3   데이터 취급의 용이성
- 4.4   지식과 개념을 전달하기 위한 접근
- 4.5   AI에 관한 데이터 과학과 통계
- 4.6   데이터의 분석과 가치 발굴
- 4.7   데이터의 관계성 발견
- 4.8   데이터를 분할하여 분석하는 방법
- 4.9   데이터의 올바른 취급 방법
- 4.10   지식과 통계로부터 AI의 이미지 구성

PART 05   기초 기계학습과 응용 ············ 110

- 5.1   신경세포의 구조
- 5.2   신경망이란?
- 5.3   딥러닝의 등장
- 5.4   다층 신경망
- 5.5   기계학습은 판단하는 기계
- 5.6   기계학습의 기본구조
- 5.7   기계학습의 주요 목적과 활용방법
- 5.8   기계학습의 한계
- 5.9   기계학습과 AI의 차이
- 5.10   기계학습과 데이터 과학의 차이
- 5.11   기계학습의 활용사례

PART 06 고급 기계학습과 응용 138

- 6.1 심층학습(딥 러닝, Deep Learning)
- 6.2 딥 러닝의 특징추출 능력
- 6.3 영상인식, 음성인식에 강한 심층 신경망
- 6.4 언어처리와 시계열처리에 강한 심층 신경망
- 6.5 재귀적 신경망의 응용
- 6.6 딥 러닝의 결점을 보완하는 GAN
- 6.7 신경망이 취급하는 정보
- 6.8 언어의 의미를 수치로 나타내는 방법
- 6.9 확립되어 가는 딥 러닝의 환경
- 6.10 딥 러닝이 바꾼 기계학습의 방식

PART 07 다양한 응용기술로 확대되는 AI의 실용화 160

- 7.1 이미지에서 동영상으로 발전하는 영상인식
- 7.2 AI 의사소통의 개념
- 7.3 Transformer와 빅데이터로 바뀐 문장생성
- 7.4 음성의 텍스트화에 필요한 기술
- 7.5 영상과 음성, 여러 가지 정보를 조합한 데이터 분석
- 7.6 인간의 창조적인 방식의 학습
- 7.7 인간 신체의 사용법
- 7.8 분산하여 확대되는 AI
- 7.9 AI의 진보와 성장을 촉진하는 게임 AI
- 7.10 인간의 판단기준을 설명하는 게임이론
- 7.11 AI와 인간의 상호 협동(개인과 비즈니스)
- 7.12 챗봇

PART 08   지식표현과 전문가 시스템 ······ 184

- 8.1   지식표현(knowledge representation)
- 8.2   전문가 시스템(expert system)
- 8.3   지식베이스 시스템
- 8.4   알고리즘과 지식의 차이점

PART 09   AI 데이터(정보)와 지식처리 관련 이론 ······ 206

- 9.1   퍼지이론과 응용
- 9.2   데이터마이닝
- 9.3   온톨로지
- 9.4   진화계산

PART 10   생성형 AI (GAI, GENERATIVE ARTIFICIAL INTELLIGENCE) ··· 230

- 10.1   생성형 AI의 정의와 개념
- 10.2   생성형 AI 종류 및 개요
- 10.3   ChatGPT와 대규모 언어모델과의 관계
- 10.4   대규모 언어모델의 등장
- 10.5   생성형 적대 신경망(GAN)
- 10.6   생성형 AI의 이점과 한계

PROLOGUE

초고령사회와 4차 산업혁명의 거대한 물결이 우리를 향해 밀려오는 가운데 또 하나의 강력한 변화인 인공지능(AI)이 쓰나미처럼 다가오고 있습니다. 이제 AI는 선택이 아니라 필수이며 우리는 본격적인 AI 시대를 맞이하고 있습니다.

특히 생성형 AI(Generative AI)의 발전은 산업 전반에 혁신을 불러 일으키고 있습니다. 오픈AI의 ChatGPT, 구글의 Gemini, 메타의 LLaMA, 그리고 국내 기업들의 AI 모델 개발 경쟁은 AI의 상용화와 실용화를 더욱 가속화하고 있습니다. AI는 단순한 자동화 도구를 넘어 창작, 문제 해결, 의료 진단, 소프트웨어 개발, 금융 분석 등 다양한 분야에서 인간과 협업하는 새로운 패러다임을 만들어가고 있습니다.

우리나라는 IT 기술의 비약적인 발전을 거듭하며 스마트폰과 반도체 등 일부 분야에서 글로벌 경쟁력을 갖춘 경험이 있습니다. 이제 이러한 경험과 기술력을 바탕으로 AI 산업에서도 새로운 돌파구를 마련해야 합니다. AI 반도체(뉴로모픽 칩), 클라우드 AI, 엣지 AI, 로보틱스, 그리고 자율주행 AI 등 다양한 기술이 빠르게 발전하면서 글로벌 기업들은 경쟁과 협력을 반복하며 AI 혁신을 주도하고 있습니다.

AI가 다양한 산업과 일상에 깊이 스며들고 있는 지금, AI를 단순히 활용하는 것을 넘어 근본적으로 이해하는 것이 무엇보다 중요합니다. 하지만 현재 출간된 AI 관련 서적들은 특정 기술 분야에 집중된 경우가 많아 AI 전반을 폭넓게 다룬 자료는 상대적으로 부족한 상황입니다. 이에 따라 AI에 관심 있는 독자들이 기본적인 개념을 이해하고 시야를 넓힐 수 있도록 이 책을 집필하게 되었습니다.

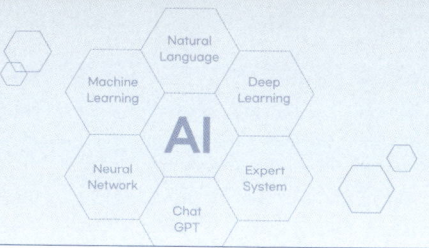

특히, 강의 교재로 활용할 수 있도록 구성하여 교육 및 학습에 효과적으로 활용할 수 있도록 하였으며 "See & Think" 코너를 통해 본문의 내용을 보다 쉽게 이해할 수 있도록 구성하였습니다.

저자의 경험을 바탕으로 AI의 범위를 설정하고 집필한 만큼 일부 내용은 관점에 따라 다르게 해석될 수도 있습니다. 또한, 논문이나 전문 서적과 달리 기본 개념의 이해에 초점을 맞추었기에 참고 문헌을 일일이 열거하지 않았음을 밝힙니다.

AI를 이해하는 데 이 책이 조금이나마 도움이 되길 바라며 향후 더욱 깊이 있는 연구와 폭넓은 내용을 담은 책을 집필할 것을 약속드립니다. 아울러 독자 여러분의 소중한 의견과 조언을 적극 반영하여 더욱 완성도 높은 자료를 제공하도록 노력하겠습니다.

끝으로 이 책이 완성되기까지 아낌없는 조언과 격려를 보내주신 미국 국립보건원(NIH) 권경주 박사님 내외분께 깊이 감사드립니다. 또한, 교정과 자문을 도와주신 배인한 교수님, 호주 국방과학기술연구기관 김준애 박사님, SIL 정재탁 이사님, 밝은사람들 이현경 이사님, 송민주 님, 김경민 님, 김영은 님, 그리고 ㈜록키 박승부 회장님께 진심으로 감사의 말씀을 전합니다.

2025. 4.   정 환 묵

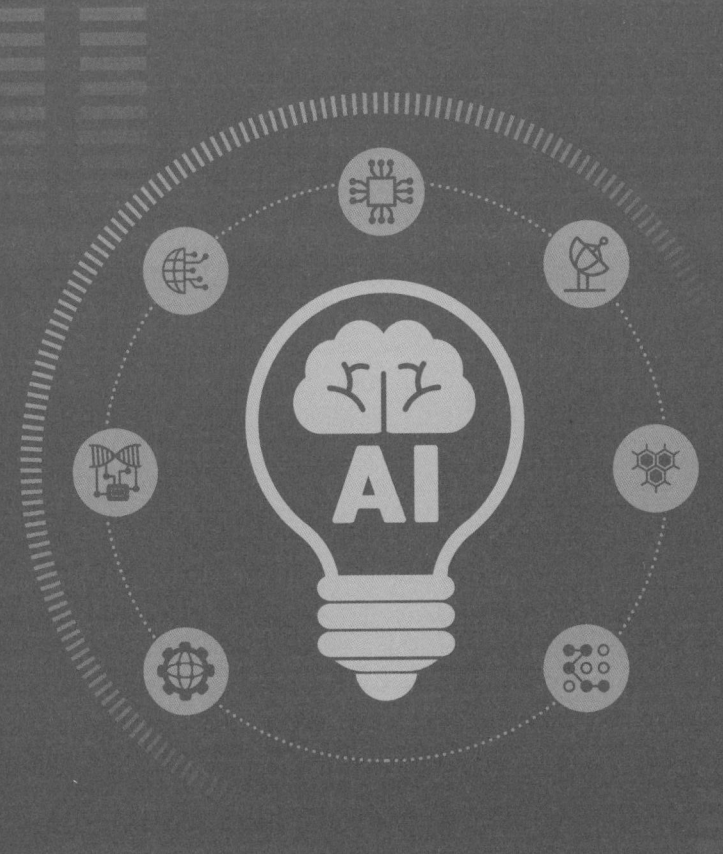

PART 01

AI의 정의 및 발전과정

1.1   AI란 무엇인가

1.2   지능과 AI

1.3   AI의 분류

1.4   AI의 역사

1.5   AI 기술 및 연구영역

1.6   AI 기술의 응용영역

1.7   AI에 의한 대체 가능 직업

PART

AI의 정의 및 발전과정

1.1 AI란 무엇인가

AI(artificial intelligence : 인공지능) 역사는 컴퓨터의 발명과 동시에 시작됐다. 오랜 역사와 전통을 가진 다른 학문 분야에 비하면, 70년 정도의 비교적 짧은 역사를 가진 신생 학문이지만 연구 성과와 발자취는 비약적이다. 특히 1950년대 하나의 학문과 연구 분야로 태동했지만 최근에는 미래 혁신기술로 크게 주목을 받고 있다.

AI 연구가 시작되고 약 60년간은 AI 프로그램에 모든 관심이 집중됐다. AI 연구는 지능에 관한 연구로, 인간은 지능이라는 척도에서는 절대적 우위에 있다. 한편, 컴퓨터는 AI 연구가 시작된 시기에 개발되면서 큰 잠재력을 가진 이상적인 기계였다. 이 때문에 인간이 AI 프로그램을 개발하고, 그것을 컴퓨터로 작동시키는 것은 자연스러운 시대적 흐름이었다. 이러한 흐름은 AI 연구의 주류가 되어 반세기 이상 계속됐다. 특히 최근 10년간은 AI 연구의 핵심이

학습 프로그램 개발로 전환되었고, AI 연구의 패러다임을 완전히 바꾸는 계기가 되었다.

최근에는 AI로 제어되는 로봇, 드론 등이 등장할 만큼 디지털 기술이 빠르게 진화하고 있다. 이것으로 인해 전통산업과 기술의 개념을 뿌리째 흔드는 4차 산업혁명 시대가 가속화되고 있다. 디지털 패러다임의 2차 사이클이 시작되었다고 할 수 있다. AI와 빅 데이터의 출현은 기존 산업구조는 물론 그 경계까지도 허물고 있다.

AI를 간단히 정의하면 보고(see), 듣고(hear), 말하고(speak), 이해하고(understand), 사고하는(think) 등 인간의 지적인 행동을 컴퓨터가 구현하는 것이다. 즉, 인간의 추론, 인식, 판단, 학습 등의 사고 기능을 컴퓨터로 모델화하여 인간의 사고 활동을 정보처리의 관점에서 규명하고, 동시에 컴퓨터에서 인간의 사고 과정 일부를 실현하는 것이다. 컴퓨터의 새로운 응용 분야를 개척하는 것이 궁극적인 목적이다.

또한 인간의 인지(지각, 판단, 기억, 학습, 이해와 같은 마음의 작용) 능력을 정보처리 관점에서 컴퓨터를 이용해 모의실험(simulation)하기 위한 다양한 시도가 이루어지고 있다. AI는 크게 두 가지 측면으로 나누어 볼 수 있다. 하나는 인간이 어떻게 사고하고 이해하는가를 컴퓨터로 모델을 만들어 설명하는 것이다. 다른 하나는 인간의 지적능력을 어떻게 하면 컴퓨터로 이식하는 것이다. 전자는 인지과학적 측면이고, 후자는 공학적 측면이라고 할 수 나. 물론 두 가지 측면 모두 정확히 분리되는 것은 아니고 서로 밀접하게 연관되어 있다.

한편, '기계는 생각할 수 있는가?'라는 문제는 다양한 관점에서 지속적으로 논의되어왔다. 특히 컴퓨터가 개발되면서 인간의 두뇌를 대체할 수 있을 것이라는 희망적인 전망이 많았다. 그러나 이러한 낙관적인 전망은 컴퓨터의 눈부신 발전에도 불구하고 수많은 문제가 제기되어 왔다.

그것은 '인간이 수행하는 지적인 것은 거의 아무것도 구현될 수 없는가?' 혹은 '기계는 사고할 수 있는가?'라는 문제에 대한 명확한 해답이 주어지지 않았기 때문이다. 무엇보다 '사고란 무엇인가?'를 이해할 수 없기 때문이다.

인간과 AI 컴퓨터는 처리 대상의 세계를 공통으로 하고 있다. 즉, 공통의 문화를 가지는 것이 매우 중요하다. 현재의 컴퓨터는 인간이 개발한 프로그램으로만 작동할 뿐 그 이외는 아무것도 할 수 없다. 순종하는 지적인 노예이면서 고속연산의 산술기계에 불과하다.

일반적으로 인간의 사고력은 정보처리 능력이라 할 수 있다. 반면 컴퓨터는 정보처리를 위한 기계라고는 할 수 있지만 스스로 사고하는 기계는 아니다. 인간은 문제를 이해하고 이를 해결하기 위해 스스로 사고한다. 컴퓨터가 스스로 사고하는 기계가 되기 위해서는 인간처럼 문제를 해결하기에 앞서 문제를 이해해야 한다. 하지만 현재의 컴퓨터는 인간이 개발한 프로그램으로 문제 해결 방법만 제시한다. 해법을 제공하기 위해 문제를 스스로 이해하는 능력은 전혀 갖추고 있지 않다. 인류가 목표로 하는 사고하는 컴퓨터는 인간과 유사한 지능을 가진 컴퓨터이다.

일반적으로 '이해가 빠르다', '기억력이 우수하다', '학습방법이 능률적이다', '응용능력이 우수하다', '창조적인 사고력을 가지고 있다'는 것은 지적(知的) 능력이 뛰어나다는 의미이다. 즉 기억, 학습, 연상, 창의력 등을 모두 갖춘 것을 지능이라 할 수 있다.

1.2 지능과 AI

AI는 '인공적으로 만들어진 지능'을 의미한다. 여기서 말하는 지능이란 무엇일까? 사전이나 학계에 따르면 지능은 '논리적·추상적 사고, 예측이나 계획, 복잡한 개념·사상·언어의 이해, 학습·문제해결 등의 능력'을 일컫는다. 다소 막연하고 모호한 표현으로 명확하게 정의하는 것은 사실상 어렵다(그림 1.1).

그림 1.1 지능은 종합적인 능력

지능을 인공적으로 만든다고 정의하면 이야기는 더 복잡해진다. 위에서 설명한 지능을 활용한 업무(task)는 일부 영역이지만 기계도 간단히 할 수 있기 때문이다. 예측과 계획, 문제해결과 학습, 논리적인 사고는 통계학이나 정보 논리를 통해 비교적 쉽게 구현할 수 있다. 이러한 관점에서는 기계가 지능이 있는 것처럼 보일 수 있다. 단, 기계의 사고방식은 인간과는 매우 달라, 기계의 사고방식 중 일부는 지능으로 간주하기 어려운 것들도 있다. 실제로 '무엇이 AI인지' 정의하는 것도 불명확하고 학자들 사이에서도 견해가 분분하다.

여기서 AI는 주로 지능이 있는 것처럼 행동하는 AI를 가리킨다. 이를 일반적으로 약한 AI나 특화 AI라고 부르며, 특정 업무에서 지능이 있는 것처럼 행동하는 AI를 말한다. 현실 세계의 AI 대부분은 지능이 있는 것처럼 보일 뿐인 AI라고 할 수 있다. 인간과 같은 사고와 지능을 가진 AI도 존재할 수 있지만, '인간처럼'이라고 형용하면, '인간이란 무엇인가'를 탐구하는 철학이나 뇌과학의 세계 속으로 파고 들어가야 한다.

한편, 일상생활에서 접하는 AI라고 부르는 것은 대부분 통계이론이나 정보이론의 집합으로, 인간의 사고와는 별개인 것처럼 느껴질 수 있다. AI의 사고가 인간과 어떻게 다른지를 이해하기 위해서는 정보이론 측면에서 이해할 필요가 있다.

1.3 AI의 분류

KEYWORD : 강한 AI, 약한 AI, 범용 AI, 특화 AI

❶ 강한 AI와 약한 AI

AI에 대한 다양한 논의들은 대부분 의견이 일치하지 않는다. 이는

AI에 대한 정의가 모호해 논의의 전제조건이 엇갈리기 때문이다. 여기서는 AI가 안고 있는 문제에 대해 논의할 때, 가져야 할 판단 방식과 기술을 소개한다.

먼저, 이전부터 논의되고 있는 것이 강한 AI와 약한 AI이다. 지적인 생물이 가지고 있는 근원적인 능력인 의식과 지능을 갖추고 있는지 여부에 따라 강한 AI와 약한 AI로 구분된다.

강한 AI는 인간과 동등한 의식과 지식을 가진 AI이며, 약한 AI는 의식이나 지능이 있는 것처럼 보일 뿐인 AI를 의미한다(표 1.1). 현대사회에 존재하는 대부분의 AI는 약한 AI에 속한다. 이에 반해 창작물을 만들어내는 AI는 마치 의식을 가진 강한 AI처럼 그려지는 경우가 많은데, 이는 이미지 차이를 만들어 내는 요인이 되고 있다.

	의식과 지능	가능한 업무	사례
인간	있다	매우 폭넓음	해당사항 없음
강한 AI	있다	인간과 동등 이상	오직 창작물만
약한 AI	없다	지적 업무 전반	기존 AI 전부
범용 AI (AGI)	해당사항 없음	인간과 동등 이상	오직 창작물만
특화 AI	해당사항 없음	매우 한정적	기존 AI 전부

표 1.1 AI의 분류와 정의

❷ 범용 AI와 특화 AI

의식과 지능은 논외로 하고 '무엇을 할 수 있는가'에 따라 AI는 두 가지로 구분할 수 있다. 바로 범용 AI와 특화 AI이다. 이는 의식과 지능의 유무에 대해서는 묻지 않고, 인간과 비교해 얼마나 복잡한 작업을 수행할 수 있는지를 기준으로 AI를 분류하는 것이다. 범용 AI는 인간과 같이 무엇이든지 할 수 있는 AI를 말한다. 반면에 특화 AI는 일부 업무가 가능한 AI를 일컫는다. 여기서 강한 AI는 범용 AI에 해당하지만, 인간과 같은 일을 할 수 있는 범용 AI라고 해서 반드시 의식과 지능이 있는 강한 AI라고 단정할 수 없다는 점을 유의해야 한다(그림 1.2).

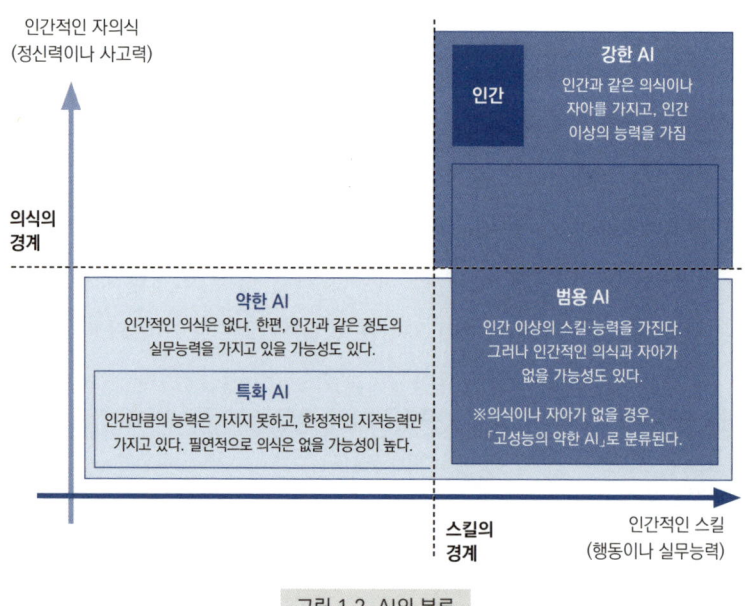

그림 1.2 AI의 분류

AI 연구는 일찍이 인간이 가진 지능을 구현(강한 AI)하는 것을 목표로 하고 있지만, 비즈니스나 실용성의 관점에서 실질적으로 인간의 업무를 기계에 맡기는(범용 AI) 것으로 바뀌고 있다. 하지만 일반사회에서는 AI 본연의 기능을 명확하게 규정하지 않은 채 'AI는 인간과는 다르다', '무슨 일이든 AI에게 맡길 수 있다', 'AI에 전부 빼앗긴다'는 논의가 이어지고 있다. 지금까지 설명을 요약하면 다음과 같다.

❶ 강한 AI와 약한 AI는 인간의 내면과 의식에 초점을 맞춘 사고방식.

❷ 범용 AI와 특화 AI는 인간의 스킬과 능력에 초점을 맞춘 사고방식.

❸ 인간의 의식과 지능의 메커니즘이 해명되지 못했기 때문에, 강한 AI는 판별이 어렵다.

❹ 의식을 따지지 않는 인간적인 능력을 가진 범용 AI의 논의가 활발히 이루어지고 있다.

1.4 AI의 역사

제1차 AI붐은 1950년대에 시작됐다. 이어 제2차 붐은 1970년대에, 제3차는 1990년대에 각각 시작됐다. 제4차 AI붐은 2022년부터 시작됐다고 볼 수 있다. 특히 AI 연구의 역사는 침체기와 융성기의 반복이었다. 특정 계기로 인해 연구가 시작되어 괄목할 만한 성과를 도출하며 센세이션(sensation)을 일으키고 막대한 연구자금이 조성되어 연구의 계기가 가속되는 융성기를 맞는다. 하지만 혹한의 시대로 불리는 침체기에 접어든다. 지금까지 AI 연구는 이러한 사이클의 반복이었다. 단, 제3차 AI붐은 침체기를 거치지 않고 열기가 이어졌고, 2022년 제4차 AI붐을 맞이해 현재에 이르고 있다.

제3차 AI붐 이후 30년간은 세 가지 돌파구가 있었다. 딥러닝과 알파고, 그리고 트랜스포머를 베이스로 하는 최근의 생성 AI가 그것이다. 이러한 혁신기술로 인해, AI 연구는 대전환의 시대를 맞았다고 해도 과언이 아니다. 무엇보다 이러한 혁신기술은 우연이 초래된 발견(serendipity)과는 달랐다. 60여 년간 수많은 시행착오를 거치고, 패러다임 시프트가 일어났기 때문에 가능했다.

딥러닝이 세상에 널리 알려질 때까지 오랜 시간이 필요했다. 1998년 신경망 기본구조가 논문으로 발표되고, 2012년 영상 인식 경진대회까지 총 14년이 걸렸다. 현재 전 세계적으로 화두가 되고 있는 생성 AI 역시 시간 차가 존재한다. 생성 AI의 기본 아키텍쳐인 트랜스포머가 2017년 논문으로 발표되고 2022년 ChatGPT 공개까지는 5년이라는 시간이 걸렸다. 어느 시대든 획기적인 혁신이 나타난 후, 그것이 세상에 알려지고 대중화되기까지는 꽤 오랜 시간이 걸리기 마련이다.

❶ 제1차 AI붐(1950년대~)

1950년대 초는 인공지능 연구의 태동기라 할 수 있다. 1952년 영국 BBC 방송은 'Can automatic calculating machines be said to think?'라는 주제로 토론 방송을 진행했다. 앨런 튜링(Alan Turing, 정보과학자), 리처드 브레이스웨이트(Richard Braithwaite, 철학자), 제프리 제퍼슨(Geoffrey Jefferson, 뇌신경외과의사), 막스 뉴먼(Max Newman, 수학자) 4명이 토론에 참가했다. 공영방송이 AI를 주제로 다룬 최초의 방영물이다. 당시 토론에서는 AI(인공지능)라는 말은 사용되지 않았다. 대신 '생각하는 기계(thinking machine)'라는 말이 사용됐다. AI(인공지능)라는 말이 처음 사용된 시기는 1956년 열린 인공지능에 관한 다트머스 회의에서였다.

당시 AI에 흥미를 가진 연구자는 전 세계에서 극소수에 불과했다. 또한 AI를 연구 주제로 다룬 제대로 된 논문은 튜링이 1950년에 발표한 'Computing Machinery and Intelligence'뿐이었다. 튜링은 무한한 통찰력을 가진 저명인사로, 인공지능 연구뿐만 아니라 현대의 컴퓨터 모델인 튜링 기계를 제창했다. 또한, 제2차 세계대전 중에 나치 독일의 암호 에니그마를 해독해 영국을 구한 것으로도 잘 알려져 있다.

또한 튜링은 생각하는 기계를 개발하는 과정에서 가장 핵심은 학습이라고 강조했다. 학습이 이루어지면 그다음 학습이 더 수월해지는 현상을 '눈덩이 효과(snowball effect)'라 불렀다. 작은 눈덩이를 굴리면 점점 커지듯이, 작은 규모로 시작했지만 시간이 지날수록 가속도가 붙어 큰 효과를 불러오는 현상을 비유한 표현이다. 트랜스포머에서는 이 효과를 사용한 사전학습이라는 자연어처리의 기법을 설명하려 하는데, 생각하는 기계의 학습은 본질적인 것으로서 눈덩이 효과에 주목하고 있는 튜링의 선견지명이 놀랍다.

인간은 무엇인가를 생각할 때 뇌에서 이를 이미지화 할 수 있지만, 생각하는 기계를 개발하는 것까지는 이어지지 않는다. 하지만 튜링은 생각하는 기계가 충족시켜야 하는 조건을 구체적으로 부여해 인공지능 연구의 목표를 명확히 했다. 그 조건은 튜링 테스트를 패스하는 것이다. 이 테스트에는 판정자와 두 사람의 피험자인 제3자가 등장한다. 피험자는 한쪽은 인간이고 다른 한쪽은 기계이다. 판정자는 인간이다. 세 사람은 각각 다른 방에 있다. 판정자는 피험자 둘 중 어느 쪽이 인간이고 어느 쪽이 기계인지 구별해야 한다. 판정을 내리기 위해 판정자는 피험자들에게 자유롭게 질문할 수 있다. 겉모습과 음성으로는 판정할 수 없도록 질문에는 전신(電信)을 사용하였다. 이러한 가운데 판정자가 올바른 판단을 내릴 수 없을 때, 즉 기계가 인간처럼 응답해 판정자가 인간과 구별할 수 없을 때 그 기계는 튜링 테스트를 패스했다고 인식했다. '생각한다'를 규명하는 것이 아니라, 인간과 기계의 구별이 어려울 경우, 그 기계는 '생각하고 있다'고 간주한다는 것이 튜링의 주장이다.

제1차 AI붐이 일어난 시기는 기호나 논리를 베이스로 한 '기호와 논리의 AI'와 뇌 작용을 중심으로 한 '뉴럴 AI' 사이에서 격한 노선논쟁이 펼쳐졌던 때이기도 했다. 뉴럴 AI를 대표하는 저명한 학자는 퍼셉트론(perceptron)을 개발한 프랭크 로젠블랫(Frank Rosenblatt)이다. 로젠블랫의 퍼셉트론은 단층의 신경망(neural network)이라 불리는 것이다. 그는 퍼셉트론 모델을 통해 컴퓨터가 패턴을 인식하고 학습할 수 있다는 개념을 실증적으로 보여줬다.

퍼셉트론의 계산능력은 한계가 있다며 반대의견을 내세웠던 학자는 미국의 컴퓨터과학자이자 인지과학자인 마빈 민스키(Marvin Minsky)이다. 민스키와 로젠블랫은 학회 등의 공개 석상에서 격한 논쟁을 이어갔다. 그러던 중 1969년 민스키는 페퍼트(Seymour Papert)와 함께 쓴 책 『퍼셉트론』에서 '로젠블랫의 퍼셉트론으로는 간단한 XOR 연산이 불가능하다'는 사실을 증명했다. 이 책의 출간으로 로젠블랫의 연구 생명줄은 끊어지고 말았다.

당시 퍼셉트론은 태동기에 불과했다. 민스키와의 논쟁에서 효과적인 반론을 하지 못했지만, 지금 돌이켜보면, 로젠블랫이 추구한 방향이 더 타당했다는 것을 알 수 있다. 또한 민스키는 그의 저서 『퍼셉트론』에서 '로젠블랫의 퍼셉트론으로는 간단한 XOR 연산이 불가능하다'고 주장했지만, 이는 뉴럴네트가 단층이라는 전제로 성립된 논리이다. 다층이면 XOR 연산은 가능하다.

뉴럴네트는 뇌의 뉴런 네트워크를 모방한 수학적인 모델이다. 애초 당시의 기술로는 단층의 퍼셉트론만으로 구성되어 현실적으로 다층 뉴럴네트는 실현할 수 없었을 것이다. 이처럼 여러 요인이 겹쳐 퍼셉트론은 힘을 잃게 되었고, 제1차 AI붐은 침체기로 들어서게 됐다.

❷ 제2차 AI붐(1970년대~)

로젠블렛의 퍼셉트론이 후퇴하면서 '기호와 논리의 AI'가 다시 주목받았다. 특히 당시 컴퓨터 기술이 발전하면서 기호와 논리를 베이스로 한 AI가 더욱 탄력을 받았다. 이로 인해 기호와 논리의 AI를 중심으로 한 제2차 AI붐이 일어났다. 제2차 AI붐의 저변에는 1982년 일본이 국가 프로젝트로 시작한 제5세대 컴퓨터가 있다. 이 프로젝트는 1992년까지 이어졌다. 제5세대 컴퓨터에 영향을 받은 미국과 영국도 같은 프로젝트를 시작했다. 제2차 AI붐이 일어난 시기에도 소수였지만 지속적으로 신경망을 모델로 한 연구를 이어 온 그룹이 있었다. 그 그룹이 이후에 폭발적인 제3차 AI붐을 일으킨 주역으로 떠오른다.

제2차 AI붐의 큰 성과는 전문가 시스템이다. 전문가 시스템이란 응답 시스템으로, 질문에 대해 전문가(expert) 수준의 답을 내놓는 것이다. 세균감염 진단을 전문가 수준으로 하는 MYCIN이 대표적인 사례이다.

MYCIN 프로그램은 추론엔진과 지식베이스로 구성된다. 지식베이스는 세균감염에 관한 여러가지 규칙(if-then의 형식으로 표현)과 사실로 이루어진다. 이 부분은 숙련된 의사에게 질문하여 얻은 전문지식을 데이터베이스화하여 만든다. 이 때문에 엄청난 노력이 필요하다. 추론엔진은 지식베이스를 제어하는 것으로, 그것으로부터 규칙이나 사실을 획득해 새로운 사실(fact)과 규칙(rule)을 만들어 지식베이스에 추가한다.

MYCIN의 세균감염 진단은 뛰어났지만, 전문의사 수준에는 도달하지 못했다. MYCIN뿐만 아니라 이 시기에 개발된 다른 전문가 시스템도 현재까지 실제로 사용되는 사례는 없다. 이러한 영향으로 제2차 AI붐도 결국 침체기를 맞이하게 되었다.

❸ 제3차 AI 융성기(1990년대~)

제2차 AI붐 시대에 치밀하게 연구가 진행되었던 신경망 AI가 돌연 제3차 붐을 맞이하였다. 이 시기의 경향에 대해서는 패러다임 시프트의 계기가 된 2012년 영상 경진대회에서 우승한 신경망 알렉스넷(AlexNet)을 중심으로 살펴보도록 한다.

AlexNet의 시초가 된 두 가지 연구가 있다. 하나는 1980년 현재의 NHK방송기술연구소의 네오코그니트론(neocognitron)이며, 다른 하나는 1998년 얀 르쿤(Yann LeCun)과 그의 동료들이 수표의 사인을 증명한 뉴럴네트이다.

네오코그니트론은 다층의 신경망이며, 그 후의 신경망의 베이스가 되는 합성곱 신경망(CNN: Convolutional Neural Network)이라 불리는 방식을 새롭게 제안한 것이다. 다만, 1980년대 후반에 제안된 역전파(backpropagation)는 사용되지 않았다. 역전파란 뉴런 간의 결합의 세기를 조정하는 계산의 순서다.

반면, 1998년 르쿤의 뉴럴네트는 영상인식을 하는 현재의 신경망의 기본적인 기법은 모두 들어가 있다. 특히, 역전파에 의한 트레이닝이 처음 성공한 사례이기도 하다. 르쿤과 그의 동료들은 수표 서명의 진위판정을 하는 학습 프로그램을 개발하였고 이 시스템을 미국은행에 도입해 전미 10%에 달하는 수표 서명인증을 하는 등 실용화에도 성공했다. 르쿤의 방식은 딥러닝(deep learning)이라 불리게 되어 인공지능 기반기술로 확립됐다.

르쿤의 신경망과 AlexNet 사이에는 네트워크의 규모와 복잡함에 큰 차이가 있다. 개발된 시기가 다르기 때문에 트레이닝을 위한 화상 데이터의 양이나 질에 차이가 있다. 1998년은 인터넷에서 방대한 화상 데이터를 수집할 수 있는 시대는 아니었다. 이 때문에 르쿤의 신경망은 연구대상을 자필 서명 인증으로 한정해야 했다. 자필 사인의 경우, 주변 연구자에게 도움을 받으면 트레이닝 데이터를 모을 수 있었기 때문이다. 반면, 2012년 제안된 AlextNet은 이미 화상 데이터베이스 ImageNet이 공개되어 트레이닝 데이터로 어려움을 겪는 일은 없었다.

그런데 전문가 시스템으로 대표되는 제2차 AI붐과 그것을 잇는 제3차 AI붐, 제4차 AI붐 사이에는 AI 프로그램이 다루는 데이터 자체에 근본적인 차이가 있다. 그 차이를 명확하게 하기 위해 지금까지 기호와 논리의 AI라고 불렸던 것을 심볼릭 AI(symbolic AI)라 부르고, 그 이후의 것을 서브심볼릭 AI(subsymbolic AI)라 불러 구별하기로 한다.

항목 \ AI종류	심볼릭 AI	서브 심볼릭 AI
정보표현의 베이스	기호	원시 자료(raw data)
계산의 근거	논리와 if-then 룰	학습
계산의 정당성	언어에 의한 설명과 증명	데이터에 근거한 평가

표 1.2 심볼릭 AI와 서브 심볼릭 AI의 차이점

❹ **제4차 AI붐(2022년~)**

제4차 AI붐은 2022년 11월 오픈 AI가 ChatGPT를 공개한 후 순식간에 찾아왔다. 공개 2개월 만에 유저가 1억 명을 넘어서며 역사상 가장 빨리 보급된 어플로 불린다. 매스컴도 연일 이 대화형 AI를 비중 있게 다루고 있다.

ChatGPT 개발의 기반이 된 대규모 언어모델은 사전에 대량의 자연어 텍스트를 학습시키고, 학습으로 읽어 들인 문장을 토대로 다음에 올 단어를 잇달아 예측할 수 있게 한다. 이러한 예측기능은 문장에만 한정되지 않는다. 영상을 비롯해 음악, 프로그램 코드까지 적용해도 정식화(定式化) 해주면 다음을 예측할 수 있다. 특히 다음을 예측한다는 것은 생성하는 능력으로도 이어진다. 생성 능력은 그동안 인간만이 독차지했던 창작 영역까지 AI가 발을 들여놓을 수 있는 가능성을 열어 놓았다. 여기서 AI의 창작물은 엄밀히 보면 인터넷에서 대량으로 수집한 정보를 토대로 한 것이다.

생성 AI는 ChatGPT 공개를 계기로 전 세계적인 화두가 되었지만, 동시에 사회적인 리스크도 제기됐다. 급기야 오픈 AI는 '사람

보다 똑똑한 AI는 매우 위험하며, 인류를 무력화시키거나 절명시킬 가능성이 있다'고 경고하며 AI 리스크를 이해하고 경감시키는 것을 목적으로 한 팀까지 꾸렸다. ChatGPT를 개발한 회사가 1년도 지나지 않아 AI 리스크를 검토하고 있다는 사실을 공개할 수 밖에 없는 처지에 놓인 것이다.

제4차 AI붐은 이제 막 시작되었을 뿐이다. 지금, 그 역사가 만들어지고 있다. 현시점에서는 제4차 AI붐이 어떤 역사로 남을 것인지는 알 수 없다. 그러나 ChatGPT를 계기로 한 생성 AI에 대한 세간의 관심은 매우 크고, 당분간 생성 AI를 중심으로 전개될 것으로 보인다.

결론적으로 1980년 이후 AI 연구는 학습에 사용되는 데이터의 절대적인 부족과 감각적인 정보처리의 어려움으로 큰 장벽에 맞닥뜨리고 있었다. 그 장벽을 허문 것이 인터넷과 딥러닝이다. 1990년대 인터넷의 보급과 2000년대 SNS의 등장으로 AI가 취급할 수 있는 디지털 데이터가 인터넷상에 흘러넘치게 됐다. 2010년대에 들어서자 감각적인 정보처리와 학습이 뛰어난 딥러닝이 등장하고, 인간의 시각과 청각에 관한 정보처리 능력이 비약적으로 진보한다. 이는 거대한 돌파구가 되었다.

❺ 한국 인공지능의 발전과정

1950년대에 시작된 인공지능은 컴퓨터 발명과 동시에 새로운 학문과 연구 분야로 거듭나며 미래혁신 기술로 크게 주목받고 있다. 초기 컴퓨터 환경은 아날로그 계산기와 디지털 계산기가 혼재된 상태에서 정부와 대학 등에 IBM, UNIVAC, CDC,

FACOM 등이 도입되어 행정과 연구가 동시에 추진됐다(1970년대 초반에 정부기관, 대학, 연구소 등의 컴퓨터 도입 대수가 42대로 파악되고 있음). 연구의 역사가 짧을 뿐만 아니라, 그 연구의 시발점 또한 특이했으며 전자공학·수학·경영·경제 관련 분야 등 다양했다.

1970~80년대 하드웨어 분야는 진공관, 트랜지스터 및 집적회로가 혼재된 상태였고, 컴퓨터 과학 분야는 데이터베이스, 인터넷 등으로 여러 가지 실용적인 성과를 거두고 있었다. 당시 인공지능이라는 용어는 생소했다. 이러한 가운데 글로벌 시사주간지 타임(TIME)지의 1983년 1월호 커버스토리는 국내 학계에 큰 자극을 주었다. 또한 일본이 추론기능을 탑재한 제5세대 컴퓨터 개발을 국가적 연구 사업으로 추진하겠다고 발표한 것도 한국의 학계에 큰 영향을 미쳤다.

1985년 12월 정보과학회 산하에 인공지능연구회 결성과 초기의 인공지능 연구자(교수) 중심의 튜토리얼, 학술대회 등은 인공지능 연구의 계기가 되었다. 1988년 8월 제1회 인공지능 담당 교수를 위한 튜토리얼은 분야별로 혹은 개별적으로 연구해 온 연구자들을 결집시키는데 좋은 계기가 되었다(정보과학회지, 2021. 12. 인용).

결론적으로, AI의 진보는 1.4절의 역사(진화 과정)에서 밝힌 바와 같이 네 차례에 걸친 AI의 붐과 같은 돌파구가 생겨 그때마다 큰 주목을 받았다. 돌파구와 함께 AI 기술이 어떻게 변화했는지를 이해하는 것이 AI 그 자체의 이해와도 이어진다. 따라서 AI의 역사에 큰 영향을 준 네 차례에 걸친 AI붐에 대해 이해할 필요가 있다.

1.5 AI 기술 및 연구영역

최근에는 AI에 의해 제어되는 로봇, 드론 등 디지털 기술이 전통적인 기술과 전통적인 산업의 개념을 송두리째 바꾸는 4차 산업혁명, 즉 디지털 패러다임의 2차 사이클이 시작되었다. AI와 빅 데이터의 출현으로 기존의 산업구조는 물론 그 경계까지도 파괴되고 있다.

AI라는 학문은 단순한 기술에 대한 학문이 아니라, 철학적, 그리고 우리 인간과 밀접한 관련이 있는 학문이며, 사람 특히 뇌의 신비로운 부분을 비롯하여 생명 그리고 그 정점에 군림하는 인간의 뛰어남을 재인식하는 학문인 것이다.

AI의 다양한 연구 관련 주제들을 보았지만 현재의 기계학습 이외에도 도움이 되는 AI기술은 많다. AI 학문(기술)의 연구 분야를 종합적인 관점에서 요약하여 정리하고, 상호 관련성을 나타내면 그림 1.3과 같이 나타낼 수 있다.

AI의 연구 분야는 지속적으로 확대되고 진화하면서 시대의 흐름에 따라 다양한 요소기술에 관한 연구도 계속되고 있다. 그중에서 기계학습이 매우 주목받고 있고, 최근에는 데이터마이닝과 Web 관련 기술과도 관련되어 인터넷상의 빅 데이터 해석과 연결되어 있다. 또한 자연어처리와 에이전트도 연구주제 중의 하나이다.

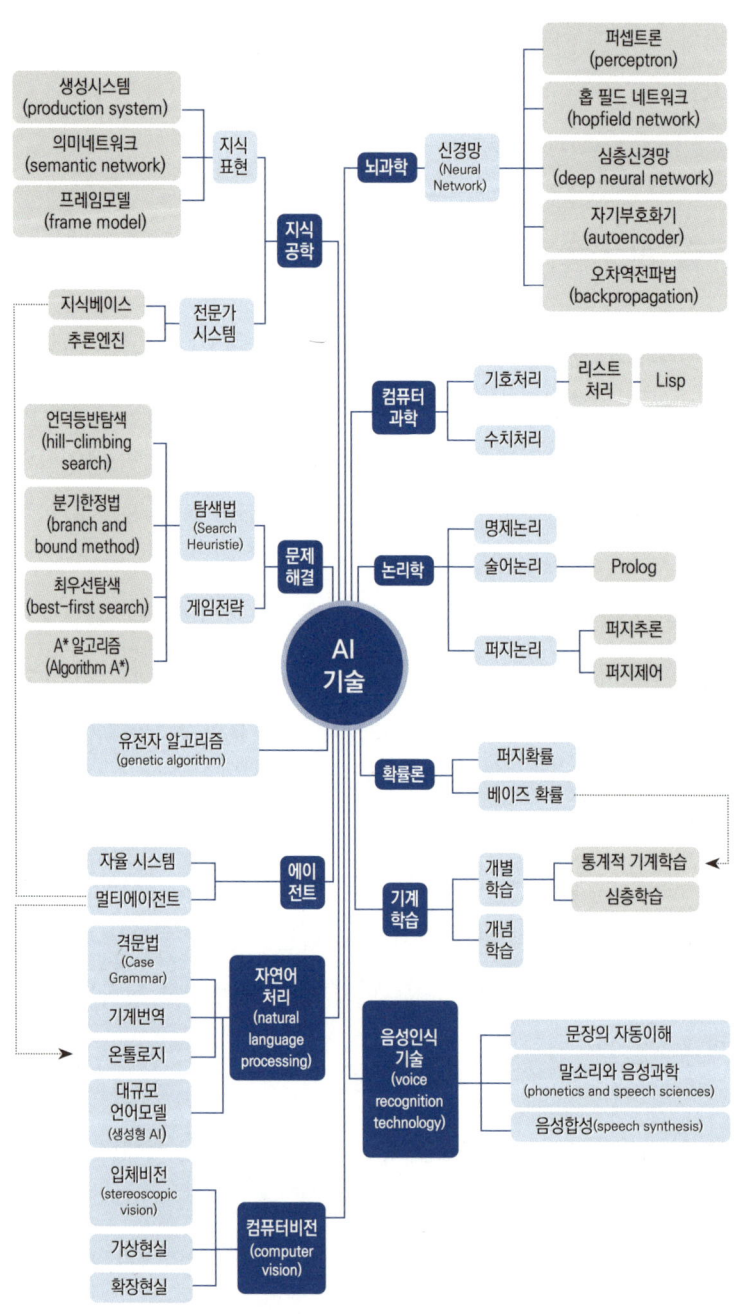

그림 1.3 AI 기술의 관련 분야

1.6 AI 기술의 응용영역

인공지능은 나날이 진화하고 있지만, 아직 한정적인 기능밖에 실현하지 못한 상태이다. 그렇다면, 현시점에서 어떠한 영역에서 이 AI 기술을 응용할 수 있을지 먼저 소개하도록 한다.

❶ 현재의 AI 기술

최근, AI가 매우 붐을 일으키고 있다. 이것은, AI 역사 부분에서 설명한 바와 같이 AI 기술의 급속한 진보로 과거에는 실현하지 못했던 것을 계속해서 이뤄오고 있기 때문일 것이다. 그러나 현재 AI 기술의 경우 그 특성상, 응용 영역이 한정적이다. 여기서는, 모든 비즈니스 영역에 AI 기술이 어떻게 활용될 수 있을지를 구체적으로 소개하도록 한다. 먼저, 현시점에서 AI 기술의 응용 영역은 주로 예측, 분류, 실행 세 가지 영역으로 나눌 수 있다.

예측	• 수치 예측 : 매상수요 예측, 여신 스코어링, 발증리스크 평가 • 수요·의도 예측 : 개인 단위에서의 발주예측, 흥미의 추정 • 매칭 : 상품 추천, 검색연동광고, 콘텐츠 광고
분류	• 정보의 판단·분류 : 영상분류, 문장분석 스팸메일 판정 • 음성·영상·동영상의 식별 : 음성인식, 안면인식, 수기문자인식 • 이상감지·예지 : 고장검출·전조감지, 의료영상진단
실행	• 작업의 자동화 : 자율운전, Q&A대응, 클레임처리대응 • 표현의 생성 : 영상생성, 기계번역, 문장요약, 작곡 • 행동의 최적화 : 게임공략, 배송경로의 최적화

AI 과학기술의 응용 영역은 주로 「예측」, 「분류」, 「실행」 세 가지 영역으로 분류된다.

표 1.3 AI 기술의 응용 영역

❷ 각 영역의 특징

앞에서 세 가지로 분류한 각 영역에 대하여 설명하도록 한다.

① **예측**

이 영역은, 기업의 매상이나 수요의 예측, 각 개인의 흥미나 관심사의 예측 등으로 가장 실용화가 이루어져 있다. 여기서는 기존의 지도 학습(supervised learning)이 이용되고 있으며, 그 방법은 어느 정도 확립된 상태이다.

② **분류**

안면인식이나 음성인식, 스팸메일 판정 등과 같이 정보나 데이터를 분류하는 영역이다. 안면인식이나 영상인식 등에서는 딥러닝의 등장에 의해 최근 급속하게 발달하여, 그 정도(精度)는 현저히 향상되었다. 이 밖에는 비지도(unsupervised) 기계학습에 포함되는 클러스터링이라는 기술도 사용되고 있다.

③ **실행**

자율운전이나 기계번역, 바둑이나 장기 등의 게임영역이다. 일상 생활에서 개략적인 내용을 이해하기 쉽기 때문에 매스컴에 빈번히 다루어지며, 실제로 연구는 상당히 이루어진 상태이다. 그러나 실용화된 것은 아직 적은 실정이다. 여기서도 딥러닝이 많이 알려져 있지만, 뒷장에서 강화학습이나 자연어처리 기술도 이용되고 있다.

예측	• 지도 기계학습 : 선형회귀, 중회귀, 협조필터링 등
분류	• 지도 기계학습 : 딥러닝, 로지스틱회귀, SVM 등 • 비지도 기계학습 : K-means법 등
실행	• 지도 기계학습 : 딥러닝 등 • 강화학습 : DQN 등 • 자연어처리

각각의 영역에서 이용되는 AI 과학기술에는 이와 같이 다양한 알고리즘이 존재하며, 용도에 따라 구별되어 사용된다.

표 1.4 각 영역에서 이용되는 AI 과학기술

1.7 AI에 의한 대체 가능 직업

❶ AI가 잘하는 것과 잘못하는 것

인간에게는 오감이 있다. 시각(눈), 청각(귀), 후각(코), 미각(입), 그리고 촉각이다. 이 중에서 AI나 로봇의 눈에 해당하는 부분은 빛을 받아들이는 감각인데, 딥러닝이 발전하기 이전에는 이 정보를 처리하는 것이 매우 어려웠다. 또한, 청각, 즉 소리를 인식하는 것도 어려웠다. 음성인식도 딥러닝에 의해 한 단계 정도 발전되었다.

시각과 청각의 데이터 분석은 큰 진보를 이루었다. 이 두 가지로 시각의 우위성은 매우 뛰어나다고 생각한다. 예를 들어 '사람이 걷고 있다', '사람이 춤추고 있다', '사람이 넘어졌다' 등의 상황은 시각에 의해 인식하기 쉽다. 빛은 우리가 사는 환경 속에 존재하고, 수동적으로 수신하는 것만으로도 많은 정보를 얻을 수 있다.

이에 반해 소리는 항상 환경 속에 있는 것이 아니고, 널리 퍼지거나 튕기듯이 들리기도 하기 때문에 음원을 특정하는 것이 어렵다. 예를 들어, '털썩'이라는 소리가 나면 '누군가 넘어졌나 보다'라는 것은 알 수 있지만 누가 넘어졌는지 등의 상세한 상황은 알 수 없다. 이미지 센서와 딥러닝의 조합은 역시 가능성이 매우 크다고 생각한다.

한편, 어려운 것이 후각과 미각이다. 사실 미각 중에서 기본적인 단맛과 짠맛 등을 제외하면 세밀한 풍미의 대부분이 후각 정보에 유래한다. 입 안에 들어간 것이 코를 통해 센싱되는 것이다. 코에는 공기 중에 있는 여러 가지 화학물질을 검지하는 센서가 있어 우리가 맡는 냄새로 이어진다. 인간의 후각 또한, 생물로서 위험한 것을 감지하기 위해 진화해 온 것이다.

이 후각과 미각에 해당하는 것이 화학물질을 감지하는 화학센서인데, 인간의 경우 수백 종류 존재한다고 여겨진다. 이 센서는 냄새를 맡을 수 있는지 없는지, 즉 '그 물질을 감지할 수 있는지'의 여부가 중요하며, 그 정보를 처리할 필요는 없다. 때문에 딥러닝과 같은 복잡한 처리의 수요도 그다지 없는 것이다.

촉각에 대해서는 압력센서(압력을 감지하여 소요되는 압력의 크기에 따라 그것을 전기적 신호로 변환하는 장치)의 정보를 이용한다. 우리가 매끈매끈, 거칠거칠하다고 느끼는 것은 압력센서의 시계열 정보다. 이것도 딥러닝의 효과를 기대할 수 있는 영역이다. 반대로 인간의 오감도 AI에 치환하여 생각해 보면, 지금까지와는 다른 형태로 이해할 수 있지 않을까.

❷ AI의 출현과 활약

AI는 우리 인간의 직업을 모두 빼앗을까? 확실히 AI의 세계에서는 AI가 라면을 만들거나 산업용 로봇이 웨이터나 요양사로서 활약한다. 2013년, 옥스퍼드대학의 오즈번 교수와 플레이 박사가 발표한 「고용의 미래」라는 논문에서 '이대로 AI가 진화하면 자동화될 가능성이 70%를 넘는 직업이 47%'라고 발표하여 세계에 충격을 주었다. 없어질 가능성이 높은 직업이 거의 절반에 육박한다는 것은 길거리에 과거 없었을 만큼의 실업자들이 넘쳐날 것을 의미하기 때문이다.

지금까지 SF 세계에서 활약해 온 AI가 처음으로 현실 세계에 얼굴을

들이밀고, 우리의 일상을 부술 수 있는 존재로서 나타났기에, 많은 사람들이 AI에 대하여 비관적이 되는 것도 무리가 아니다. 그렇다면 최신의 연구결과에서는 어떨까?

❸ 최신 조사결과에서 부정되는 「고용의 미래」 논문

오즈번 교수의 논문을 계기로, AI와 같은 고도의 과학기술이 고용에 주는 영향의 분석이 세계적인 붐이 되었다. 그 결과는 대부분이 명백하다. 먼저, 중단기적으로 보아 AI에 의해 50% 가까운 직업이 사라지는 것은 아니라는 것을 연구결과를 통해 알 수 있다. 「고용의 미래」에서는 일에 이용되는 새로운 기술이 등장하면 그 일 자체가 사라진다고 보고 있다.

그러나 실제로 일이란 것은 새로운 업무의 집합체이기 때문에 하나의 업무가 자동화되었다고 일이 없어진다는 것은 성급한 결론이라고 볼 수 있다. OECD의 연구소가 발표한 리포트는 이를 전제로 각 업무들의 일을 분해한 다음, 다시 자동화 가능성의 분석을 실시하고 있다. 그 결과, 국가마다 다르지만 자동화 될 가능성은 대략 6~12% 정도로 예상된다. 「고용의 미래」와는 크게 다른 결론이지만, 오히려 이쪽이 정확하다고 여겨지고 있다. 즉 자동화에 따라 일에 큰 변화가 일어나겠지만, 약 절반이 실업자가 될 정도의 극적인 변화는 아니라는 것이다.

❹ 어떤 일이 앞으로 남을 것인가?

그렇다면 우리 인간이 AI에 의해 일을 빼앗길 가능성을 SF 세계의 이야기라고 웃어넘겨도 괜찮은 걸까? 유감스럽게도 아니다. 필요한 스킬이 '중' 정도의 일은 자동화되어 사라지고, 높은 스킬과 낮은 스킬의 양극밖에 남지 않을 것이라는 견해가 일반적이다.

참고로, 여기서 말하는 중, 고, 저 수준의 스킬이란 '일에 요구되는 난이도나 바로 일을 배울 수 있는가'라는 의미이며, 일 그 자체에 순위를 매긴다는 의미는 결코 아니다.

사라질 일의 대표적인 사례가 화이트칼라 계열의 반복적으로 이루어지는 행동들의 집합을 의미하는 루틴 업무다. 업무의 반복은 논리에 근거하여 프로그램화가 간편하기 때문에 그만큼 자동화되기 쉽다. 콜센터, 주식 트레이더, 사무작업의 일반적인 처리업무 혹은 엑스레이의 검사결과로부터 증상을 발견하는 것까지 그 범위는 폭넓다. 자격의 유무와는 무관하게, 루틴 업무라면 거의 자동화의 대상이 된다고 여겨지고 있다.

한편, 대화나 접객과 같은 커뮤니케이션이 필요한 업무는 자동화되기 어렵다고 여겨진다. 커뮤니케이션은 루틴화 할 수 없기 때문이다(그림 1.4).

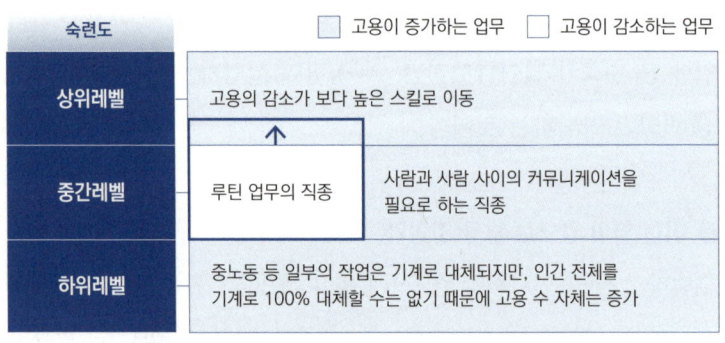

그림 1.4 AI에 의해 증가하는 업무와 감소하는 업무

낮은 스킬의 업무는 개인이 혼자하고 있는 서비스나 육체노동, 단순작업이 계속해서 남을 것이고, 고용은 증가할 것이라 생각된다. 이러한 작업은 자동화되어도 사람의 손이 들어가지 않으면 끝나지 않는 업무들이 많기 때문이다. 건물의 건축이나 옥내의 청소 등 기계가 진보해도 수요에 따라 고용은 증가할 것이다. 단, 앞으로 모든 업무를 자동화하는 테크놀로지가 탄생하지 않을 것이라고는 할 수 없다. 그 순간, 많은 낮은 스킬 업무에 종사하는 종업원들은 실업의 위기에 놓여질 것이다.

높은 스킬의 업무는, 비(非)루틴으로 매뉴얼화가 어렵고, 또한 고차원적인 지식을 요구하는 일이 계속해서 남을 것이다. AI를 사용하여 대체할 수 없기 때문이다. 다만, AI에 의한 자동화는 낮은 스킬 보다 높은 스킬 쪽이 착수하기 쉽다. 로봇 등에 의한 신체적 특징의 재현은 아직도 많은 시간이 걸릴 것이다. 따라서, 육체노동의 대체보다 높은 스킬의 자동화 쪽이 재현 가능할 것이다.

앞으로 미래에, 중간 스킬을 가진 사람들은 어떻게 해야 할까? 일 자체가 자동화되어버리기 때문에 사람 손이 필요 없어지는 것은 틀림없다. 따라서, 높은 스킬이나 낮은 스킬의 직업으로 바꿀 수밖에 없다. 실제로 OECD 연구소가 발표한 리포트에서도, 높은 스킬로의 이직이 있다는 것을 예상하고 있다. 높은 스킬의 경우, 새롭게 스킬이나 지식을 배워야 한다. 여기서 일부 선진국에서 '인생 100년 시대'라고 못을 박으며 평생학습·순환교육을 정책에 반영시키려 하고 있다. 이젠 고등학교나 대학을 졸업하면 공부하지 않아도 되는, 그러한 시대는 끝난 것이다.

❺ AI에 의한 직업의 대체

인간의 직업이 AI에게 대체되는 것은 아닌가 하는 의논이 활발히 이루어지고 있다. 제3차 AI붐 후 2013년 옥스퍼드대학의 프레이(Carl Benedikt Frey) 박사 외 그의 동료들이 발표한 논문이다. 논문에는 702개의 직업에 대하여 앞으로 10~20년 후면 AI에게 빼앗길 확률이 독자적인 지표로 추정되어 있다. 그중 확률이 높은 직업과 확률이 낮은 직업을 각각 20위까지 표 1.5에 나타냈다.

AI에 빼앗길 직업에는 매뉴얼을 기준으로 하는 비교적 단순한 업무를 하는 직업이 많이 포함되어 있다. 규칙(rule)에 근거한 처리는 AI가 잘하는 분야이기 때문이다. 한편, AI에게 빼앗기지 않을 직업에는 카운셀러나 심리학자 등 사람의 마음에 관련된 일, 의사나 교사 등 사람과 대화가 필요한 일이 다수 포함되어 있다.

한국고용정보원은 우리나라 주요 직업 400여 개 가운데 AI와 로봇기술(robotics) 등을 활용한 자동화에 따른 직무 대체 확률이 높은 직업을 분석하여 발표하였다. AI와 로봇이 대체할 직업 순위는 자료나 통계에 따른 차이로 인해 정확한 통계적 수치가 기관마다 다를 수 있어, 여기서는 이해를 위한 참고용인 점을 밝힌다.

AI 대체 확률이 높은 직업		AI 대체 확률이 낮은 직업	
1위	전화판매원(텔레마케터)	1위	레크레이션 치료사
2위	부동산 등기 심사·조사	2위	정비·설비·수리 현장감독자
3위	바느질 의복 제작	3위	위기관리책임자
4위	컴퓨터 데이터 수집·가공	4위	정신건강·약물 사회복지사
5위	보험업자	5위	청각훈련사
6위	시계수리인	6위	작업치료사
7위	화물취급담당	7위	치과교정사·의치기공사
8위	세무신고대행원	8위	의료 사회복지사
9위	필름사진 현상기술자	9위	구강외과의
10위	은행 신규계좌개설담당원	10위	소방·방재 현장감독자
11위	도서관사서 보조원	11위	영양사
12위	데이터입력 작업원	12위	숙박시설 지배인
13위	시계조립·수리공	13위	안무가
14위	보험금 청구·보험계약대행원	14위	세일즈 엔지니어(기술영업)
15위	증권회사 일반사무원	15위	내과의·외과의
16위	수주담당원	16위	교육 코디네이터
...	...	...	...

표 1.5 AI로 대체 확률이 높은 직업과 낮은 직업(참고용)

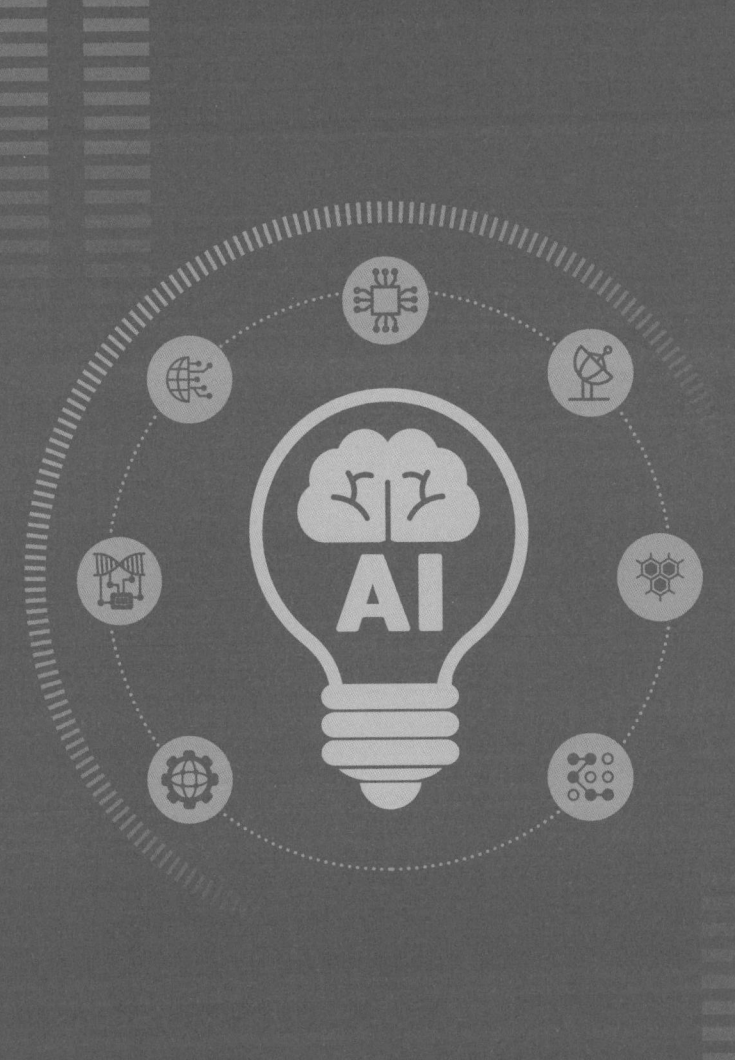

PART 02

AI의 학문적 등장과 응용 분야

2.1 AI를 견인하는 기호주의와 연결주의

2.2 컴퓨터의 비약적인 발전과 지식의 획득

2.3 기계학습의 비약적 발전

2.4 신경망과 기존 프로그램의 차이

2.5 AI에 의한 신 산업혁명

2.6 로봇과 AI

2.7 산업 AI

2.8 군사기술에 활용되는 드론과 무인기

2.9 플랫폼화 하는 AI

2.10 AI 기술과 제품의 관계

PART 02

AI의 학문적 등장과 응용 분야

2.1 AI를 견인하는 기호주의와 연결주의

1950년대에 컴퓨터의 등장과 함께 탄생한 인공지능은 지난 60여 년간 두 가지의 큰 패러다임으로 탐구되어왔다. 초기 30년 동안(1960~1990)의 제1기 기호주의 인공지능(symbolic AI) 패러다임은 철학적으로 합리론에 기초하여 지식 프로그래밍으로 지능을 구현하려는 접근방법이다. 후기 30년 동안(1990~현재) 제2기의 연결주의 인공지능(connectionist AI) 패러다임은 철학적으로 경험론(empiricism)에 기초하여 데이터로부터 학습함으로써 지능 시스템을 구현하는 접근방법이다.

후기 패러다임은 특히 최근 몇 년 사이에 딥러닝을 통해 빠르게 발전하고 있다. 딥러닝은 복잡한 문제를 잘 해결하는 장점이 있지만, 많은 학습 데이터를 필요로 하고 모델의 해석이 어렵다는 한계를 가지고 있었다. 반면에 기호주의 AI 모델들은 해석이 용이하지만, 학습을 잘 하지 못하는 단점이 있다.

이제는 기호주의 AI와 연결주의 AI를 바탕으로 그 장점을 살리고 한계를 극복하는 새로운 AI 패러다임을 열어 갈 때이다. 제4차 산업 혁명의 시대에는 IoT 환경을 통해서 새로운 종류의 데이터와 서비스가 등장하고 컴퓨터 환경 및 정보 인프라가 다시 한번 크게 변화할 것이다. 특히 자동차, 드론, 로봇과 같은 자율주행체들과 사물 인터넷을 통해서 물리 세계로부터 자동으로 생성되는 센서 데이터는 지금까지 사람이 컴퓨터에 입력하던 데이터와는 그 종류와 규모와 속도 면에서 비교가 안 될 정도로 거대하고 빠르게 진행되고 있다.

요약하면, 최초의 AI의 침체기가 찾아오면서 AI 연구는 크게 두 개의 방향으로 나뉘게 되었다. 인간의 논리적 사고를 참고하려 했던 기호주의(symbolism)와 인간의 뇌 구조를 참고하려 했던 연결주의(connectionism)이다(그림 2.1).

1차 AI붐 이후의 주된 연구는 기호주의이다. 기호주의는 인간의 논리적인 사고방식을 알고리즘으로 표현하는 것이다. 'A이면 B이다' 라는 것은 기호주의적인 사고방식이라 할 수 있다. 접근방법이 매우 이해하기 쉽고, 프로그램이 내포하고 있는 문제점도 알기 쉽다는 것이 장점이다. 이에 대하여 연결주의적인 뉴럴 네트워크 등을 사용하여 뇌의 구조를 모방(simulation)한 AI를 만들었다. 학습에 의해 다양한 업무를 할 수 있다는 장점이 있었지만, 네트워크의 규모가 작으면 아무것도 할 수 없다는 점이나 문제점을 알기 어렵다는 점을 해결하지 못해 침체적인 시대를 보내게 되었다.

AI를 견인하는 양대 축 : 기호주의와 연결주의

· 인간의 논리적인 사고를 모델화한 방법이 기호주의
· 인간의 신경 네트워크를 모델화한 것이 연결주의

인간의 논리적인
사고모델을 참고한
「기호주의」

인간 뇌의
신경망을 참고한
「연결주의」

매뉴얼
- A 다음은 B를 한다
- C가 나타나면 D를 한다
- EFG를 순서대로 실행한다
- H의 시간이 오면 A를 한다

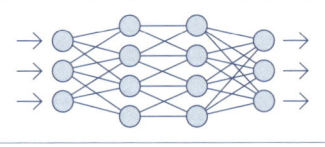

↓

주어진 과제에 대한 최적의
사고모델을 구축하고,
모델에 따라 과제를 수행한다

↓

학습에 따라 업무에 대해 최적의
네트워크를 구축하고,
주어진 과제를 수행한다

이론 중시!   **감각·경험 중시!**

마빈민스키 (1927~2016)	인공지능의 아버지, 뉴럴네트워크의 기초이론을 만들었다.
앨런뉴웰 (1927~1992)	세계 최초의 인공지능 'Logic Theorist'를 개발했다.
존매카시 (1927~2011)	AI 개발용 프로그래밍언어 LISP을 개발했다. 클라우드 컴퓨팅의 기초를 만든 인물이기도 하다.
하버트 사이먼 (1916~2001)	AI의 의사결정 연구를 하고, 세계 최초 인공지능을 공동개발, 노벨경제학상도 수상했다.

이들은 수학계의 노벨상「튜링상」을 수상

그림 2.1 기호주의와 연결주의

❶ 연결주의의 AI

오래도록 성과가 나오지 않았던 불운의 기술로 현대의 AI에 있어서, 딥러닝은 중요한 역할을 담당한다. 그러나 딥러닝의 토대가 되는 신경망은 오랜 기간 주목 받으면서도 전혀 성과를 내지 못하는 불운의 기술이기도 했다.

신경망은 제1차 붐의 불씨로서 주목받은 학습능력을 가지고 AI의 가능성을 확산시키는 획기적인 방법이다. 다만, 치명적인 결점이 있는데 결점을 극복하기 위해 다층화가 효과적이라는 사실은 그 시점에 알고 있었지만 그것을 실현시키기 위해 필요한 계산능력이 당시의 컴퓨터에는 없었던 것이다.

제2차 붐이 시작되고, 컴퓨터의 성능이 올라가 다층화가 가능해지자, 다층화함으로써 학습효율이 떨어진다는 사실이 판명되었다. 게다가 학습에 사용할 수 있는 데이터도 부족하여 충분한 성과를 내지 못한 채 제2차 붐을 뒤로한 채, 여러 가지 기초이론 연구가 계속되게 되었다.

21세기에 인터넷이 보급되고, 신경망의 이론이 진보함으로써 상황은 아주 달라지게 되었다. 학습효율을 높이는 방법이 발견되고, 학습에 사용할 수 있는 데이터도 간단히 손에 넣을 수 있게 된 것이다. 영상인식 경진대회에서 종래의 방식을 압도하는 성적을 거두자, 더욱더 학습방식을 진화시켜, 비지도 학습과 강화학습을 조합하여, 바둑이나 게임의 AI로서 큰 성과를 거두었다. 그리고 그것이 다양한 비즈니스에 응용 가능하다는 것이 판명되어, 제3차 AI붐을 일으켰다. 즉, 최초의 AI 붐을 일으킨 기술이 십 수년이라는 연구를 거쳐 현대의 붐으로 이어졌다는 것이다. 이미 딥러닝을 영상에 사용한 수많은 정보기술에 도입되고 있으며, 비즈니스에도 많은 영향을 주고 있다. 50년간 조금씩 축적되어 온 연구성과가 현대에 이르러 드디어 결실을 맺은 것이다.

❷ 기호주의 AI

시대를 견인한 논리의 AI로서, 연결주의와 달리 기호주의 방법은 항상 주목을 받아왔다. 기호와 규칙을 사용하는 규칙 기반(rule-based) AI로 오래전부터 지금까지 지속적으로 사용되고 있는 방식이다. 업무를 해결하기 위한 논리적인 사고의 흐름을 프로그램으로 만듦으로써, 여러 가지 난해한 업무들을 신속히 실행할 수 있었던 것이다.

제1차 붐에 등장한 AI는 수학 정리의 증명이나 난해한 퍼즐을 해결하고, 보드게임에서 사람을 상대로 승리하는 것이 가능했다. 제2차 AI붐에서 활약한 전문가 시스템도 주어진 지식과 규칙에 따라 동작하는 기호주의 방법으로부터 태어난 것이다. 신경망이 침체되어가는 상황 속에서도 기호주의 방법은 AI에 있어 주류였다.

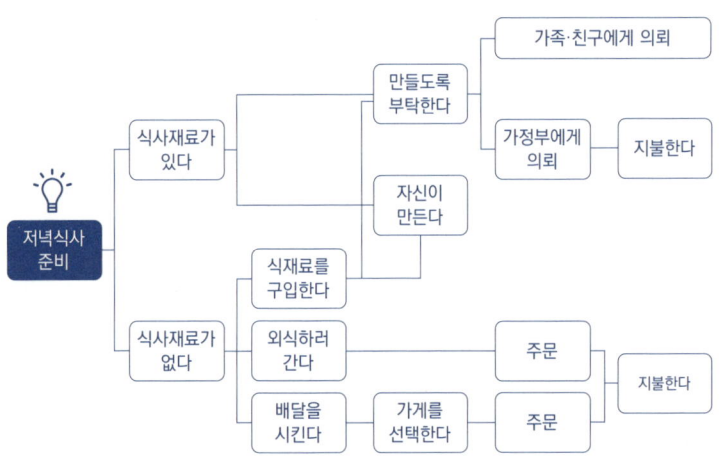

그림 2.2 식사준비를 하는 경우의 수순

그러나 논리적인 설명이 어려운 감각적인 업무에 약하고 엄밀한 규칙에 근거하여 움직이기 때문에 다양한 가능성이 상정되는 상황 속에서 끝없이 생각을 이어가는 프레임 문제 등이 단점이다.

❸ 신경망의 등장과 새로운 관점

딥러닝의 등장에 따라, 감각적 업무(task)의 대부분이 커넥셔니즘적인 방법으로 대체되었다. 항상 논리적인 기술을 필요로 하는 기호주의는 범용성이 낮고, 특히 영상인식이나 음성인식, 기계학습을 필수로 하는 태스크에 있어서 한 번에 교체가 진행되었다. 기호주의적인 방법을 시대착오적이라 평하는 사람도 등장하는 한편, 기호주의는 새로운 입장을 획득하게 되었다. 바로 설명성과 계산속도다.

신경망의 사고는 매우 알기 어렵지만, 기호주의에 의한 과정은 단순명쾌하여 알기 쉽고, 문제의 원인 규명과 개량도 간단하다. 또한, 태스크를 해결하기 위한 사고를 논리적으로 최단 경로로 실행하기 때문에 신경망에 비해 실행이 빠르고 소비 에너지도 적어 대규모화하기도 용이하다. 논리적인 태스크에 있어서는 확실히 우위에 있었다. 이와 같은 특성의 차이로부터 현대의 AI는 양쪽의 방법들을 효과적으로 도입하고 있으며, AI 전체의 범용성이 높아지고 있다.

2.2 컴퓨터의 비약적인 발전과 지식의 획득

2차 AI붐은 1차 AI붐과는 달리, 명확한 시작은 없다. 다만, 단락짓는 시점이 된 것은 CPU와 HDD의 진보에 따른 정보의 고속처리와 대용량 데이터 보유가 가능해진 1970년대 후반이라 여겨지고 있다.

이전의 컴퓨터는 정보를 보유하는 것만으로도 많은 노력이 들어가서 처리할 수 있는 태스크는 지식이 필요 없는 것뿐이었다. 그러던 것이 인간의 지식을 능숙하게 데이터화하고, 축적할 기억장치

(storage)와 처리할 계산능력이 있으면 프로그램은 충분히 지적으로 작동할 수 있다는 사실을 알게 되었다.

그 대표적인 사례가 지식을 사용해 인간의 질문에 답하는 전문가 시스템이다. 실제로, 1970년대에 개발된 MYCIN은 필요한 정보를 입력하는 것만으로 환자에게 최적의 약을 처방해 주었다. 이 시스템은 다른 분야에도 확산되어, 제조업이나 금융업에 있어서 전문가를 대신하여 제안해 주는 AI가 등장했다. AI에 대한 기대가 높아짐으로써, 차세대 컴퓨터의 개발 등이 시작되어 그것에 호응하듯 세계적으로도 IT 관련 기술의 투자가 활발해졌다. 컴퓨터가 보유할 수 있는 데이터량이 늘어도 그 데이터를 수집하는 방법이 한정적이었기 때문이다. 서적의 정보라면 누군가가 AI에 집어넣어야 했고, 전문가의 지식은 그들의 손으로 AI에 가르쳐야만 했다. 이 방법으로 실현할 수 있는 AI에는 한계가 있어, 결과적으로 취급 가능한 데이터가 제한적이었다.

또한, 기호주의가 주류였던 당시의 AI에서는 감각적인 정보나 애매한 수치를 적절히 다루지 못해 성능을 발휘하기 위해서는 AI에 정통한 엔지니어가 조정할 필요가 있었다.

1950년대에 시작된 AI 연구는 과거부터 융성기와 침체기를 반복하면서 발전해 왔다. AI 연구는 약 70년 전에 시작되었다고 볼 수 있다. 1차 AI붐이 1950년대 후반부터 1960년대에 걸쳐 일어날 당시에는 컴퓨터를 사용하여 특정 문제를 푸는 연구가 이루어졌다. 예를 들어, 퍼즐이나 미로를 풀거나 체스를 두는 AI이다.

그러나 당시의 AI는 규칙(rule)이 엄밀한 것 밖에 취급하지 못해 현실적인 문제해결에는 별로 도움이 되지 못했다. 체스의 경우에도 당시 컴퓨터의 성능으로는 인간을 이길 수 없었다. 이와 같이 AI 연구는 최초로 침체기의 시대를 맞이하게 되었다. 2차 AI붐의 시기에는 AI에 지식이나 규칙을 가르치는 전문가 시스템(expert system)이라는 연구가 이루어졌다. 예를 들어, 의료진단 시스템으로는 병명이나 그 증상, 치료법 등의 지식을 컴퓨터에게 가르친다. 이렇게 함으로써 환자의 증상으로부터 병명을 특정하고, 치료법과 약을 제시할 수 있게 되는 것이다. 현실에 도움을 주는 실용적인 AI의 등장이다.

그러나 지식이나 규칙을 빠짐없이 완전히 이해시키거나 관리하는 어려움이나, 데이터가 없는 문제에 대응할 수 없다는 등의 이유로 점차 세상의 관심은 희미해져 갔다.

2.3 기계학습의 비약적 발전

❶ 빅 데이터와 딥러닝에 따른 AI의 변화

2010년대가 되자, 종래의 AI 이미지를 일변케 하는 변화가 일어난다. 그것이 방대한 정보 덩어리인 빅 데이터와 뛰어난 기계학습 방식인 딥러닝의 등장으로 제3차 AI붐으로 이어진다. 당시 기계학습은 인간에 비해 학습효율이 훨씬 나빴고, 하나를 배우는데 방대한 학습 데이터가 필요했다. 그 데이터를 인터넷을 통해 모을 수 있게 된 것이, 기계학습이 가치를 발휘하는 계기가 된 것이다.

기계학습을 주축으로 한 연결주의 방법은, 어떤 것에든 이론을 갖다 붙이는 기호주의적인 방법으로는 돌파하지 못했던 영상인식 등의 분야에 있어서 큰 붐을 일으켰다. 그것이 기계학습 분야에의 투자를 낳고, AI 연구에 큰 진보를 초래했다.

❷ 진보한 기계학습이 초래한 AI의 범용성

기계학습의 방식 자체는 최초의 AI붐 때부터 존재했었고, 딥러닝의 기초적인 이론도 제1차 붐의 시점부터 논의되고 있었다. 그것이 빅 데이터에 의해 급성장을 이루고, 동시에 스마트폰이나 IoT 기기가 사회 전체에 확산됨에 따라 기계학습의 응용 범위는 급히 확대되었다. AI가 폭넓은 분야에 응용되게 되자, 학습량도 비약적으로 증가했다. AI에는 여전히 장단점이 있었지만, 특정 업무로 영역을 좁히면 인간 이상의 성과를 발휘하는 것이 당연해지기 시작했다. 그리고 하나의 AI로는 할 수 없는 일도, 복수의 AI를 조합함으로써 가능해졌다.

2020년대에 접어들자 AI 연구는 특정 업무를 해내기 위한 알고리즘과 기계학습의 연구에서 복수의 알고리즘과 방식, 혹은 AI를 조합시켜 보다 복잡하고 복합적인 업무를 해내기 위한 실천적인 연구로 바뀌게 되었다. 제3차 AI붐에도 점차 암흑기가 찾아올 것이 우려되고 있지만, 암흑기가 도래해도 AI의 사회진출 자체가 멈추는 일은 없을 것이다.

2.4 신경망과 기존 프로그램의 차이

기계학습은 왜 AI의 중심적인 기술로써 이용되게 되었을까? 그리고, 과거부터 존재했던 프로그램과 어느 부분이 다른 것일까? 여기서는 기계학습의 특징을 종래의 소프트웨어와 비교하여 보도록 한다. 기계학습도 과거부터 존재했던 소프트웨어와 마찬가지로 컴퓨터에서 동작하는 소프트웨어이다. 그렇다면, 다른 소프트웨어와 어느 부분이 다른 것일까?

그림 2.3은 과거부터 존재했던 절차형 프로그램과 신경망을 도식화하여 비교한 것이다. 컴퓨터가 이용하고 있는 소프트웨어의 대부분은 프로그래머가 그 처리절차를 프로그래밍한 것이다. 이 예시에서는 입력된 3종류의 도형 데이터를 컴퓨터는 프로그램된대로 분류처리를 하고 있다. 이에 대하여 신경망은 최초에 지도 데이터를 이용하여 학습한다. 이 교사 데이터는 분류해야 할 도형 데이터와 ● 나 ▲ 등의 정답 라벨로 구성되어 있다.

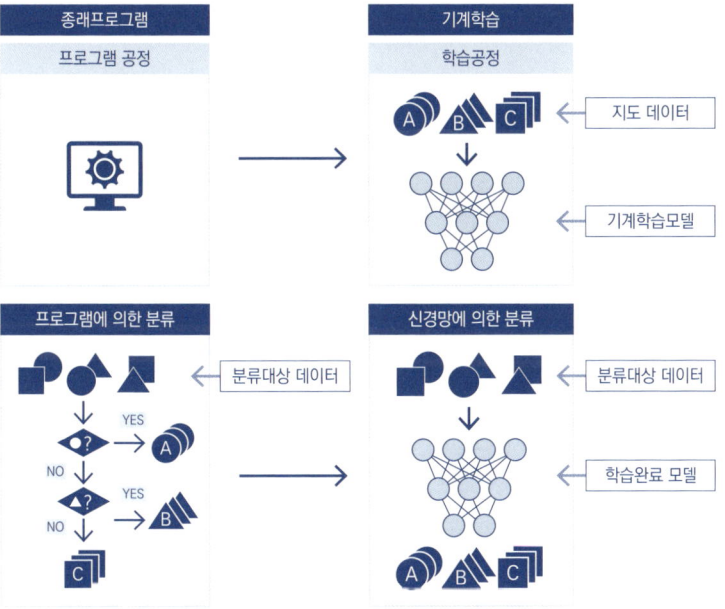

그림 2.3 신경망과 종래 프로그램의 차이

학습한 신경망은 학습 완료된 신경망이 된다. 이 학습 완료 모델을 이용함으로써 입력된 도형 데이터의 분류처리가 가능하게 되는 것이다.

즉, 인간이 프로그래밍을 하지 않아도 충분한 양의 지도 데이터가 있으면 신경망은 처리할 수 있게 된다. 이것은 반대로 말하면, 지도 데이터가 없으면 신경망은 처리할 수 없다고도 할 수 있다. 이것이 신경망을 이용하는 AI에서 데이터가 중요한 이유이다. 비즈니스에서도 AI를 이용할 때에는 이 점이 매우 중요한 포인트가 된다. 기계학습을 종래로부터 어떤 프로그램과 비교하면 기계학습이 데이터로부터 학습하는 공정은 프로그래밍 공정에 해당된다(그림 2.3).

2.5 AI에 의한 신 산업혁명

4차 산업혁명은 초연결, 초융합, 초지능화 특성을 가지고 있다. 이와 함께 사물인터넷, 빅 데이터, AI, 로봇공학, 3D프린팅 등이 4차 산업혁명의 핵심 원동력으로 부각되고 있다. 사물인터넷, 클라우드 등 정보통신기술의 급진적 발전과 확산으로, 인간과 인간, 인간과 사물, 사물과 사물 간의 연결성이 기하급수적으로 확대되고 이를 통해 초연결성이 강화되고 있다.

4차 산업혁명에 대한 중요성이 인식됨에 따라 데이터 수집, 처리, 분석을 통해 의미 있는 정보와 지식을 생성하는 빅 데이터 기술이 기업의 새로운 경쟁우위로 부각되고 있다. 정보의 유통이 초연결성이 되고 있고, 초지능의 경우는 사람뿐만 아니라 사물이나 기계에 인공으로 지능을 만들어 부여할 수 있는 시대가 되었으며, 기존의 생산방식을 바꿀 가능성이 열려있는 시대가 되었다는 것이 4차 산업혁명의 중요한 점이라고 할 수 있다.

4차 산업혁명의 핵심은 결국 빅 데이터, IoT 그리고 AI 기술의 융합으로 IoT를 활용한 데이터 수집, 빅 데이터 기술을 이용한 실시간 데이터의 저장 그리고 인공지능 기술을 활용한 분석·분류·예측 기반의 지능형 시스템을 구축하는 것이다.

AI는 4차 산업혁명을 견인하는 가장 중요한 기술의 하나로 볼 수 있다. AI와 IoT 등의 기술혁신을 가능하게 하는 것은 딥러닝을 시작으로 한 기계학습 기술의 진보이다. 따라서 AI와 IoT 등의 기술혁신에 의해 현재 일어나고 있는 사회구조의 큰 변화와 혁신이 4차 산업혁명이며 18세기에 일어난 산업혁명 이후의 큰 사회변혁을 초래하고 있다.

이미 영상의 식별(인식)율은 인간보다도 기계 쪽이 우수하고 앞으로 암과 난치병의 조기발견 등 응용이 기대되고 있다. 또한 기계학습은 자동차의 자동운전을 시작으로 한 로봇기술과 연동하여 공장의 자동화 등에 응용하는 것으로 경제발전에 기여할 것이 기대되고 있다. 1차 산업혁명에 의해 농업사회로부터 공업사회로 변한 것과 같이 기계학습에 의해 정보사회는 AI 사회로 변화해 가고 있다. 4차 산업혁명에 의해 정보사회로부터 지능사회로 변화가 계속되고 있다. 20년에 걸쳐서 그 변화가 본격화하고 있다고 말하고 있다. 다양한 분야에 AI(기계학습)가 이용되어 경제적으로 많은 분야에 공헌이 기대되고 있다.

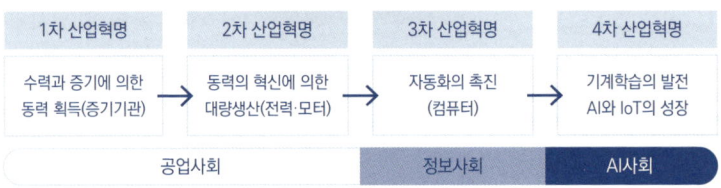

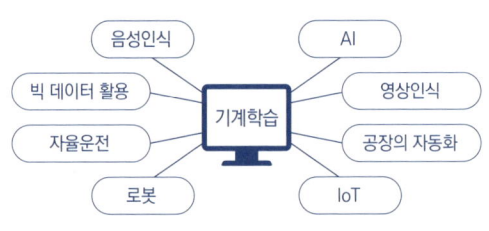

그림 2.4 AI의 발전이 초래한 4차 산업혁명

2.6 로봇과 AI

현재 우리 사회에는 로봇(robot)이 서서히 침투하기 시작하고 있다. 공장 등의 현장에서 활약하는 산업로봇 이외에도, 청소 로봇이나 접객을 담당하는 로봇 등 우리의 일상생활에 로봇이 녹아들기 시작하고 있다. 우리가 사는 현실사회는 2025년 현시점에서 AI보다 로봇의 진화가 더 앞서고 있는 모양새다.

애초에 로봇이란 기계 중에서도 사람 대신 어떠한 작업을 자율적으로 실행하는 것을 목적으로 사람의 모습 및 행동을 모방하여 만들어진 장치를 뜻한다. 생김새가 인간과 닮아 있는지 여부는 그다지 문제가 되지 않으므로, Pepper와 같이 명백히 비인간적인 면

모를 지닌 로봇이 있는가 하면, Siri와 같이 실체는 없지만 사람다운 면모를 지닌 로봇도 있다. 최근 애플이 생성형 AI를 기반으로 Apple Inteligence를 탑재한 새로운 인격체를 갖는 Siri를 출시한다고 한다.

그러나 로봇의 정의는 이제 실태를 가리키지 않는다. 기계와 로봇의 경계 자체를 알 수 없을 정도로 기술이 진화를 거듭하고 있기 때문이다. 그 진화의 일익을 담당한 것이 인공지능이라고 해도 좋을 것이다.

❶ 로봇 = 인조인간!?

로봇과 같은 개념은 기원전부터 존재했다. 사람의 형태를 한 인공 기계가 등장하는 몇 가지 신화가 존재한다. 단, 그것들을 표현할 적절한 말이 없었을 뿐이다.

로봇이라는 말이 탄생한 것은, 소설가 카렐 차페크(Karel Čapek)가 1920년에 발표한 '로숨의 만능 로봇(Rossumovi univerzální roboti)'이라는 희곡이 유래였다고 전해진다. 이 희곡에서는 사람보다 훨씬 값싸고 효율적으로 모든 노동을 할 수 있는 획기적인 상품으로써 로봇이 등장한다. 그 모습은 금속제의 기계라기보다는 화학물질을 조합한 인간의 생김새와 똑 닮게 만든 바이오노이드(bionoid)다.

참고로 robot이라는 말은 체코어로 강제노동을 의미하는 '로봇타(robota)'에서 유래되었다. 당초 로봇이란 인간 대신 노동을 담당하는 존재였던 것이다.

실제로 '그런 로봇을 어떻게 만들어?'라고 기술자들로부터 반발을 사기는 했으나, SF에서 로봇은 평판이 좋았다. 예를 들어, '로봇의 반란'이라는 제목이다. '인간을 위해 인간을 모방해 만들어졌다'라는 설정이 창조력을 불러일으키기 때문일지도 모른다. SF의 세계에서는 인간을 위해 인간을 멸망시키는 로봇이 자주 활약하고 있다. 그러나 로봇에 인공지능이 갖추어진 결과 SF 이야기는 상상을 넘어 현실다움을 띠기 시작했다.

❷ AI는 로봇의 무엇을 진화시켰는가?

인공지능이 로봇을 진화시킨 이유 중 하나로 자율성의 강화를 꼽을 수 있다. '요지는 자동화란 것인가?'라고 생각하기 쉽지만, 전혀 다르다. 자동(화)란, 정해진 방식으로 확실히 작업을 수행하는 것을 뜻한다. 무엇을 할 것인가까지 상세히 프로그램 되어 있어 비가 내리거나 재료가 없어지면 외부요인에 변화가 있었다 하더라도 인간이 수동으로 멈추지 않는 한 작업을 계속한다. 그것을 막으려면 프로그램에 해당사항을 추가해야 한다. 그러나 모든 외부조건을 추가하는 것은 어렵기 때문에 결과적으로 할 수 있는 범위는 제한되어 버린다.

한편 자율(성)이란 변화하는 상황을 학습하고, 자신의 생각에 따라 행동을 취하는 것을 뜻한다. 외부요인을 데이터로써 받아들이고, 인간이 전부 프로그래밍하지 않더라도, 알고리즘이 작동하여 그 상황에 가장 적합한 행동을 취한다. 이 알고리즘이야말로 인공지능인 것이다(그림 2.5).
예를 들어, 자동 개찰기나 에스컬레이터, 자동차는 자동으로 움직

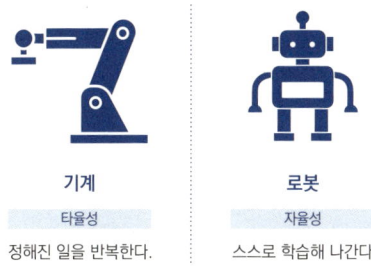

그림 2.5 기계와 로봇의 차이

이지만 우리는 이것을 로봇이 아니라 기계라고 부른다. 이 차이는 바로 자율성에 있다. 자동 개찰기는 표나 IC카드를 꽂지 않는 한 진행을 막을 수 있고, 에스컬레이터는 규칙적으로 되풀이하여 움직이고 있을 뿐이며, 자동차는 사람이 조작하지 않는 한 움직이지 않는다. 이와 같은 기계들은 스스로 움직이고 있는 것이 아니다. 타율성이라 말해도 좋을지 모른다.

기계학습은 데이터로부터 배우고, 데이터에 의해 행동이 변화한다. 그중에서도 딥러닝은 엣지(edge)의 가중치 부여를 인간이 결정하지 않고 데이터로부터 알아서 기계가 판단해 준다는 특징을 가진다. 즉, 자율성이 매우 높은 알고리즘인 것이다.

앞으로 다가올 미래에는 기계학습과 특히 딥러닝에 의해 온갖 타율성을 가진 기계가 자율성을 가진 로봇으로 진화할 가능성이 있다고 생각하는 것이 좋을 것이다. 그 대표적인 예로서, 자율운전 자동차나 안면인식 기능이 탑재된 카메라, AI를 탑재한 게임 등을 들 수 있다.
물리적인 존재에만 한정된 이야기가 아니다. 인터넷이 탄생하고,

기계는 실제로 존재하는 기구로만 한정 지을 수 없게 되었다. 인터넷상의 서비스나, 사람 대신 어떠한 작업을 자율적으로 해주고 있는 경우가 자주 있다. 오히려, 인터넷에서 제공되는 서비스의 로봇화 쪽이 더 빨랐을지도 모른다.

수년 후에는, 마치 인간이 생각한 것과 같은 서비스가 등장할 것이다. 자율성을 인간에 근접시키려는 연구는 점점 진행되고 있다. 그러나 인간이라고 반드시 총명한 것은 아니다. 장기나 바둑의 세계에서는 연구가 너무 많이 이루어져 인간은 생각지도 못하는 수가 탄생했을 정도다. 너무 자율적인 것도 문제일지 모른다.

See & Think | 인공지능 진화의 혜택을 받는 로봇

로봇을 인간에 빗대면 신체는 기계, 혈액은 데이터, 뇌는 그야말로 인공지능이라고 생각해도 좋을지 모른다. 지금까지도 뇌 부분을 담당하는 기능은 있었지만, 딥러닝이 등장한 이후로는 훨씬 높은 정확도로 사람을 대신해 일하고 있다. 만약 로봇이 인간의 일을 대체한다면, 앞으로 인간을 무엇을 하며 살아가야 할까?

2.7 산업 AI

AI 유전자의 세계에서 인간형 로봇(humanoid)과 산업 AI는 밀접히 구분되어 있다. 같은 AI라도 후자는 '어떠한 형태를 한 도구로서 인간의 생활을 지원하는 AI'로서 등장한다. 어디까지나 도구로, 휴머노이드와 같은 마음은 갖지 않는 전제로 운용되고 있다고 해도 좋을 것이다.

자율 자동차를 사용해 핸들을 잡지 않고 목적지까지 주행하고, 의료 AI에게 조언을 구한다. 어린 아이는 AI가 내재된 인형을 갖고 놀고, 기업의 고객 서비스에서는 산업 AI가 인간의 손해배상청구에 대응한다. AI의 유전자에서 활약하는 산업 AI는 지금 우리 가까이에 있는 도구를 아주 조금 진화시킨 것들이다. 그렇다면 이러한 산업 AI는 현재 관점에서 보면 가까운 미래의 이야기일까? 결코 그렇지 않다. 이미, 온갖 산업에서 활약하기 시작하고 있다.

❶ 현실 세계와 인터넷에서 모두 활약하는 인공지능

딥러닝 등 주로 기계학습을 이용하여, 인공지능은 데이터를 학습하며 인식과 운동을 획득하고 있다. 인식이란 주로 영상인식, 음성인식, 언어인식이다. 예를 들어 이미지나 동영상을 보고 무엇을 비추고 있는지 파악하거나, 말에 반응하여 대화한다. 즉, 인간의 눈·귀·입에 해당하는 기능을 획득했다고 생각하면 좋을 것이다. 운동이란 주로 쥐거나 잡는 등의 손동작이나, 앉거나 웅크리는 등의 다리 동작, 뒤로돌기 등의 전신을 사용한 동작을 가리킨다.

요컨대, 인간의 신체적 감각·특징이 인공지능으로써 재현되고 있다는 것이다. 앞으로는 말로 설명하지 못했던 노하우나 사사로운 오차의 감각도, 인공지능을 사용하면 표현할 수 있을지도 모른다.

인식과 운동은 현실 세계에서 비로소 크게 활약한다. 그중 유명한 것이 자동차다. 운전자를 필요로 하지 않는 자율운전 기술은 전 세계에서 개발 경쟁이 계속되고 있다. 인공지능을 주로 승용차에 탑재하여 운전하지 않아도 되게 하는 경우와 수송차에 탑재하여 운전기사 없이 승객만 존재하는 경우, 두 종류를 생각할 수 있다.

제3차 인공지능 붐 이전부터 인공지능이 활약하고 있던 것은 의료 분야다. 엑스레이 이미지를 진단하여 암이 있는지 없는지를 발견하거나(영상인식), 환자로부터 증상을 문진하여 합치하는 병명을 예측하거나(음성·언어인식), 여러 가지 활용 사례들이 있다. 딥러닝을 이용한 결과, 정확도가 대폭 올라 인간의 진단결과를 넘어설 정도로 성장한 사례도 있다.

물류의 경우 최적의 화물 배달 경로를 생각할 뿐만 아니라, 드론을 사용해 원격지까지 상품을 전달하는 실험이나 창고 내의 운반 작업을 인공지능이 탑재된 로봇과 인간이 같이 분담하는 실험도 시작되었다. 특히 인간의 동작을 흉내 내는 로봇은 실험에 성공하면 꽤 요긴하게 사용될 것이다.

한편, 인터넷 서비스의 경우 운동을 사용할 기회는 적지만, 그만큼 인식영역이 고도로 발달했다. 유명한 것은 금융이다. 주식거래에서 산업운용, 융자심사 등 숫자를 이용해 판단 가능한 일은 대부분 인간이 아니라 인공지능이 대신 계산하고 있다. 판단 자체를 인공지능이 하는 경우도 있다.

우리가 평소 사용하고 있는 어플에서도 인공지능이 활약하고 있다. 예를 들어, Facebook에 친구가 찍힌 사진을 투고하면 아무것도 하지 않았는지 알아서 그 친구의 태그가 달리는 경우가 있다. 이것은 이미지를 인식하여, 관련된 인물 중 누군가를 자동으로 판단하고 있기 때문이다. Google 번역의 경우에는 딥러닝을 도입하여, 종래의 번역 정확도를 단숨에 향상시켰다. 예를 들어, 영어에서 스페인어로 번역할 때 인간의 번역에 가까운 정확도에 도달했다.

❷ 산업 AI의 미래

인공지능이라 불리는 산업이 존재하는 것은 아니다. 실제로는 딥러닝의 프로그램 언어를 개발하는 기업이 있지만 극소수이다. 앞으로는 기존의 산업이 인공지능에 의해 업데이트 되어간다고 생각하는 것이 좋을 것이다.

이러한 상황은 인터넷의 등장에 가깝다고도 여겨진다. Amazon은 서점으로 시작했고, Google은 인터넷상의 정보를 찾는 검색에서 시작했다. 어느 쪽이나 지금까지 존재했던 업종의 하나였다. 그러나 인터넷의 보급에 따라 순식간에 거대기업으로 성장했다.

인터넷을 사용하지 않고 키보드를 쳤던 세대의 사람들을 우리는 어디선가 모르게 내려다보고 있었다. 그러나 앞으로는 인공지능을 제대로 사용하지 못하는 우리를 젊은 사람들이 속으로 비웃을 날이 올지도 모른다. 진화하지 않는 업계는 존재하지 않는다 생각해도 무방할 것이다.

See & Think

인터넷을 사용하지 않는 비즈니스가 존재하지 않듯, 앞으로는 업종이나 거래형태를 불문하고 인공지능을 받아들이는 비즈니스가 점점 등장할 것이다. 남은 문제는 언제 받아들일 것인가 하는 시간축 정도다. 당신이 하는 일은 AI를 사용하고 있는가? 그렇다면 당신은 인공지능을 잘 구사할 수 있을까? 우리가 하는 일과도 무관하다고는 할 수 없다.

2.8 군사기술에 활용되는 드론과 무인기

❶ 무인기를 지원하는 AI

자동차뿐만 아니라, 비행기·드론·선박·잠수함의 자율 조종은 이제 당연한 것이 되었다. 비행기의 경우 모든 프로세스가 자동으로 수행될 수 있고, 정기적으로 정해진 루트를 드론이 비행하여 인프라나 시설의 안전을 확인할 수 있게 되었다. 선박이나 잠수함도 자동 조종이 사용되어, 무인선박을 이용한 낮은 비용 및 유연한 해상 수송도 구상되고 있다.

또한, 인간이 조종하는 경우에도 AI는 활약하고 있다. 무인기를 인간이 조작하는 한편, 촬영된 영상·음성·센서 부류의 분석을 AI가 수행하고, 그 자리에서 분석한 정보를 제시할 수 있게 된 것이다. 위험한 지역의 조사 외에, 사고나 재해의 피해조사나 공사 전후의 상황 확인에도 사용되고 있다.

❷ 군사에 이용되는 AI

이러한 기술은 군사 이용도 적극적으로 이루어지고 있다. 주요 선진국들은 자율형 병기에 의한 살상 기술의 개발을 자제하고 있지만, 영상인식 등의 기술을 이용하여 특정 인물이나 병기를 인식하여 공격하는 자율형 병기의 개발은 기술적으로는 충분히 실현 가능한 단계로 접어들었다.

이미 일부 국가에서는 드론에 의한 자폭 공격이 실행되고 있으며, 어떤 의미에서는 드론을 사용해 누구나 간단히 미사일을 만들 수 있게 되었다고 할 수 있을 것이다. 또한, AI의 자동조종기술도 향상되어, 인간이 AI와 모의전을 하여 인간이 패배한 경우도 나타낼 수 있었다. 유인 전투기의 경우 급선회 등에 한계가 있지만, AI에는 인력이 드는 부담이 없기 때문에 인간 파일럿이 할 수 없는 방식으로 기동 가능하다. 무인전투기는 공중전에 있어서 매우 유리한 것이다.

AI 이용은 육상 병기에도 이용되고 있다. 무인의 차량에 의한 전장의 정찰은 물론, 사격 가능한 병기도 등장했다. 사격은 인간이 하지만, 영상인식을 조합시켜 AI에게 총의 방아쇠를 당기게 하는 것도 가능하다. 이미 자율전차나 자율폭격기 등의 고도한 자율 살상 병기와 유사한 병기는 개발 중이며, 실전에 투입되고 있다.

See & Think

- AI를 이용한 무인기는 하늘·육지·바다·바닷속 등 장소에 구애받지 않는다.
- 완전히 AI가 조종하는 경우가 있는가 하면, 인간과 협력하는 경우도 있다.
- 군사적 이용은 널리 이루어지고 있으며 자율병기는 실용화되있다.
- 병기에 의한 전투는 인간보다 AI에게 맡기는 편이 유리한 경우도 있다.

2.9 플랫폼화 하는 AI

❶ 서버에서의 집중관리

AI의 기술 그 자체는 매우 복잡하고 수준이 높다. 때문에, 뛰어난 기술자를 거느린 IT기업도 AI를 처음부터 개발하는 것은 쉬운 일이 아니다. 특히 기계학습에 필요불가결한 대규모 데이터를 다룰 수 있는 기업은 한정적이다. 게다가 AI를 개발했다 하더라도 성능 향상에는 계속적인 학습과 조정이 필요하기 때문에, AI를 고객에게 제공한 후에도 운용 데이터의 수집은 필요하다. 그렇기에 생겨난 것이 클라우드상에서 운용되는 클라우드 AI이다(그림 2.6).

클라우드 AI는 필요한 데이터를 충분히 갖춘 클라우드상에서 동작하여, 이용자에게는 대규모적인 데이터 제공을 요구하지 않는다. 고객이 AI를 클라우드상에서 이용하기 때문에 사용자측도 그 자리에서 운용데이터가 취득 가능하다. 일반적인 프로그램에 비해 데이터의 중요도가 높은 AI에 있어서, 클라우드 AI는 다양한 과제를 동시에 해결할 수 있는 획기적인 방법이다.

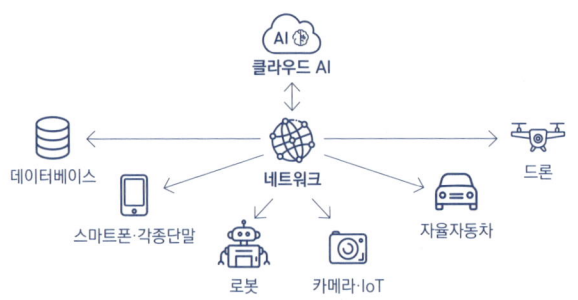

클라우드(서버) 상에서 AI와 데이터의 모든 것을 취급하고
클라우드로 이어지는 단말/IoT를 클라우드를 통하여 관리하는 중앙집권형 시스템

그림 2.6 클라우드 AI의 활용

❷ 거대한 플랫폼으로 성장하는 AI

클라우드 AI가 널리 사용되게 되면, AI를 이용하는 서비스와 관련된 데이터베이스가 클라우드 AI와 연결되어, 하나의 거대한 플랫폼으로 바뀌어 간다. 클라우드 AI가 거대한 플랫폼이 되면, 이용자 수나 데이터의 규모도 방대해져, 학습을 거듭한 AI는 타의 추종을 불허할 만큼의 고성능인 존재가 된다(그림 2.7).

AI의 성능이 높아지면 이용자는 더욱 증가하고, 데이터가 모이고, AI의 성능이 올라가는 호순환이 이루어진다. AI 시장은 이와 같은 거대한 플랫폼을 구축한 기업이 큰 영향력을 가지며, 중심적인 역할을 담당하게 된다. 그러나 반드시 AI의 다양성을 잃는다는 것은 아니다. 중소기업부터 개인에 이르기까지 다양한 이용자가 대기업에 의해 제공받는 AI 서비스를 활용하여, 자신의 목적에 맞는 AI를 맞춤제작(customize)하여 이용할 수 있게 된다는 뜻이다. 저렴한 값으로 쉽게 AI를 이용할 수 있게 되어, 결과적으로 AI의 상품화(commodity)가 이루어지게 되었다.

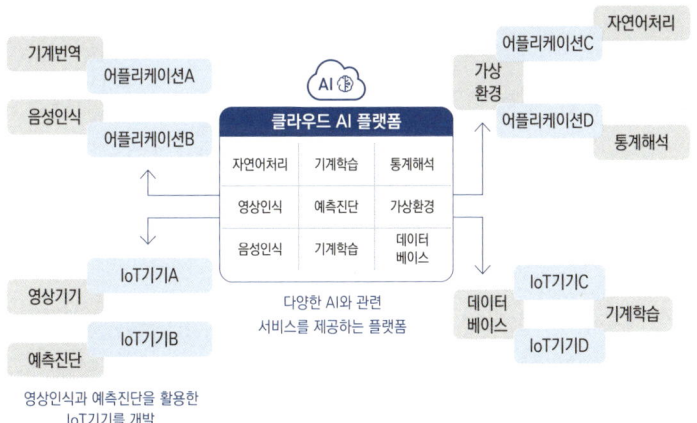

그림 2.7 클라우드 AI를 기점으로 확대되는 AI 어플리케이션

See & Think

- 서버상에서 모든 데이터처리를 수행하는 클라우드 AI
- 클라우드상에서 취급함으로써 AI의 제공자는 데이터 수집이 가능해지고, 이용자는 저렴한 값에 AI를 이용할 수 있게 된다.
- 거대한 클라우드 AI는 하나의 플랫폼으로서 기능하고, AI의 이용장벽은 낮아져, AI 자신도 상품화를 촉진한다.

2.10 AI 기술과 제품의 관계

❶ 영상인식이 영향을 준 제품과 서비스

영상인식이 영향을 준 제품과 서비스도 매우 많다. 딥러닝에 의한 AI붐에서 크게 변화한 것은 영상인식에 관한 영역이다. 카메라나 스마트폰 어플에 영상인식 기능이 도입되고, 안면인식은 물론, 동물의 식별이나 상품의 검색 등도 가능해지게 되었다. 자율운전 자동차나 감시 카메라에도 AI의 도입이 이루어져, 보행자와 간판, 차량과 자전거, 손님이 손에 들고 있는 상품과 소매치기범의 식별까지, 카메라 한 대로 할 수 있게 된 것이다(그림 2.8). 계산대를 지나지 않고도 상품을 가방에 넣어 나갈 때 스마트폰으로 결제하기만 하면 구입할 수 있는 점포도 등장하고 있다.

그 밖에도 손상 부분을 촬영하기만 하면 수리비와 고장 위험이 산정되거나, 안면인식에 의한 고객식별로 기호 및 취향에 맞춰 상품을 제안하거나, 의료용 영상을 이용하는 진단 기술도 진보하고 있다. 눈으로 본 정보로 직감적으로 판단하는 업무는 AI가 자신 있어 하는 분야가 되어가고 있다.

❷ 방대한 데이터베이스와 AI에 의해 탄생한 제품

영상인식뿐만 아니라 방대한 데이터베이스를 이용한 기계학습 그 자체가 주목받아, 연구가 왕성해져 성장한 영역도 다수 존재한다. 예를 들어, 자연어처리 분야에서는 챗봇이나 번역 툴이 진보하고, 음성인식과 조합하여 안내 AI나 자동응답시스템도 크게 변화하였다. SNS에서 기업에 문의하면 챗봇이 응답해 주고, 번역 도구로 간편하게 대화를 할 수 있다. 스마트폰이나 스피커로 안내 AI의 지원을 받는 것도 일반적인 일이 되었다. 이 모든 것이 AI 기술의 많은 혜택을 입고 있다.

그림 2.8 상용화가 시작된 영상인식 AI

단, 장점만 있는 것은 아니다. 프라이버시 침해나 AI의 오동작, 차별이나 편견의 조장 등 새로운 문제를 초래하는 단점도 존재한다. AI 도입의 구체적인 사례와 문제점, 여러 가지 논의들에 대해서는 다른 장에서 다루겠지만, 그것을 설명하기 전에 AI가 대체 어떤 것인지, 어떤 구조로 이루어져 있는지 제대로 이해해 둘 필요가 있을 것이다.

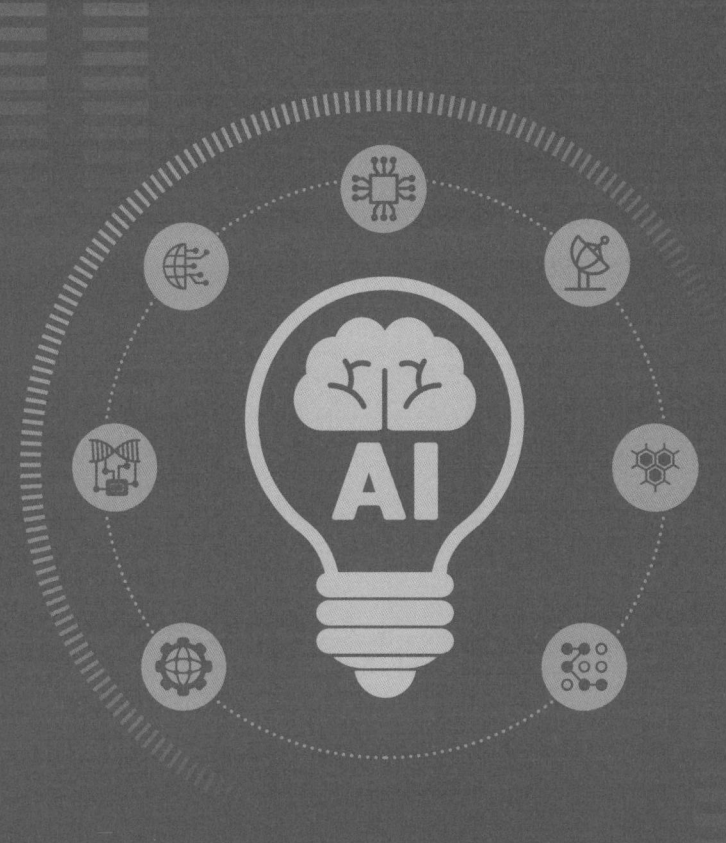

PART 03

AI 프로그램의 기본적인 구조

3.1   AI에 주어지는 과제와 해결 방안

3.2   탐색 알고리즘의 종류와 개요

3.3   정렬 알고리즘의 종류와 개요

3.4   암호 알고리즘의 종류와 개요

3.5   AI의 설계도가 되는 아키텍쳐

3.6   독립적으로 일하는 AI의 존재

3.7   규칙에 의한 AI의 사고법과 의사결정 방법

3.8   목표에 맞춘 AI의 사고법과 의사결정 방법

3.9   사례로 배우는 AI의 사고법과 의사결정 방법

3.10   유연하게 사고하기 위한 방법

PART 03

AI 프로그램의 기본적인 구조

3.1 AI에 주어지는 과제와 해결 방안

❶ AI와 프로그램 존재의 의미

AI에 대하여 깊이 이해하기 위해 제일 먼저 해야할 일은 '무엇을 위해 만들어졌는가'라는 프로그램의 목적과 의의를 아는 것이다. 인간이 지적활동을 할 때도 반드시 목적이 있고, 그것을 향해 사고(think)를 구성한다. 그 목적에 맞춘 사고 프로세스가 프로그램의 경우에는 알고리즘이라는 논리적인 작업 매뉴얼로 표현되며, 목적 달성을 위해 코드가 실행된다.

이 원칙은 스마트폰 어플이나 AI에서도 하지 않는다. 그리고 AI와 같은 대규모의 복잡한 프로그램의 경우, 어떠한 작은 목적을 가진 프로그램이 모여 복잡하게 서로 얽혀 거대한 목적을 달성하기 위해 작동한다. 이 구조는 인간이 만드는 회사나 조직과 유사하다. 한 사람 한 사람에게 역할이 주어지고 목적을 가지고 사고하여 행동하고 다른 역할을 가진 사람과 연계한다. AI가 하는 일도 마찬가지다. 또한, 인간의 뇌 안에도 역할 분담된 신경 네트워크가 존재하고 서로 연계하여 목적 달성을 위해 사고를 이루어가기 때문에 그것과도 유사한 부분이 있을지 모른다.

❷ 알고리즘(algorithm) 이란?

알고리즘이란 목적을 달성하기 위한 수단이다. 수학 등의 정답을 가지고 있는 문제를 해결하기 위한 방법 또는 수단을 가리킨다. 이른바 정답에 도달하기 위한 해결방법이라 생각하면 좋을 것이다. 비슷한 의미를 가진 말에 논리(logic)가 있다. 알고리즘과 논리는 비슷한 듯 하면서도 조금 다르다. 논리란, 굳이 말하자면 정답에 도달하기 위한 사고방식을 의미한다. 즉 알고리즘이 범용성 높은 '해결하기 위한 방법 또는 수단'인 것에 반해, 논리란 구체적인 '해결하기 위한 사고방식'이라 할 수 있다.

프로그램의 목적을 달성하기 위한 작업 매뉴얼을 알고리즘이라 한다. 인간 조직에도 각 담당자용으로 매뉴얼이 존재하고 그 수순에 따라 행동하면 같은 결과를 얻을 수 있는 구조를 만드는 경우가 적지 않다. 인간과 비교했을 때 프로그램이 정확하고 매번 같은 결과를 도출하는 것은 이 알고리즘 덕분이다.

그러나 모든 알고리즘이 어떤 문제든지 해결할 수 있는 것은 아니다. 삽은 지면을 파는데 적합하지만 무언가를 태우는 데에는 적합하지 않은 것과 마찬가지다. 각각의 알고리즘이 저마다 해결방식의 특징을 가지고 있다. 문제에 맞춰 알고리즘을 선택하는 것이다.

예를 들어, 알고리즘의 하나인 딥러닝에서 딥러닝이라는 알고리즘을 사용함으로써 지금까지 풀 수 없었던 문제를 풀 수 있게 되거나 특징적인 해결방식으로 사람의 노동력이 그다지 필요하지 않게 되는 등 할 수 있는 범위가 크게 넓어졌다.

참고로 많은 알고리즘은 대상이 되는 데이터에 숨어 있는 특징이나 경향을 발견하기 위해 데이터 집합의 대표적인 것을 추려내는 요약, 관계의 유무를 명확히 하는 관계성, 같은 종류를 발견하고 정리하는 분류, 닮은 것을 한데 합치는 축약 등을 수행한다.

기계학습은 무언가를 예측하는 것을 목적으로 한 알고리즘의 큰 체계라고 생각하면 좋을 것이다. 지도 학습과 비지도 학습은 기계학습의 하위에 위치한 작은 체계이다. 한편, 진실을 아는 것을 목적으로 한 알고리즘의 큰 체계가 통계학이다. 통계학과 기계학습은 매우 유사한 것 같지만 무엇을 목적으로 하는 알고리즘의 체계인가라는 점에서는 다르다고 보아도 좋을 것이다(그림 3.1).

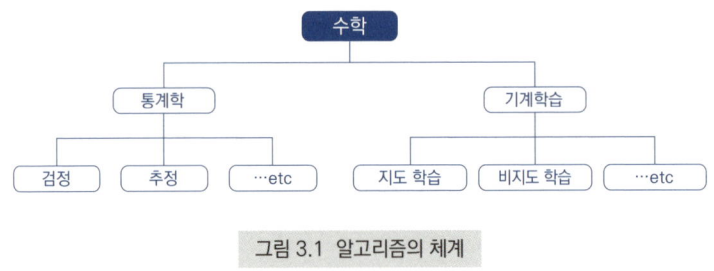

그림 3.1 알고리즘의 체계

❸ 모델이란 무엇인가?

시스템 분석자들은 자주 '기계학습 알고리즘을 이용해 모델을 만든다'라는 말을 한다. 그렇다면 모델이란 무엇일까? 간단히 말하면 알고리즘으로 만든 수식으로 근사적 현실을 표현하는 것이 모델이다. 데이터를 토대로 하여 수식만으로 현실을 모방한 모형이라고도 할 수 있다. 그 모형에 데이터를 입력하면 근사적 현실을 재현할 수 있다.

예를 들어, 어느 공장의 기계로부터 작업마다 상세한 데이터가 출력되고 있다고 하자. 이 데이터를 사용하면 알고리즘을 이용해 작업에 소요되는 시간을 예측하는 모델을 만들거나, 불량품을 검출하는 정확도를 높이는 모델을 만들 수 있다(그림 3.2).

그리고 시간 예측 모델이 있다면 굳이 시작품을 만들지 않아도 이정도의 시간으로 만들 수 있을 것이라는 예측이 가능하다. 단, 모델은 어디까지나 근사적 현실이기 때문에 100% 정확하지는 않다. 제대로 재현되지 못한 부분도 있다. 재현하기 위한 데이터가 부족한 것일지도 모르고, 이용한 알고리즘에 문제가 있는 것일 수도 있다.

또한, 모델의 뿌리가 되는 것은 데이터이다. 만약 부정확한 데이터가 섞여 있으면 그만큼 모델이 나타내는 근사적 현실의 정확도는 떨어진다. 그 때문에 되도록 정확도 높은 데이터가 필요하다.

이러한 알고리즘은 모든 현장에서 사용되고 있다. 제조업의 경우 1일의 발주 수를 예측하여 오늘 필요한 재료를 갖춘다. 슈퍼 등의 소매업의 경우 과거의 고객 수·매상 데이터로부터 어떠한 시책을 펼치면 고객 수나 매상을 늘릴 수 있는지 가설을 세울 수 있다.

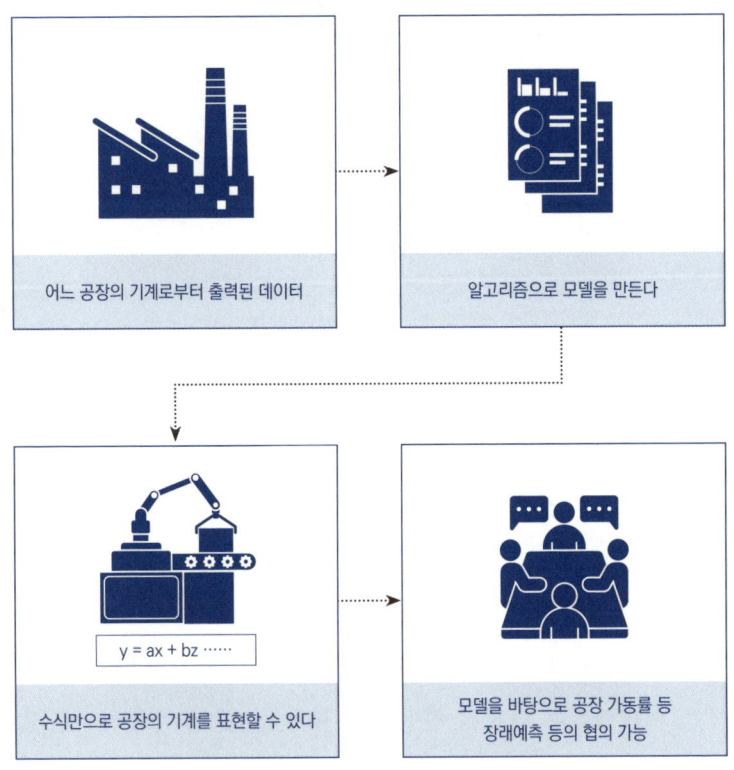

그림 3.2 알고리즘으로부터 모델을 만드는 예

See & Think

알고리즘은 도구에 불과하다. 알고리즘이란, 말은 어렵지만 결국은 도구일 뿐이다. 좋은 도구를 고집하는 것은 중요하지만, 도구를 사용하는 목적을 잊어서는 안 된다. '딥러닝이 뭔가 굉장할 것 같으니까, 딥러닝을 사용해 주세요'라는 발상은 애초에 잘못되었다고 할 수 있다.

3.2 탐색 알고리즘의 종류와 개요

KEYWORD : 탐색 알고리즘, 선형탐색, 이진탐색, 그래프구조, 트리구조

❶ 알고리즘의 기본이 되는 리스트의 탐색

아무리 복잡한 알고리즘도 잘 살펴보면 단순한 수순의 조합으로 구성되어 있으며, 인간 사고방식의 응용이나 퍼즐과 같은 해법도 존재한다. 그중에서도 탐색 알고리즘은 여러 가지 프로그램에 이용되는 기본형이기 때문에 이해해 두면 알고리즘이 보다 가깝게 느껴질지도 모른다.

탐색방법은 데이터의 구조에 따라 최적인 것이 다르다. 명부나 엑셀 등에서 자주 볼 수 있는 데이터가 일렬로 줄지어져 있는, 그런 리스트 구조의 데이터의 경우 탐색방법은 의외로 간단하다. 위에서 순서대로 전부 조사하는 선형탐색이나 번호순 등으로 줄지어져 있는 전제라면 조사하고 싶은 것이 어느 부근에 있는지 가늠하여 조사하는 이진탐색이 자주 이용된다. 이 밖에도 방법은 있지만, 그저 줄지어져 있을 뿐인 리스트형의 데이터의 경우 그다지 효율적인 탐색방식이라고 할 수 없다.

❷ 데이터 간에 관련이 있는 그래프 구조의 탐색

어떤 데이터도 리스트형으로 나타낼 수 있지만, 실제 데이터끼리 어떠한 관련이 있는 경우가 많다. 고객·상품·서비스, 선로나 도로, 언어나 지식, 서로 다양한 관계성을 가지는 정보는 그래프 구조나 트리 구조라 불리는 정보 사이의 관련성을 네트워크화한 형태로 표현할 수 있다. 그 형식으로 표현되어 있는 경우에 사용할 수 있는 탐색은 가로로 일렬씩 조사하는 '너비 우선 탐색', 세로로 일렬씩

조사하는 '깊이 우선 탐색' 등의 구조중심 탐색법이다. 그러한 구조 중심의 탐색을 발전시키면, 정보의 관계성부터 탐색 대상이 어느 부근에 있는지를 평가하는 '최선 우선 탐색', 거기에 확률론적인 요소를 더한 '몬테카를로 트리 탐색' 등이 등장한다(그림 3.3).

그래프 구조는 정보 사이에 있는 관계성을 이용하여 빠르게 탐색 대상을 발견할 수 있다. 그러기 위한 평가법과 탐색법이 많기 때문에 심오한 데이터 구조라 할 수 있다. 또한, 리스트 구조의 데이터를 그래프나 트리 구조로 변환할 수 있으면, 리스트형의 탐색보다 빠르게 발견하는 경우도 있다.

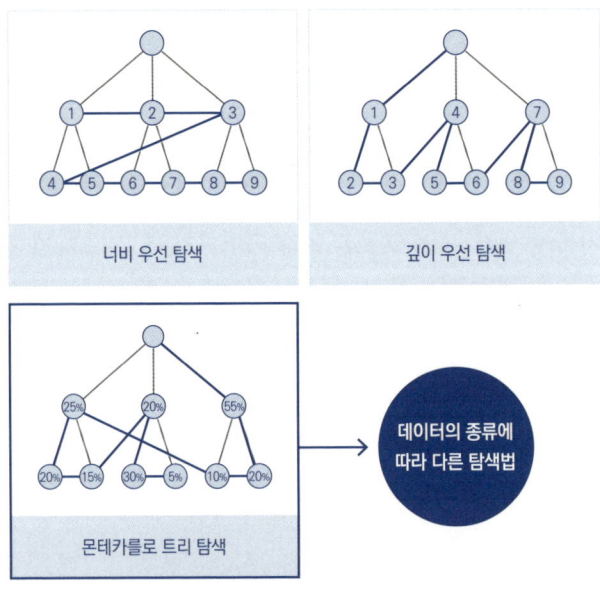

그림 3.3 트리 구조형 데이터의 탐색

3.3 정렬 알고리즘의 종류와 개요
KEYWORD : 정렬, 정렬 알고리즘

❶ 데이터 정렬의 중요성

데이터를 다룰 때 중요한 것은 바로 어떠한 법칙성에 따라 데이터를 정렬하는 것이다. 장부나 목록에서 무언가를 찾아내기 위해 미리 정보를 이름순이나 번호순으로 나열해두는 것과 같다. 컴퓨터는 위에서 순서대로 모조리 찾아도 빠르게 대상을 찾아주지만, 그래도 데이터가 많으면 시간이 소요된다. 그 때문에 데이터 그 자체를 다시 정렬하거나, 이름순으로 정돈한 색인을 만들어 두거나, 데이터를 보기 쉽게 하기 위한 처리가 반드시 이루어진다. 정렬 알고리즘은 그 일종이다.

단지 다시 정렬할 뿐이지만, 정보를 순서대로 나열하는 작업은 상당히 번거로운 일이기 때문에 많은 정렬 알고리즘이 존재한다. 또한, 정보를 일정 법칙이나 우선도에 따라 나열하는 작업은 검색결과나 추천 검색어와도 관련이 있기 때문에 AI의 사고 속도에도 영향을 주는 의외로 중요도가 높은 알고리즘이다.

❷ 연구를 거듭해 만들어진 여러 정렬 알고리즘

단순한 알고리즘으로는 처음부터 순서대로 두 개의 정보를 비교하여 순서를 바꿔가는 '버블정렬'이 있다. 반복해 가면 정렬이 가능하지만 효율은 떨어진다. 이 방법은 카드를 정렬하는 것과 같다. 최소치부터 순서대로 정렬해 나가는 '선택정렬', 어느 카드 사이에 들어갈지를 살펴보며 끼워 넣어가는 '삽입정렬', 기준이 되는 포인트를 정하고 그에 따라 위인지 아래인지를 나누는 '퀵정렬', 정보를 작은 집단으로 나누어 그 안에서 정렬하여 마지막에 맞추는 '병합정렬' 등이 있다. 그 밖에도 버블정렬과 삽입정렬을 합친 '셸정렬'이나, 트리 구조를 만들어 구조의 정점에 최대치나 최소치가 오도록 정렬하는 '힙정렬' 등이 있다.

데이터를 정렬하기만 해도 데이터가 흩어져 있는 방식에 따라 속도가 달라지거나, 조금 늦더라도 안정되거나, 메모리를 절약하는 등 저마다 특성이 다르다. 목적은 단순해도 심오한 것이 정렬 알고리즘이라 할 수 있을 것이다.

3.4 암호 알고리즘의 종류와 개요

❶ 키(열쇠)를 사용해 누구나 읽을 수 있는 문서를 만드는 알고리즘

매우 중요하고 원리를 알기 어려운 알고리즘이 암호이다. 탐색이나 정렬과 달리, 암호 알고리즘은 일상에서 사용하는 경우가 거의 없다. 알고리즘을 올바르게 이해하기 위해서는 수학적인 지식이 필요하지만, 누구나 연결되어 있는 인터넷 세계에서 '어떻게 안전하게 이용할 수 있는가'를 이해하는 것뿐이라면 수학적인 지식은 필요하지 않다. 암호에 있어서 중요한 것은 '특정의 누군가만이 읽을 수 있는 것'으로, 그것을 실현하는 데 있어서 중요한 것은 키와 문서의 취급방식이다. 기본적으로는 열쇠가 달린 상자에 문서를 집어넣고 키를 잠그고(암호화) 키를 사용해 상자를 열어 안에 있는 문서를 읽는(복호화) 것을 시험해보는 방법이기 때문에 오랜 시간이 든다. 그 때문에 키를 빈번히 바꿔버리면 간단히 돌파할 수 없다. 문제는 새로운 키를 어떻게 넘겨주는가 하는 것이다.

상자를 닫는 키와 여는 키가 같은 것을 공통 키 암호라고 부르며 상자를 닫는 키와 여는 키가 다른 것을 공개키 암호라고 부른다. 공개키 암호의 경우 상자를 닫는 키(공개키)를 모두에게 나누어주는데 상자를 여는 키(비밀키)를 문서를 읽는 사람만이 가지고 있다는 점이 큰 특징이다. 이것은 키가 아니라 자물쇠와 같이 열쇠로 잠그는 장치를 나누고 있다고 생각해도 좋을 것이다. 공개키 암호는 공개키를 넘겨주기 수월한 대신에 암호화와 복호화에 시간이 소요된다. 여기서 공통키와의 차별점이 드러나는데 공통키 암호는 같은 키를 사용하기 위해 관계자에게만 키를 건네는 것이 어려운 한편 처리가 가볍고 속도가 빠르다.

이러한 특성에 근거하여, 공개키 암호로 공통키 암호의 키를 전달하고, 거기서부터는 공통키 암호로 작업을 수행한다. 상자 속에 공통키를 넣어 공개키로 잠그고 상대방은 비밀키로 해제하여 공통키를 꺼낸다. 한 번 암호를 푸는 과정을 거치면 정기적으로 키를 변경해 간단히 암호를 풀 수 없게 된다.

3.5 AI의 설계도가 되는 아키텍쳐

❶ 여러 알고리즘을 조합시켜 만드는 아키텍쳐

AI를 포함한 대부분의 프로그램이 여러 알고리즘의 조합으로 작동한다. 지금까지 소개한 세 종류도 Google에서 검색을 할 때 사용하고 있다. 우리가 Google의 검색창에 입력한 정보는 암호화되어 인터넷상을 통과하고, Google은 사전에 정렬된 데이터베이스에서 키워드에 일치되는 사이트를 검색해준다. 실제로는 더 복잡하지만 기초적인 알고리즘은 온갖 프로세스에서 사용된다.

이와 같은 AI와 프로그램을 만들 때는 알고리즘의 사용방법이나 어떠한 데이터베이스를 조합시키는가 하는 것을 생각하고, 그것을 대략적인 설계도로 옮기게 되는데 이를 아키텍쳐라고 부른다.

❷ 아키텍쳐를 만드는 단계에서 종류별로 역할이 결정된다

프로그램의 목적을 달성하기 위해 대략적인 방향성을 생각하는 것이 아키텍쳐(architecture)이다. 그것을 구체적으로 기술할 때 알고리즘이 등장한다. 예를 들어, 영상인식 시스템을 만드는 경우라면 '회사 자체에서 데이터베이스를 이용해 AI를 만들 것인가', '다른 회사의 AI서비스를 사용할 것인가'를 가장 먼저 결정하고, '자사의 서비스에 어떻게 연결할 것인가', '사용자는 어떻게 이용하도록 할 것인가', '사전에 정해두어야 하는 규칙은 무엇인가'를 생각하는 것이 아키텍쳐의 설계이다.

또한, AI의 아키텍쳐를 생각할 경우 소프트웨어 자체의 아키텍쳐를 생각하는 것은 물론, 네트워크나 데이터베이스의 연계를 생각한 시스템과 인프라 주변의 아키텍쳐도 중요하며, 자동차나 로봇의 연계를 고려한 하드웨어 부근의 컴퓨터 아키텍쳐에 대해서 생각해야 한다.

서버측에서 정보를 모두 처리하는 것이 아니라, 단말이나 IoT기기 측에서 부하를 분산하는 '엣지 컴퓨팅' 등은 소프트·하드·시스템을 계층적으로 설계하는 새로운 아키텍쳐의 사고방식이다. AI는 이와 같은 아키텍쳐의 가치를 높이는 데 있어서 중요한 역할을 담당하고 있다.

3.6 독립적으로 일하는 AI의 존재

❶ 높은 자율성을 가진 소프트웨어 에이전트

실세계의 각종 디지털 네트워크상에서 자율적으로 행동하고 협조, 교섭, 중개, 집약 등 지적인 작업을 하는 소프트웨어 시스템을 넓은 의미로 에이전트(agent)라고 부른다. 올바른 설계도(architecture)를 토대로 만들어진 AI는 독립적이거나 협조적인 활동 등 지시를 받지 않고 계속 활동할 수 있게 되었다. 그러한 일정의 자율성·계속성·협조성을 가진 프로그램을 소프트웨어 에이전트라고 부른다.

에이전트는 대리인이라는 의미로 목적 달성을 위해 고용주의 의사에 따라 일하고, 평상시에는 독립적으로 행동할 권한이 주어져 있다. 소프트웨어 에이전트도 마찬가지로, 어떠한 권한을 부여함으로써 사용자 대신 다양한 업무를 자동으로 실행해 준다. 또한, 에이전트는 꼭 단독으로 행동하는 것이 아니라 여러 에이전트가 조합된 멀티 에이전트라는 형태로 움직이는 경우도 있다. 나아가 에이전트의 규모도 다양한데 거대한 시스템의 일부 혹은 시스템 그 자체이거나 스마트폰과 같이 단말 내부에서 정기적으로 메일을 체크할 뿐인 존재 등 정해진 형태는 없다.

❷ 에이전트에 의해 구성되는 AI

AI와 에이전트는 밀접한 관계가 있으며 AI가 에이전트로서 실행되거나 AI 속에 무수의 에이전트가 들어 있는 경우도 있다. 로봇도 에이전트의 일종이다. 높은 자율성과 협조성을 가진 에이전트의 설계는 쉽지 않기 때문에 에이전트 아키텍쳐라고 불리는 뛰어난 에이전트를 설계하는 방법의 연구도 수행되고 있다.

뛰어난 에이전트의 행동 프로세스는 인간의 행동과도 닮아있다. 오감이나 센서로 지각한 정보를 인식하고 그것에 맞춰 적절한 행동을 결단 내리고 몸·기계·프로그램을 실행한다. 그에 따라 환경이 변화하기 때문에 그것을 다시 지각함으로써 연속적인 행동이 이어져 가는 것이다. 이와 같은 설계는 자율주행차나 드론에도 이용되며 점점 당연한 것이 되어 가고 있다.

3.7 규칙에 의한 AI의 사고법과 의사결정 방법

❶ 규칙(rule)을 정하고 따르는 규칙(지식) 베이스

AI나 에이전트와 같은 자율성 높은 프로그램은 여러 가지 방법으로 사고 및 의사결정을 내린다. 매우 복잡해지고 있는 현대 AI의 사고를 특정 패턴에 끼워 맞추는 것은 어렵지만, 베이스가 되는 의사결정의 축은 존재한다. 대부분의 프로그램이나 AI에 이용되고 있는 것이 규칙 베이스 혹은 지식베이스라는 사고 프로세스이다. 인간의 논리적 사고를 규칙(지식)화 하고, 그 규칙에 따라 동작하는 의사결정방법이다.

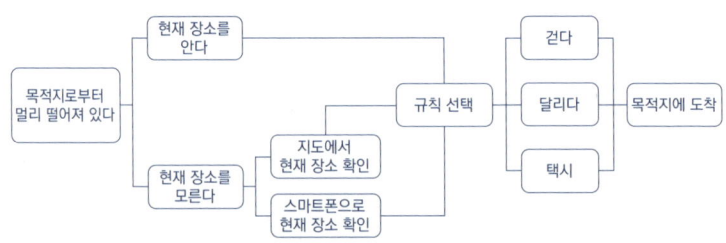

'만일 A라면 B'라는 규칙에 따라 동작한다. 복잡한 프로세스에서도 간단하게 기술할 수 있어 변경이 용이하다.

그림 3.4 규칙 베이스의 예

간단한 사고부터 복잡한 사고까지 간단히 기술할 수 있는 한편, 규칙 외의 상황에 대응하는 것이 어려워 유연성이 없다는 것이 단점이다. 또한, 경험측에 기초한 애매한 사고나 감각적인 판단 등 논리적으로 기술하기 어려운 의사결정의 프로세스를 재현하는 것은 불가능하다. 한편, 규칙을 엄밀히 따르기 위해 정확성이나 재현성이 높고 기계나 프로그램에 대한 신뢰성이 높아 이 규칙 베이스는 사고 프로세스와 닮은 부분이 매우 크다.

❷ 정해진 상태에 따르는 상태 베이스

상태 베이스(state base)는 몇 가지 상태(state)를 정의하고, 그 상태를 규칙에 따라 변경함으로써 업무를 실행하는 규칙 베이스형을 조금 한정적으로 만든 사고모델이다. 이 사고방식으로 동작하는 프로그램이나 기계는 '상태 머신'이라고 불리며, 가전·로봇·공업기계 등 현실 세계에서 작동하는 여러 프로그램에 사용되고 있다.

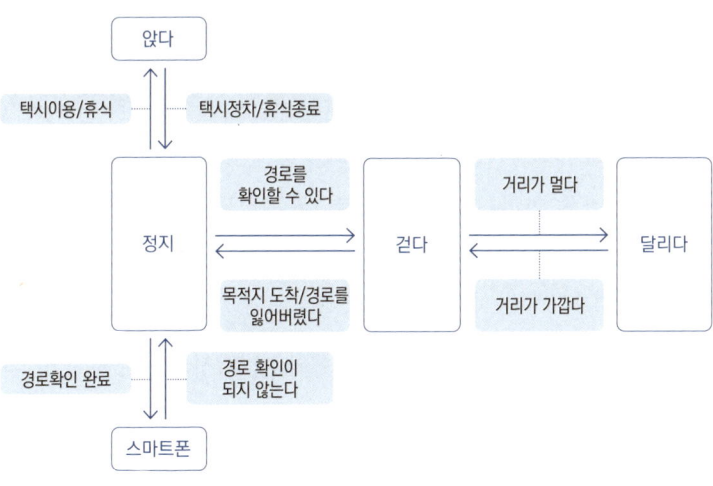

간단한 의사결정 방법. 안정성이 높고 동작이 빠르다.

그림 3.5 상태 베이스의 예

규칙 베이스와의 차이는 사고의 속도와 안정성이다. 프로그램은 사전에 정해져 있는 상태가 있기 때문에 동작을 파악하기 쉽고 여러 상태들이 겹쳐지므로 안정적이다. 예를 들어, '보행'과 '스마트폰 만지기'라는 상황을 상태 머신으로 깔끔하게 나누어 두면 원칙적으로 걸으면서 스마트폰을 할 수 없기 때문에, 쓸데없는 일을 하지 않고 안전히 목적지까지 도착한다는 것이다. 규칙 베이스에서도 같은 일이 가능하지만, 안정성이 중요시되는 프로그램이나 복잡한 업무를 간단하게 실행할 때 자주 사용된다.

3.8 목표에 맞춘 AI의 사고법과 의사결정 방법

❶ 목표부터 역산하여 플래닝하는 목표(goal) 베이스

AI나 프로그램은 어떠한 목적을 달성하기 위해 작동한다. 간단한 작동으로 목적을 달성하지 못할 경우, 그 목적 달성까지 필요한 행동 하나하나를 계획하고 실행해 간다. 그것이 목표 베이스의 사고법이다. 예를 들면 목적지에 도착하기 위해 목적지부터 역산하여 루트를 산출하고, 수단으로써 도보로 역까지 이동하고, 지하철로 목표와 가까운 역까지 가서 버스로 이동한다는 식의 계획을 세우는 것도 목표 베이스의 방법론이다(그림 3.6).

또한, 목표를 세세하게 설정함으로써 복잡한 상황에도 대응할 수 있다. 역까지의 루트 설정이나 환승, 혹은 돌아오는 길의 설정 등 여러 가지 목표들에 있어서 최적의 계획을 생각할 수 있게 될 것이다.

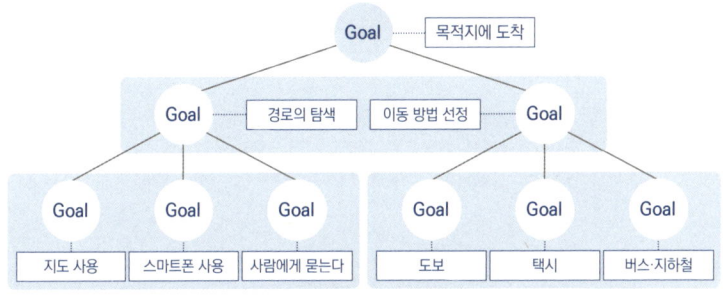

그림 3.6 목표 베이스의 예

❷ 작업을 분할하여 협조하는 업무 베이스

목표 베이스의 사고방식에 독립적으로 사고하는 에이전트의 요소를 더하여 보다 유연한 대응을 가능하게 한 것이 업무 베이스다. 가장 처음 세운 계획에 따라 마지막까지 움직이는 것이 아니라 갖가지의 업무들을 실행할 때 유연하게 업무를 변경하거나, 분할하거나, 조정하는 등 어느 정도의 자율성이 주어진다는 점에 큰 차이가 있다. 경우에 따라서는 업무 사이에 계층구조를 부여하여 상위계층의 업무를 우선하고 하위업무를 대체하는 것도 가능하다. 즉, 목표를 변경할 권한을 가진 업무가 존재하는 것이다. 이 방식의 경우, 목표 베이스로는 어려웠던 정체나 지연에 맞춘 경로 변경 등이 가능해진다(그림 3.7).

단, 지금까지 설명한 의사결정의 프로세스는 저마다 상반된 것이 아니라, 조합시키는 것도 가능하다. 규칙·상태·목표·업무 베이스가 완전히 별개의 사고법이라는 것이 아니라, 어디까지나 방향성의 차이로 이름을 지은 것이다. 전체적으로 보면 업무 베이스라도 업무를 분할해가는 사이에 목표 베이스나 상태 베이스가 되는 경우도 있을 수 있다. AI든 사람이든 사고패턴을 깔끔하게 분류할 수 없기 때문이다.

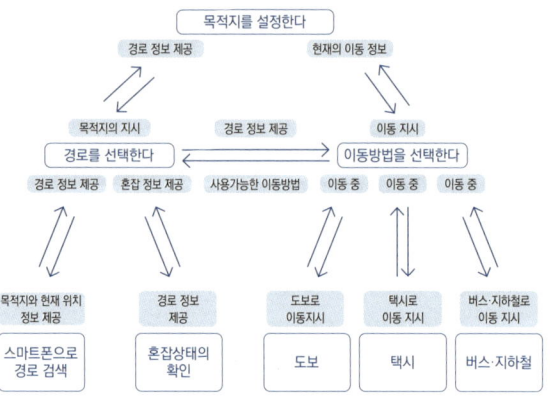

각각의 태스크가 협조하여 정보 교환을 한다.

그림 3.7 업무 베이스의 예

3.9 사례로 배우는 AI의 사고법과 의사결정 방법

❶ 사례를 참고하여 판단하는 사례 베이스

문제를 풀 때 이론으로는 해결할 수 없는 경우 효과적인 것이 사례를 참고하여 판단하는 사례 베이스 접근법이다. 이것은 과거의 사례를 지식화하는 형태로도 실현 가능하고, 방대한 과거의 사례를 데이터베이스화하여 통계학적인 방법으로 해결책을 모색하는 것도 가능할 것이다. 기계학습 등도 사례 베이스적인 방법을 이용하고 있다고 생각할 수 있으며 논리적인 해결이 어려운 감각적인 업무(task)에도 효과적인 방법이다.

단, 이 방법은 과거의 사례를 참고로 하고 있을 뿐이므로, 과거의 사례가 잘못되어 있으면 AI도 마찬가지로 오류를 범하게 된다. 판단이나 사고의 근거도 '전에는 이랬으니까'라고 할 뿐이기 때문에 완전히 새로운 문제에는 대응할 수 없다.

❷ 상황을 상상하는 시뮬레이션 베이스

사례 베이스와 비슷한 것이 시뮬레이션 베이스이다. 실제의 사례가 아니라 AI가 스스로 시뮬레이션한 세계에서 '어떤 판단이 최선인가'를 생각하는 방법이다. 이 시뮬레이션을 수없이 반복하여 그곳에 있는 어떠한 패턴을 도출해내게 되면, 사고법으로써는 사례 베이스로 바뀐다. 시뮬레이션이 과거의 효과적인 사례로 바뀌는 것이다. 이것도 엄밀히 나눌 필요는 없지만 미래를 상상하여 '이쪽이 더 좋을지도 몰라'라고 생각하는 것이 시뮬레이션 베이스다. 반복하여 상상, 혹은 경험하여 '이 경우엔 이렇게 하는 것이 최적'이라고 하는 것이 사례 베이스, 사례의 존재를 완전히 무시하고 '이건 이렇게 하는 것'이라는 단계로까지 가져가면 규칙 베이스라고 할 수 있다.

이와 같은 사고법 및 의사결정 방법들은 프로그램으로는 완전히 별개의 방식으로 만들어지지만, 성질은 비슷한 부분이 많다. 인간도 그렇지만 논리적으로 보이는 사고도 경험에 근거한 것이거나, 원래는 논리적인 판단이더라도 익숙해지면 감각적으로 하게 되거나 한다. 사고방식이나 판단의 근거가 달라도 하고 있는 일은 똑같아지는 것이 AI와 인간의 닮은 점일지도 모른다.

3.10 유연하게 사고하기 위한 방법

❶ 통계와 확률이 사고에 주는 영향

현대 AI의 사고(think)에 대하여 통계나 확률은 큰 영향을 주고 있다. 특히 규칙 베이스의 사고방식이 주류였던 과거 수 십년의 방법들에 비해 통계나 확률의 이론을 대부분 받아들인 기계학습은 범용성이 높고, 제대로 활용하면 AI의 용도 범위가 넓어지기 때문에 연구가 활발히 이루어지고 있다.

애초에 인간의 사회적인 활동에 한하지 않고, 동물의 행동이나 자연현상의 대부분이 계산하면서 실행하고 있는 것은 아니다. 사회활동이나 자연현상을 이해할 때 수식이나 이론을 이용하고 있는 것일 뿐, 그 대부분의 활동이 경험이나 감각, 랜덤(무작위)에 가까운 사물과 사물의 관계들로 이루어져 있다.

인간의 지적활동은 논리적으로 보여도 실은 애매하게 감각에 의존하는 경우가 많으며, 그것을 프로그램으로써 논리적으로 기술해도 잘 되지 않는다. 장기나 바둑 기사의 경우에도 확실히 우위인 수 이외에는 경험에 근거한 감각적인 판단에 의존한다. AI조차 다 읽을 수 없는 수들을 인간의 뇌로 사고하는 것은 불가능하기 때문에 논리가 아닌 경험이나 지식을 이용해 강한 수를 모색하는 것이다.

❷ 인간의 경험으로 변하는 기계학습

인간의 경험으로 변하는 기술이 AI에 있어서 기계학습이다. 논리적으로 풀 수 없는 문제에 대하여 인간이 경험에 근거해 판단을 내리듯 AI는 기계학습으로 학습된 경험으로 상황에 대해 판단한다. 이 기계로 학습한 어떠한 경험은 그 대부분이 통계와 확률에 따라 구성되며, 그 통계와 확률은 방대한 데이터베이스를 근거로 신뢰성을 확보한다.

통계나 확률은 논리적인 체계를 가진 학문영역이며, 데이터도 수치 등을 포함한 매우 구체적인 정보이다. 인간이 어렴풋이 감각적으로

몸에 익힌 스킬을 AI는 데이터를 사용해 논리적으로 익히려 하고 있는 것이다.

AI는 다양한 사고방법으로 분석·사고하며 판단하고 있지만 세밀하게 접근해보면 지극히 논리적이다. 본질적으로 논리적인 AI가 어떻게 애매한 세계에 대응해갈지를 이해하는 것이 AI를 이해하는 데 있어 중요하다.

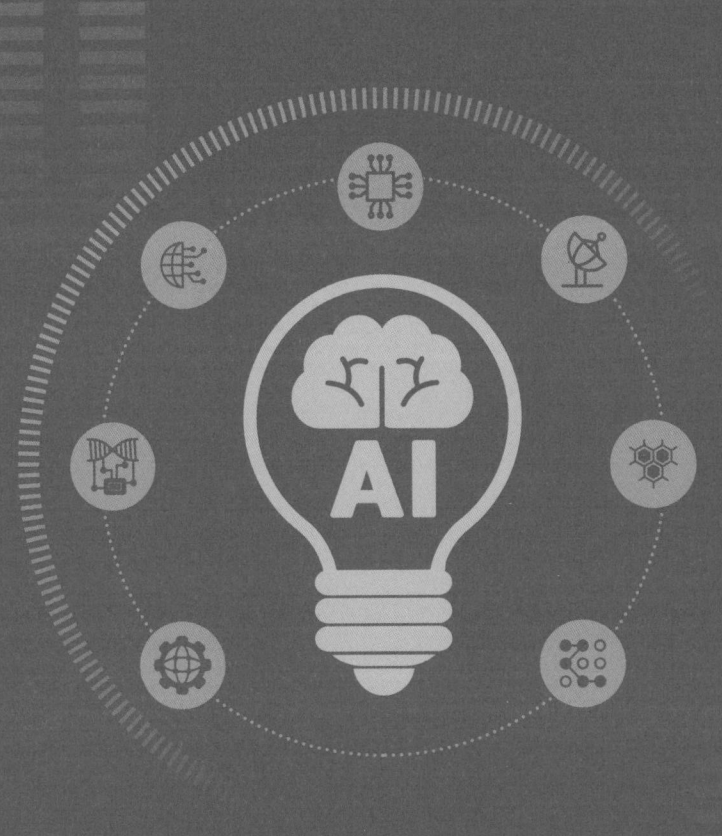

PART 04

AI 관련 데이터(정보) 처리

4.1   AI에 필요한 데이터(정보)

4.2   데이터 수집과 AI의 활용

4.3   데이터 취급의 용이성

4.4   지식과 개념을 전달하기 위한 접근

4.5   AI에 관한 데이터 과학과 통계

4.6   데이터 분석과 가치 발굴

4.7   데이터의 관계성 발견

4.8   데이터를 분할하여 분석하는 방법

4.9   데이터의 올바른 취급 방법

4.10   지식과 통계로부터 AI의 이미지 구성

PART

AI 관련 데이터(정보) 처리

4.1 AI에 필요한 데이터(정보)
KEYWORD : 정보, 데이터

❶ AI 관련 데이터(정보)란?

AI 기술은 다룰 수 있는 정보량이 증가할수록 유용한 것이 된다. 단, 이 경우 정보나 데이터가 무엇을 가리키고 있는지 이해하는 것은 의외로 어려울지도 모른다. 왜냐하면 AI는 기존의 단순한 프로그램에 비해 다룰 수 있는 데이터의 종류가 증가했고, 지금까지 컴퓨터가 다루지 못할 것이라 여겼던 데이터까지 다룰 수 있게 되었기 때문이다.

게다가, AI의 종류에 따라 다룰 수 있는 데이터는 다르며, 다룰 수 있다고 해도 그 데이터가 목적에 맞는 데이터라고는 할 수 없다. 암의 영상진단 AI에 혈액검사 데이터를 보여주어도 의미가 없고, 암의 유무밖에 판별하지 못하는 AI에게 암의 치료법 제안을 시키려 해도 정확한 결과는 얻을 수 없다(그림 4.1).

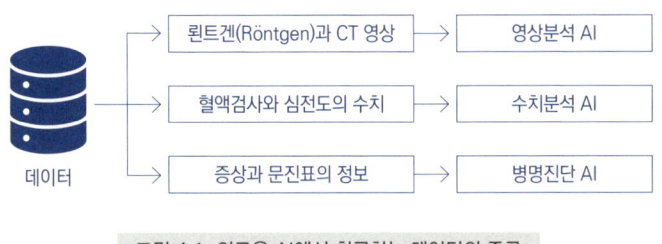

그림 4.1 의료용 AI에서 취급하는 데이터의 종류

AI에 관한 데이터란 항상 상황과 문맥에 의존한 애매하고 폭넓은 의미를 가지는 말이라는 것을 이해해 둘 필요가 있다.

예컨대, 열차의 각 역의 발착 시간 그 자체는 전혀 의미가 없는 데이터이다. 그러나 지도를 사용하여 역과 역이 어떻게 연결되어 있고 그 역 순으로 발착 시간이 기재되면 데이터가 정리되어 정보가 된다. 이와 같은 정보가 지식으로 변환되는 것은 목차 등에 의해 곧바로 검색할 수 있는 열차 시간표와 같이 이것을 필요로 하는 사람에게 있어서 매우 유익한 것이 되어야 하고, 지식은 필요한 사람에게 가치가 있다. 또한 정보가 지식이 되기 위해서는 적절한 구조가 있어야 한다. 어떻게 구조화(체계화)하는가는 그 지식의 이용 목적에 의해 결정된다.

❷ 데이터 활용하기 전 이해의 필요성

AI의 전문가들이라 할지라도 AI가 무엇을 할 수 있는가를 이야기하기 전에 이해해 두어야 할 것이 있다. 그것은 다루고 있는 데이터가 어떠한 경위로 얻어진 것인지, 어떠한 종류의 정보를 포함하고 있고, 어떠한 형식으로 다루어지는지, 정보의 정확도는 어느 정도인지, 이 AI에 있어서 데이터란 무엇인지이다.

'상호간에 데이터가 무엇을 가리키는가'라는 부분에서 공통인식을 만들어야 이야기가 맞물릴 수 있다. 예를 들면, 이야기에 있어서의 세계관과 같은 것으로 정확히 이해하지 않아도 대화는 이루어지지만 어딘가에서 치명적으로 단추가 어긋나는 경우가 발생할 것이다.

특히, 데이터가 '어떠한 프로세스로 어떻게 수집되고 있는가'가 중요하여 그것을 아는 것만으로 데이터에 포함되어 있는 정보의 종류나 정확도를 예측할 수 있다. 동시에, 수집되는 데이터의 양과 상호협력 가능한 사항 등도 파악할 수 있게 되기 때문에 이야기가 원활히 이루어질 것이다(그림 4.2). 단순한 것이지만, 데이터를 다루는 AI를 이해하는데 있어서 매우 중요한 부분이기 때문에 파악해 둘 필요가 있는 정보이다. 요약하면, AI에 의해 취급되는 데이터의 종류는 다르다. 데이터가 무엇을 의미하는가를 바르게 이해해야 하고, 데이터를 이해하기 위해서는 정보가 발생한 경위를 이해해야 한다.

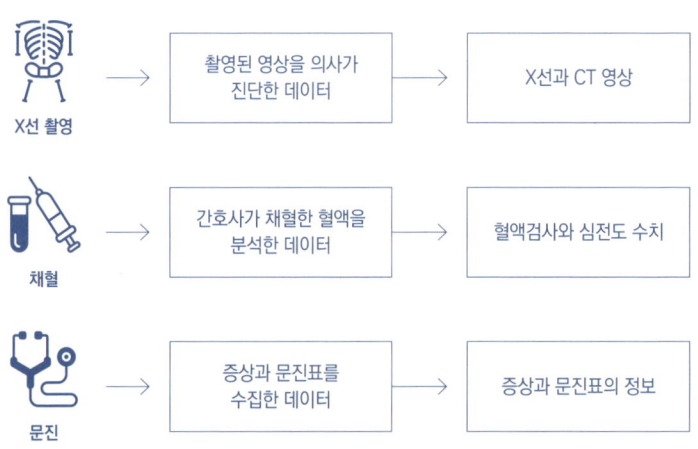

그림 4.2 정보의 발생 과정 이해

4.2 데이터 수집과 AI의 활용

AI, 특히 딥러닝은 IoT의 데이터 분석 분야에 혁신을 가져다주었다. 데이터는 21세기 오일이라고도 한다. 그러나 AI의 본질을 이해하지 않으면, 오히려 치명상을 입을 수 있으므로 AI를 어떻게 사용할 것인지가 핵심이다.

❶ AI는 인간의 준비가 필요

현재의 AI는 모든 작업을 AI 스스로가 실행하지 않는다. 데이터가 없으면 AI는 무력하다. 따라서, 입력 데이터의 채택에 대해서는 인간이 검토할 필요가 있다. 앞에서 설명한 상관관계나 인과관계 등을 고려하여 필요한 데이터를 결정한다. 데이터 수집과도 관련이 있지만 AI는 본적이 없는 데이터에는 무력하다. 반대로 잘못된 데이터를 입력하면 잘못 학습하게 되어, 결과적으로 판단을 그르치게 된다. 또한, 앞에서 언급한 바와 같이 AI에는 영감(inspiration)이 없기 때문에 혁신이 일어나지 않는다.

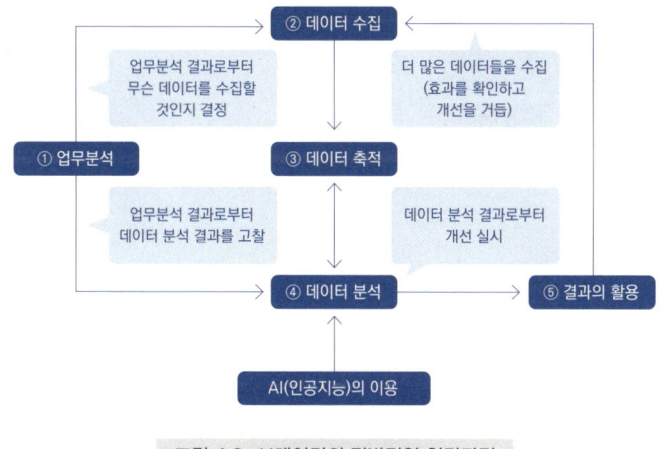

그림 4.3 AI데이터의 전반적인 처리과정

❷ 선택 근거가 불명

딥러닝은 논리가 매우 복잡하기 때문에 선택된 결과의 근거(이유)를 알 수 없게 되어 안전성, 신뢰성이 요구되는 영역에 적용하기에는 어려운 면이 있다.

❸ 데이터 분석에 관한 흐름

데이터를 무턱대고 수집하면 효과가 없다. 데이터 분석에 관한 흐름은 그림 4.4와 같다. ② 데이터 이해에서 필요한 데이터가 결정되기 때문에 데이터 결정 전에 ① 업무의 이해와 목적의 설정이 필요하다. ①이 불충분한 상태로 무턱대고 ③ 데이터 수집과 ④ 데이터 분석을 실시하면 효과로 이어지지 않을 뿐만 아니라 큰 혼란을 야기할 수도 있다.

① 업무의 이해와 목적의 설정	업무의 전체 구성을 파악하여 데이터 분석의 목적을 설정한다.
② 데이터 이해	필요한 데이터의 결정과 데이터 정의
③ 데이터 수집	데이터 수집과 가공
④ 데이터 분석	수리모델의 구축, 효과의 어떤 조합의 발견
⑤ 전개	업무시책의 실시
⑥ 평가	시책의 효과 검증(결과에 따라 ①~⑤로 반복한다.)

그림 4.4 데이터 분석에 관한 흐름

❹ 상관관계와 인과관계

상관관계에 대하여 설명하였지만, 상관관계가 있어도 인과관계는 성립되지 않는다. 상관관계가 있을 경우 '시간관계'나 '제3의 요인은 존재하지 않는가'를 파악할 필요가 있다.

❺ 데이터 가치의 진화

그림 4.5에서 단순히 수집/축적한 ① 데이터는 가치를 발휘하지 않는다. ① 데이터를 추출/가시화함으로써 ② 정보(information)가 되고, 이것을 분석/해석하여 ③ 지식(knowledge)을 얻을 수 있다. 또한 ③ 지식을 실행/통찰함으로써 ④ 지혜(wisdom)로 진화한다. 최종적으로는 ④ 지혜로부터 혁신이 탄생한다. 현대의 AI(인공지능)에서는 혁신은 탄생하지 않는다고 여겨지고 있다.

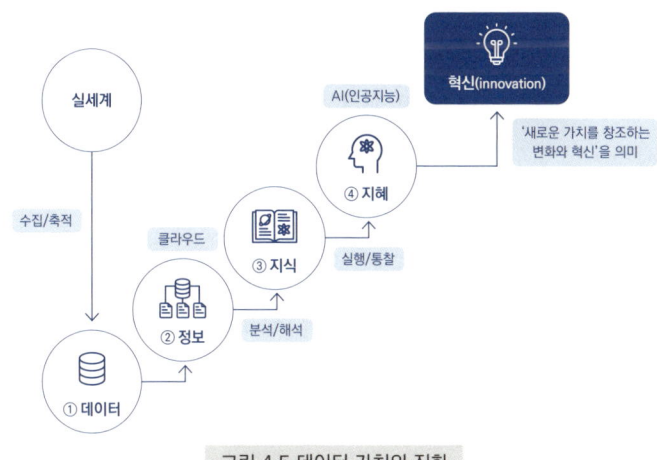

그림 4.5 데이터 가치의 진화

4.3 데이터 취급의 용이성

KEYWORD : 구조화 데이터, 메타 데이터, 비구조화 데이터

❶ 이해하기 쉬운 구조의 데이터

AI에 있어 다루기 쉬운 데이터인지 아닌지를 생각할 때, 알기 쉬운 지표 중 하나는 '데이터가 구조화되어 있는가'이다. 구조화라는 것은 데이터에 포함되어 있는 세세한 수식·문자·영상에 대하여 무엇을 의미하는 정보인지 알기 쉬운 구조를 만드는 것이다. 예를 들

어, 악곡의 파일에 있어서 가장 중요한 정보는 음성데이터지만, 곡의 타이틀이나 아티스트, 앨범, 곡의 길이에 관한 정보도 부여되어 있는 경우가 많다. 경우에 따라서는 가사의 정보까지 포함되어 있다. 타이틀, 음성, 가사 등 알기 쉬운 구조로 되어 있는 것이 구조화 데이터라는 것이다.

또한, 구조화에도 여러 가지 방법, 종류(포맷)가 있고 그것에 따라 데이터의 구조가 다르다. 대부분의 경우에서 공통된 것은 메타 데이터라 불리는 태그나 라벨 등 정보를 식별하기 위한 정보가 부여되어 있는 점으로 메타 데이터가 부여되어 있으면 다루기 쉬운 구조로 변환할 수 있을 것이다.

❷ 비구조화 데이터

반대로 구조화되어 있지 않은 데이터가 비구조화 데이터이다. 음악 파일로 치자면, 이제 막 수록한 음성 파일이나 손에 든 마이크로 이제 막 녹음한 데이터가 비구조화 데이터에 해당한다. 가령 악곡 수록 시에 구두로 타이틀이나 아티스트명을 말하고 청취자에게 알기 쉽도록 하더라도, 어떠한 포맷으로 데이터 자체가 구조화되어 있지 않으면 의미가 없다. 단, 평상시에는 수록한 시점에 수록 도구(tool)에 따라 시각과 재생시간 등의 메타 데이터가 부여되어 있고, 스피치의 경우 AI에 따라서 대화 내용이 자동으로 텍스트화 되는 경우도 늘고 있다. 비구조화 데이터라 여겨졌던 데이터도 AI에 의해 자동으로 구조화되는 경우가 늘고 있어, 경계가 애매해지고 있다고 할 수 있을 것이다.

4.4 지식과 개념을 전달하기 위한 접근

KEYWORD : 온톨로지, 지식표현, 의미네트워크

❶ 데이터와 지식의 차이

데이터를 구조화함으로써 AI가 다룰 수 있게 되었다고 해도, 그것만으로는 사람과 똑같이 다룰 수 없다. 사람은 데이터와는 별개로 지식이라는 AI가 다루는 데이터와는 조금 형태가 다른 정보를 다룬다.

데이터와 지식은 유사하지만, 양쪽 다 순수한 정보라는 의미를 가지는 한편, 지식은 지식과 이해의 요소를 포함하고 있다. 즉, '지식은 데이터를 어떤 식으로 인식하고 이해하는가'라는 정보의 취급 방식까지 포함하고 있어 데이터를 다룰 수 있게 된 다음에 지식이 있다고 할 수 있다.

인간은 음악이든 문장이든 정보의 존재나 의미에 대하여 생각하고 이해하고 활용한다. 그러나 대부분의 AI의 경우 데이터를 계산처리에 이용하기 위한 수치로써만 인식할 뿐이다. 이는 인간과 AI를 가르는 큰 장벽 중 하나로, 데이터의 응용력에 큰 영향을 주고 있다.

❷ 온톨로지를 이용한 지식의 활용

AI에 지식을 배우게 하는 방법을 생각하는 학문 중 하나가 온톨로지(존재론)이다. 원래는 철학적인 용어로 조금 까다로운 개념이지만 정보이론에 있어서 온톨로지는 간단하다. 그 기본은 지식을 어떤 식으로 해석하면 AI도 이해할 수 있는가 하는 점에 있다. 그 결과 탄생한 것이 AI도 이해할 수 있는 형태로 데이터를 지식화하는 지식표현이라는 방법이다. 데이터를 구조화할 때 'AI가 다룰 수 있으면 된다'라는 차원에서 '지식으로서 다룰 수 있게 한다'라는 단계로까지 발전한 것이라 이해하면 좋을 것이다.

지식의 종류에 따라 표현방법은 다르지만, 자주 사용되는 것이 의미 네트워크이다. 사전과 같이 지식은 각각 관련성이 존재하기 때문에 지식 간의 관계에 어떠한 의미를 발견하여 연결해 가면 거대한 네트워크가 되는 것이다. 그야말로 Wikipedia의 링크를 거슬러 올라가기만 하면 거대한 네트워크의 존재에 알아차릴 수 있을 것이다. 이것을 잘 다룰 수 있게 하면 AI는 정보를 보다 폭 넓게 다룰 수 있게 된다는 것이다.

4.5 AI에 관한 데이터 과학과 통계

KEYWORD : 데이터 과학

❶ 데이터 과학

AI, IoT와 빅 데이터 등의 출현은 사물이 주역인 사회에서 데이터가 주역인 사회로 사회를 크게 변모시켰고, 지금 세기는 데이터의 세기라 불리게 되었다. 대량의 데이터 분석은 식별 가능성을 가능하게 하고, 정확한 미래 예측과 추정을 가능하게 하여 '데이터는 사회를 창조한다' 혹은 '데이터는 21세기 오일이다'라는 말을 하고 있다.

빅 데이터 분석은 지금까지의 통계적 방법을 대신하는 예측추정 방법으로써 등장하여, 이에 관련된 정보처리와 컴퓨터 공학을 총칭하여 데이터 과학, 그것을 담당하는 사람을 데이터 과학자라 부르고 있다.

대량의 데이터를 이용해 얻어지는 지식은 포괄적이고 설명력이 높다. 또한 객관성이 뛰어나며 주관에 좌우되지 않는 등 종래의 경험에 근거한 방법에 비해 우수하다. 종래의 방법으로는 경험에 근거하여 사상을 수식 등으로 모델화했으나, 데이터 과학에서는 대량의 데이터로부터 지식과 그 사상을 표현하는 모델을 창출할 수 있다. 모델 창출에 클래스 분류나 클러스터링, 패턴 추출, 예측에 기계학습과 통계가 이용되고 있다.

인간의 경험은 이용 가능한 정보에 한계가 있고, 그 적용 범위는 부분적이지만 데이터는 수집 방법이나 처리에 따라 양질의 데이터를 대량으로 수집할 수 있어, 주관에 좌우되지 않는 포괄적인 모델의 자동 추출이나 예상도 하지 못했던 지식을 얻을 수 있다.

데이터 과학은 고품질의 데이터를 대량으로 수집·보관하는 기술이나 데이터 분석을 위한 통계학 또는 분석 라이브러리를 이용하는 컴퓨터 공학, 그리고 결과를 평가할 수 있는 충분한 업무 지식이 꼭 필요하다.

❷ 데이터 이해에 필요불가결한 통계학

데이터나 지식을 다룰 수 있게 되어도 그것만으로는 AI의 가치는 높아지지 않는다. 데이터를 어떻게 사용하고 무엇을 얻을 것인가. 데이터의 효과적인 이용은 컴퓨터나 인터넷의 보급이래, 정보사회에 있어서 큰 주제가 되었다. 거기서 발탁된 것이 통계학이었다.

통계는 그야말로 데이터를 다루는 학문이다. 단, 통계학은 어디까지나 데이터의 견해를 생각하는 학문이다. 이른바 '데이터에는 이런 측면이 있다', '이렇게 하면 데이터가 보기 쉬워진다', '정확한 데이터를 모으기 위해는 이렇게 하면 좋다'라는 부분에 대하여 수학적인 관점으로부터 조언을 주지만, 데이터의 사용 방법까지는 고려하지 않는다.

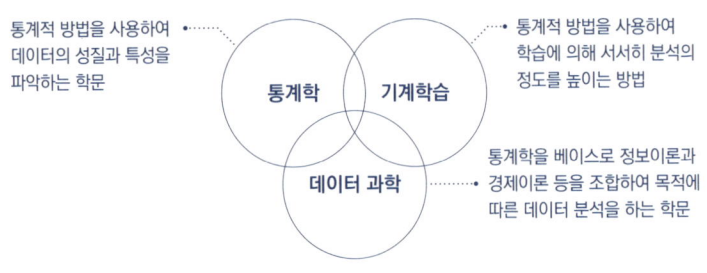

그림 4.6 데이터 과학·통계·기계학습의 관계

❸ 데이터의 활용까지 고려한 데이터 과학

그에 비해, 데이터의 사용 방법을 생각하기 위해 등장한 것이 데이터 과학이다. 통계학과의 차이는 데이터를 어떻게 볼 것인가 하는 부분뿐만 아니라, 통계학에 정보이론이나 경제이론 등의 다양한 이론을 결합시켜 데이터의 해석과 활용으로까지 범위를 넓히고 있다는 점이다. 즉, '그 데이터가 어떠한 의미를 가지고 무엇에 사용 가능한가', '어떤 가치를 가지고 어떻게 하면 효과적으로 활용 가능한가'라는 데이터의 활용법에 이르기까지 깊이 파고드는 것이 데이터 과학인 것이다(그림 4.7).

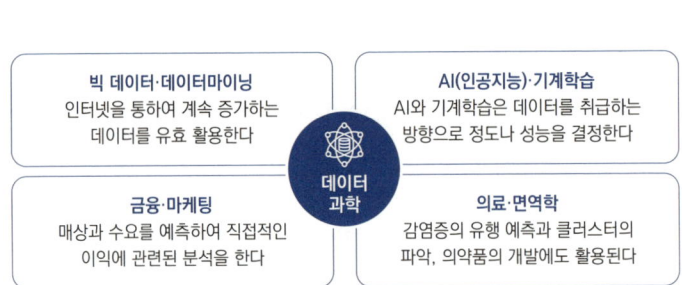

그림 4.7 데이터 과학의 응용범위

AI는 그야말로 '유용한 데이터의 활용법 그 자체'이며, 데이터 과학과의 상성은 매우 양호하다. 비즈니스에 있어서는 매상 예측 등 이익과 직접적으로 관계된 분석에도 관련되어 있으며, 데이터 과학자의 수요는 비약적으로 높아져 항상 인재 부족이라는 상황에 직면해 있다.

데이터 과학자란 데이터를 분석하고 분석 결과를 토대로 비즈니스에 공헌을 실현하는 직업으로, 문제의 원인 규명과 과제해결을 도모한다. 이를 위해서는 ① 업무의 분석기술, ② 문제의 파악능력, ③ 통계학 및 기계학습의 기술, ④ IT 전반의 능력, ⑤ 새로운 지식을 발견할 수 있는 능력 등이 필요하다. 빅 데이터 활용의 중요성과 함께 데이터 과학자가 주목을 받고 있다.

또한, 기계학습에 있어서 데이터 과학은 기계학습의 성능을 좌우하는 중요한 요소이며, AI 기술자와 데이터 과학자의 경계는 애매해졌다. 모든 AI가 데이터 과학을 이용하고 있는 것은 아니지만, 당연히 관련되어 있는 분야라 할 수 있을 것이다.

❹ 데이터 분석

수집한 데이터를 분석하고 유효하게 활용하기 위해서는 무엇이 필요할까? 통계방법을 이해하면 좋은 것일까? 통계적인 방법은 통계학을 이용하여 수집한 데이터의 경향이나 성질을 수량적으로 파악하기 위한 방법으로써 물론 중요하지만, 수집한 데이터를 설명(추론·판단)하는 것이 중심이 된다.

한편 기계학습은 회귀분석 등으로 데이터로부터 미래를 예측하는 것이 중요하다. 어쨌든, 데이터 분석으로는 목적을 명확히 하고 목적에 맞는 데이터를 수집할 필요가 있다. 또한, 수집 데이터의 정확도를 높이고 도출된 결과를 그대로 해석하고 의사 결정하는 것이 중요하다. 예를 들어, IoT에서는 지속적인 데이터 수집이 가능하다. 따라서, 거듭된 데이터 분석이 중요하다.

데이터 분석을 효과적으로 활용하기 위해			
데이터 분석의 목적	데이터 수집	데이터의 정확도	결과의 해석
목적 없는 데이터 분석은 무의미 · 예측 · 의사결정 · 분류 · 추천	무슨 데이터를 수집하면 좋을지는 인간이 판단한다	매우 중요 (부적절한 데이터가 없는 것)	도출된 결과는 있는 그대로 해석한다 (개인의 근거없는 선입관 등에 의한 확신은 금물)

↓

사실에 근거한 의사결정

그림 4.8 데이터 분석의 유효한 활용

4.6 데이터의 분석과 가치 발굴

KEYWORD : 데이터마이닝, 텍스트마이닝

❶ 데이터로부터 정보를 발굴한다

데이터를 이용하는 방법 중에서 특히 주목도가 높은 방법이 데이터마이닝이다. 데이터마이닝은 데이터로부터 가치 있는 정보를 발굴하는(마이닝) 기술을 말한다. 발굴할 수 있는 정보는 주로 데이터의 관계성으로, 그것을 이용하여 특정 현상의 발생예측이나 각종 데이터의 분류 업무도 가능해진다. 또한, 데이터마이닝이라는 말은 특정 기술을 가리키는 것은 아니기 때문에, 분석할 데이터나 원하는 정보에 따라 사용되는 방법이 다르며, 그 방법은 통계학, 데이터 과학, 기계학습 등 다양하다. 또한, 거대한 미지의 무언가를 발견하는 발견형과 가설을 검증하는 검증형으로 나뉘어 목적에 따라 나누어 사용된다. 예를 들어, 잘 팔리는 상품의 지역성이나 시기, 매상이 연동되는 상품 등을 발견하여, 가설을 세워 해석함으로써 요인을 좁혀나가는 방식으로 사용 가능하다.

과거부터 존재하는 용어이기는 하지만, 인터넷에 따른 데이터량 증대의 영향으로 각종 데이터마이닝 도구 등이 개발되게 되어 널리 보급되었다. AI도 그 도구에 포함되어 있다.

❷ 문장으로 범위를 좁혀 발굴한다

SNS의 보급으로 문장에 목표를 좁히는 텍스트마이닝도 등장했다. 텍스트마이닝의 대상은 자연어(인간의 말)이므로 수치를 분석하는 일반적인 데이터마이닝과는 다른 사용 방식을 취한다. 데이터의 관계성을 파악하는 본질은 변하지 않지만 컴퓨터에 따라 자연어의 이해는 어려우며 문장을 분석하기보다는 단어를 분석하여 가치를 찾아내는 특성이 강해진다.

구체적으로는 사용되고 있는 단어의 빈도나 관계성으로부터 상품이나 서비스의 평가를 SNS 설문조사로 정량적으로 파악하고 판촉이나 개발, 오류의 조기 발견으로 이어질 수 있다. 이 밖에도 콜센터나 챗봇의 대화 기록을 분석하는 것에도 사용할 수 있기 때문에 고객 지원의 품질 향상에도 활용 가능하다.

4.7 데이터의 관계성 발견

KEYWORD : 회귀분석, 관계성 분석

❶ 관계성을 수식으로 나타내는 회귀분석

데이터 분석에는 다양한 방법들이 존재한다. AI를 사용한 분석에서도 그러한 방법들을 기반으로 기계학습 등을 조합시켜 빈도를 올리거나 응용범위를 넓히거나 함으로써 보다 사용하기 쉽게 하고 있다. 그중에서도 회귀분석은 대표적인 것 중 하나로 감각적으로 가장 이해하기 쉬운 분석방법이다. 이론은 간단하다. 중학교나 고등학교의 실험에서 하는 것과 같은 좌표상에 점을 찍고, 점에 따라 선을 긋고, 데이터 간의 관계성을 수식으로 표현하는 방법이다.

상품의 가격과 매상의 관계성은 광고비와 계약률의 관계성 등 어느 쪽의 수식이 변화하면 그것에 맞춰 다른 수치도 변화하는 어떠한 상관관계가 존재하는 경우에 효과적이다. 수식을 산출할 수 있으면 매우 먼 미래의 수치나 빠져있는 수치의 보충도 가능한 것은 강점이지만, 올바른 수식을 도출해 낼 수 없으면 정확도는 기대할 수 없다. 상관관계의 존재가 명확할 경우에 수치적인 기준을 산출하는 용도로 사용된다.

❷ 관련성을 찾아내는 연관분석

여러 종류의 데이터들이 존재할 경우에는 각각에 관계성이 있는지를 발견하는 것부터 시작해야만 한다. 그것을 수행하는 것이 연관(association)분석이다. 연관분석으로는 상품 A가 팔릴 때 상품 B가 팔린다는 데이터와 데이터 사이에 있는 관련성을 찾아내는 것이다. 거기서 더 파고들어가 '어느 정도 관련되어 있는가'라는 분석을 할 경우에는 회귀분석 등의 다른 방법이 필요하다.

인터넷 쇼핑몰이나 동영상사이트의 추천 선정에도 사용되고 있는 분석방법으로 회귀분석과 같이 상관관계를 수식화할 수 있을 정도의 명확한 상관관계가 발견되지 않았다고 하더라도 '관계가 있을

지도 모른다'라는 가능성을 찾아내는 데에 효과적이다. 쇼핑 외에도 오류나 에러, 배상청구가 나기 쉬운 정도라는 위험분석에도 폭넓게 사용할 수 있기 때문에 '데이터 분석이라면 이 분석'이라고 할 수 있을 정도로, 널리 사용되고 있는 친숙한 분석이다.

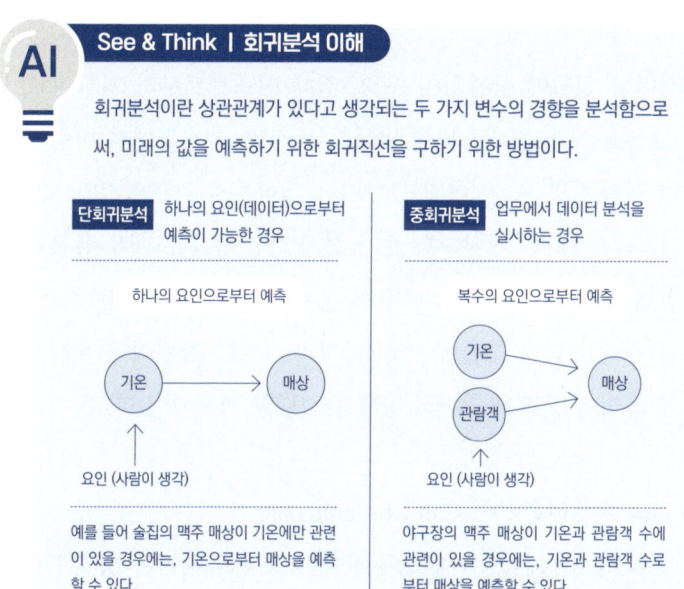

4.8 데이터를 분할하여 분석하는 방법

KEYWORD : 클러스터링 분석, 결정목 분석

❶ 데이터를 분류하는 클러스터링 분석

방대한 데이터를 이해하기 위해서는 분류나 정리도 필요하다. 고객의 속성이나 상품의 성질, 설문조사 결과로부터 화상의 분류까지 다양한 데이터들을 그룹화하고, 분류하는 방법이 클러스터링(clustering) 분석이다. 클러스터(cluster)는 집단이라는 의미로, 비슷한 데이터를 모아 집단을 만들기 때문에 클러스터링이라고 부른다. 클러스터링의 특징은 집단의 기준이 정해져 있지 않아 무엇이든 괜찮으니 비슷한 무리를 하나로 모으려는 개념으로 집단을 형성한다.

연령이나 성별에 상관없이 구입, 검색 이력으로부터 경향이 유사한 그룹을 모아 클러스터를 만들거나, SNS 게시글에서 비슷한 경향의 사람을 모으는 '어떤 그룹이 존재하는지 모르겠지만 모으고 싶다'라는 잡다한 데이터를 보기 쉽게 하는 용도로 매우 유용한 분석방법이다. 또한, 클러스터링의 경우 '유사성을 어떠한 기준으로 정할 것인가'라는 부분에 여러 가지 이론이나 방법이 존재하기 때문에 목적에 맞추어 최적의 방법을 선택할 필요가 있다.

❷ 결정 트리 분석(decision tree analysis)

결정 트리 분석은 질문에 답하며 대상을 분류해가는 방법으로 성격진단이나 심리테스트 등에서 자주 볼 수 있는 분석이다. 클러스터링과는 달리, 명확한 결정기준이 준비되어 있기 때문에 어떠한 이유로 분류가 나뉜 것인지 확실하다는 점이 매력적이다. 간단하고 알기 쉬운 구조이면서 결정기준을 '예/아니오', '복수선택', '수치' 등 유연하게 변경 가능하고, 대상을 좁혀나가면서 질문내용을 변화시키는 것도 가능하다. 분류를 위한 명확한 이론이 존재할 경우, 그 분류이론에 따라 결정 트리 분석을 실시함으로써 복잡하고 정확도 높은 분류가 가능할 것이다. 단, 하나의 실수로 크게 정확도가 떨어지는 경우도 있어 단순한 구조로 할지, 복잡한 구조로 할지는 신중히 검토할 필요가 있다.

4.9 데이터의 올바른 취급 방법

KEYWORD : 의사상관, 인과관계

❶ 데이터의 의미 이해와 의사상관의 위험성

데이터를 효율적으로 다루기 위한 도구가 있어도 데이터가 가지는 의미나 취급방법이 잘못되면 오답에 이르게 된다. 많은 오류들은 기술적으로 정정이 가능하지만 데이터의 의미를 이해하지 않으면 발견할 수 없는 의사상관(擬似相関)에는 주의가 필요하다.

의사상관은 상관관계가 있을 것 같지만 사실 없는 것으로 실제로는 관련이 없지만 데이터상에서는 관련이 있는 것처럼 행동한다. 자주 사용되는 예가 맥주와 아이스크림으로 '맥주가 팔리는 시기에는 아이스크림도 같이 팔린다'라는 것이다. 이는 맥주 안주로 아이스크림을 산다는 것이 아니라, 양쪽 다 더운 날에 사고 싶어지는 상품일 뿐이다.

이와 같은 의사상관에 의한 오류는 때로는 치명적인 실수로 이어진다. 위험한 병이니 우선적으로 치료되고, 사망률이 내려가고 있는 질환을 데이터만 본 AI가 '사망률이 낮으니 위험한 질환이 아니다'라고 치료를 뒤로 미루는 제안을 할 가능성도 있기 때문이다.

❷ 인과관계의 발견과 인간의 역할

데이터를 다루는데 있어서 정말로 중요한 것은 인과관계이다. 상관관계에 내포된 인과관계를 발견하고, 그것을 알고리즘이나 예측 프로세스에 포함시켜가는 것이 본래의 목적이다. 인과관계를 발견하는 것은 데이터 분석의 도구나 기술로는 어렵고, 최종적으로는 상관관계를 어떠한 수식이나 프로세스 형태로 구현시켜, 거기에 인간이 의미를 찾아내어 가치 있는 정보로 변환한다. 모든 일의 의미는 '인간에게 있어 어떤 의미가 있는가'라는 문제이므로 이 작업은 인간만이 할 수 있는 일이다.

AI의 경우도 마찬가지로 데이터 분석이나 기계학습에서 인간이 발견하지 못했던 데이터나 관계성을 발견하더라도 그것이 정말 가치 있는 것인지는 사람이 보기 전까진 알 수 없다. 통계학자나 데이터 과학자의 일도 본질적으로는 정보에 의미를 부여하는 것이다. 데이터 속에 관계성을 발견하는 것만이 아니라, 그 배후에 있는 의미에 이르기까지가 데이터 분석이다.

4.10 지식과 통계로부터 AI의 이미지 구성

KEYWORD : 전문가 시스템

❶ 지식과 통계 데이터를 다룰 수 있게 되면 AI를 만들 수 있다

데이터를 능숙히 다룰 수 있게 되면 웬만큼 똑똑한 기계는 만들 수 있다. 검색 엔진과 같이 키워드에 따라 정답의 후보를 내주는 것이 아니라, 전문적인 질문에 따른 회답을 해주면 AI라고 부를 수 있다고 한다. 또한, 통계 데이터를 구사하여 미래를 예측하거나 데이터를 깔끔하게 분류하거나 데이터에 내포된 미지의 관련성을 제시하는 것도 매우 똑똑해 보일 것이다.

이와 같은 기술은 능숙하게 지식표현을 한 데이터베이스나 통계적인 분석기술을 이용한 프로그램에 따라 실현 가능하다. 질문에 포함된 키

워드로부터 지식표현에 따라 만들어진 의미 네트워크를 따라가 보면 올바른 정답을 도출해낼 수 있고, 회귀분석과 베이즈 추정을 이용함으로써 사람에게는 어려운 복잡한 사상의 미래 예측도 가능해진다.

❷ 전문가의 지식을 취급하는 전문가 시스템

그것을 실제로 수행한 것이 전문가 시스템이다. 초기의 전문가 시스템은 지식을 다룰 뿐이었지만, 전문가가 지식표현의 포맷에 맞추어 지식을 충분히 가르치고 데이터베이스를 만듦으로써 지적인 업무를 수행할 수 있게 했다.

또한, 통계적인 방법을 조합함으로써 데이터베이스에 직접적으로 나타나 있지 않은 정보라도 관련성 높은 데이터를 추출하여 애매한 정보도 다룰 수 있게 되었다. 이에 따라, 전문가 시스템은 인간 전문가와 같이 행동한다. 어려운 질문에 답하고, 높은 수준의 예측을 하고, 초보자라도 AI를 따르게 되면 전문가처럼 업무를 수행할 수 있게 되는 것이다. 이와 같은 전문가 시스템의 행동은 우리가 상상하는 AI 구상과 부합한다. 오히려 전문가 시스템에 의해 AI 구상이 만들어진 측면이 있을지도 모른다.

최근 들어 기계학습도 조합하여 인간이 가르치지 않아도 스스로 성장하도록 되었다. 데이터를 잘 다룰 수 있게 되면 AI가 되는 것이다. 이러한 점에서도 AI에게 있어 데이터 취급의 중요성을 알 수 있다.

지식표현과 통계적 분석을 사용한 프로그램은 AI라고 할 수 있다. 전문가를 대신하게 되는 전문가 시스템은 기계학습 등 최신의 기술에 의해 계속해서 진화하고 있다.

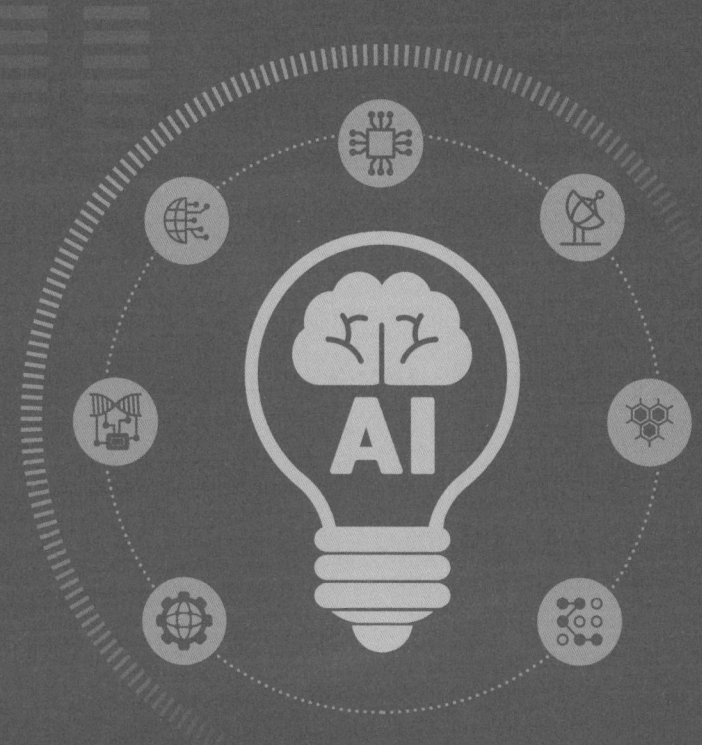

PART 05

기초 기계학습과 응용

5.1 신경세포의 구조

5.2 신경망이란?

5.3 딥러닝의 등장

5.4 다층 신경망

5.5 기계학습은 판단하는 기계

5.6 기계학습의 기본구조

5.7 기계학습의 주요 목적과 활용방법

5.8 기계학습의 한계

5.9 기계학습과 AI의 차이

5.10 기계학습과 데이터 과학의 사이

5.11 기계학습의 활용사례

PART

기초 기계학습과 응용

5.1 신경세포의 구조

신경망(neural network)은 뇌의 정보처리 방식을 시뮬레이션(simulation : 모방)하려고 한 것이다. 뇌는 거대한 수의 뉴런(neuron : 신경세포)이 결합된 대규모 시스템이다. 인간의 경우 뇌의 뉴런 수는 약 140억 개라고 전해진다. 그리고 뉴런에는 많은 종류가 있고(인간의 경우 50종류 정도가 있다고 알려지고 있음), 크기나 형상도 제각각이다. 그러나 그 형상에는 공통의 특징이 있고, 동작도 대개 같은 원리를 따르고 있다. 뉴런은 매우 복잡한 형태를 하고 있지만 전체가 하나의 연속적인 세포막으로 둘러싸인 단일세포다. 더욱이 뉴런 본체의 주변에 몇 개의 가지처럼 돌기가 나와 있는 것이 그 공통적인 형상이다.

생체의 뇌신경계는 외계로부터 감각기(시각, 청각, 후각, 미각, 촉각)를 통하여 정보를 입력하고, 뇌에서 정보처리를 수행한 후 효과

기를 거쳐서 외계로 출력하는 고도로 정밀한 대규모 시스템이다. 뇌신경계는 기능적, 구조적으로 대단히 복잡하지만 기본적으로 뉴런 혹은 신경세포가 기본 구성 소자가 되며, 그들의 다수가 모여 3차원으로 밀접하게 결합된 신경망을 형성하고 있다.

하나의 뉴런은 형태적으로 세포체(soma), 수상돌기(dendrite), 축색(axon)의 세 가지 요소로 나누어져 있으며 구조는 그림 5.1과 같다.

각 뉴런의 본체 부분은 핵이 존재하는 세포체와 많은 가지로 이루어진 수상돌기(dendrite : 뉴런의 입력부), 능동 케이블의 역할을 하는 축색(axon : 신호 전송로), 시냅스(synapse : 뉴런의 출력부) 등으로 구성된 하나의 세포이다.

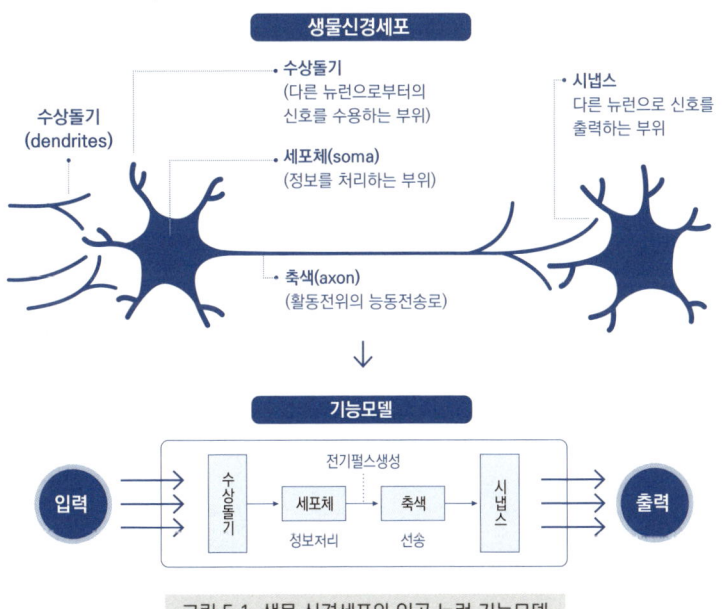

그림 5.1 생물 신경세포와 인공 뉴런 기능모델

5.2 신경망이란?

❶ 신경망의 기초

신경망은 인간의 신경세포 구조를 바탕으로 만들어진 알고리즘으로 '연결주의(connectionism)'라는 지능을 인간의 신경세포 베이스로 장착시킨다는 흐름을 만들어 낸 기술이다. 특징은 신경세포가 가지는 시냅스(synapse)라는 기관의 학습능력을 알고리즘으로 재현했다는 점으로, 시냅스는 정보전달을 반복하면 전달 능력이 강화된다.

신경망에서는 신경세포를 단순화한 인공 뉴런 간의 연결을 시냅스에 비유하여, 연결 부분의 정보전달 능력을 가중치라는 수치로 나타내고, 그 수치를 변화시키며 업무에 최적의 정보전달 네트워크를 구축함으로써 학습능력을 획득했다. 그 네트워크의 연결방식이나 구조, 학습시의 알고리즘 등 여러 종류로 나뉜다. 딥러닝도 그렇게 갈라져 나와 생긴 기술 중 하나이다.

❷ 가중치와 학습능력

신경망의 학습능력은 가중치 값을 변경해 가는 작업의 정확성에 달려있다. 이 중요도 평가는 랜덤이라도 상관없다. 우연성에 의존하지만, 무한 랜덤으로 수치를 바꿔 넣으면 언젠가는 이상적으로 중요도를 평가할 수 있기 때문이다. 초기의 신경망은 실제로 랜덤으로 중요도 평가를 했었다.

단, 인공 뉴런의 수가 증가하고 중요도 평가를 하는 연결수가 늘면 최적의 중요도를 발견하기까지 시간이 너무 소요되어 랜덤으로 하는 중요도 평가는 실용적이지 않게 되었다. 이 때문에 효율적으로 중요도를 평가하기 위한 알고리즘과 수식이 개발되었다(그림 5.2).

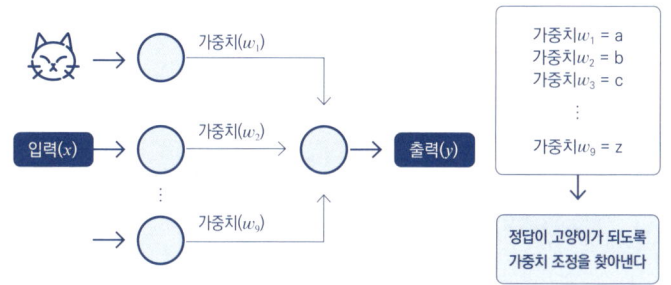

그림 5.2 신경망의 가중치

결과적으로 업무에 맞춰 최적의 중요도 평가 방법을 선택하는 것이 중요하게 되었다. 이 중요도 평가 방식의 개발은 상당히 어려워 신경망이 오랫동안 제자리걸음을 하게 된 원인이 되기도 했다.

현재 신경망에서 뉴런은 그림 5.3과 같은 형태로 모델화되고 있다. 다른 뉴런으로부터 가중치를 붙인 합이 0 이상이면 1을 출력하고, 음이면 아무것도 출력하지 않는다.

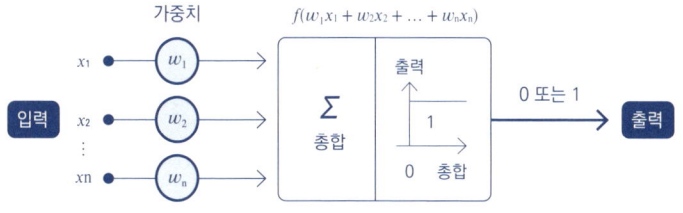

다른 뉴런으로부터의 가중치를 붙인 합이 0 이상이면 1을 출력하고, 음이면 아무것도 출력하지 않는다.

그림 5.3 모델화된 뉴런

여기서 중요한 점은 다음 두 가지이다. ① 뉴런 사이를 어떻게 연결하는가? ② 뉴런 사이의 결합 세기를 어떻게 결정하는가? ①은 '신경망을 어떻게 구성하는가'라는 구조와 '자동적으로 구성하는 데에는 어떻게 하면 좋은가'라는 자기조직화의 문제이다. ②는 신경망의 학습 문제라고 할 수 있다.

See & Think ㅣ 뉴런의 모델화

신경망 연구의 목표는 신경세포를 모델화한 것을 여러 개 연결하여 네트워크를 구성하고, 새로운 정보처리 원리를 추구하려고 하는 것이다. 여기서는 먼저 신경망을 구성하는 기본인 뉴런의 모델화에 대해서 알아보도록 한다. 우선 다른 뉴런으로부터 가중치가 붙여진 입력합($\sum_{i=1}^{n} W_{ii} x_i$)을 계산한다.

입력합은 비선형인 함수 f(.)를 통하여 출력된다. f(.)는 다양한 종류가 있지만, 거의 포화 특성을 가지고 있다. 결국 함수의 값이 어느 범위 내에 수렴되도록 되어있다. 실제로 자주 사용되는 함수를 그림 5.4에 나타낸다. (a)가 최초의 뉴런 모델로 사용된 것이다. 이것은 입력합이 어느 값보다 크면 1을 출력하고, 그렇지 않으면 아무것도 출력하지 않는 임계치 함수(threshold function)이다. (b)는 시그모이드 함수(sigmoid function)라고도 하며 현재 가장 많이 사용되는 함수이다. (a)의 함수와는 달리 출력이 매끄럽게 변화하고 있다. 그 때문에 미분하여도 연속인 함수가 되고, 수학적으로도 취급하기 쉽다는 큰 특징이 있다. 또한 (a)나 (b)의 원형에 잡음을 집어 넣어 (c)나 (d)와 같이 확률적으로 이용되는 경우도 있다.

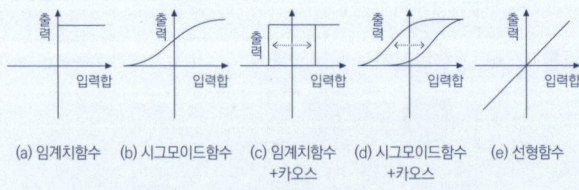

그림 5.4 뉴런모델로 사용되는 여러가지 입출력 함수

특수한 경우로서 뉴런으로의 입력합의 값을 그대로 사용하고 싶은 경우도 있다. 이러한 때에는 (e)와 같이 선형인 즉, 입력과 출력이 직선 관계로 나타내어지는 함수가 이용된다.

현재는 그림 5.4와 같이 뉴런으로의 입력합과 그것에 의한 발화만에 주목한 뉴런모델이 널리 사용되고 있다. 그러나 뉴런은 실제로는 복잡한 생화학 반응을 바탕으로 동작하고 있다. 예를 들면 뉴런의 발화의 전달은 시냅스라고 하는 부분에서의 칼륨과 나트륨 이온의 흐름에 의해서 수행된다. 더욱이 에너지 공급도 뉴런의 동작에 크게 영향을 미치기 때문에 현재 뉴런 모델은 가장 단순화한 것을 사용하게 되었다. 장래에 의학이나 생리학의 진보에 따라서는 새로운 뉴런모델이 사용되게 될 가능성도 있을 수 있다.

5.3 딥러닝의 등장

컴퓨터의 성능향상으로 머신러닝도 심화되고 있다. 신경망은 인간의 신경구조를 토대로 하여 만들어진 모델로 기계학습 발전을 지탱하는 중요한 개념이다.

인간의 뇌는 뉴런이라 불리는 신경세포의 네트워크다. 뇌의 신경구조는 많은 뉴런의 연결로 계층화되어 있다. 이 계층구조를 모방한 신경망은 입력층, 중간층, 출력층이라는 3층으로 구성되어 있다. 각각의 역할을 간단히 설명하면, 입력층부터 중간층까지는 영상으로부터 다수의 특징들을 추출한다. 중간층에서 출력층까지는 특징을 조합하여 더욱 복잡한 특징을 추출하고 최종적인 판단을 한다. 뛰어난 발상이었지만 정확도의 안정성 등에 문제가 있었다.

이 신경망의 중간층을 다층화한 것이 딥러닝(deep learning) 혹은 심층학습이라고 한다. 딥러닝은 기계학습의 일종이지만 이전까지의 기계학습과는 다른 면도 있다. 딥러닝의 경우 대량의 데이터로부터 '어디에 주목해야 하는가'를 인간 없이 판단할 수 있어 이전까지 인간이 수행했던 많은 작업을 자동으로 수행해준다. 인간은 판단할 수 없는 세밀한 특징들까지 발견하는 것도 가능하다. 딥러닝으로 인해 지금까지는 처리가 어려웠던 데이터에도 머신러닝 기술을 활용할 수 있어, 비즈니스에서 점점 더 활약하고 있다.

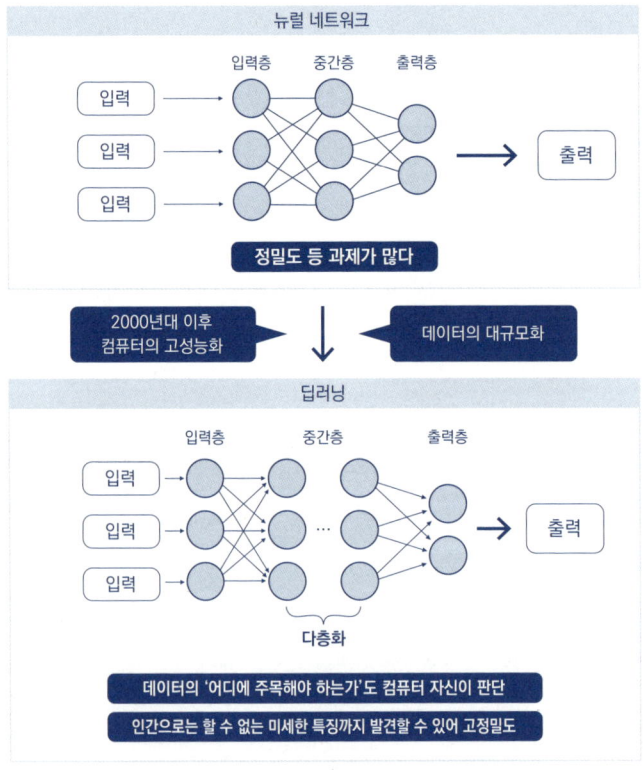

그림 5.5 신경망으로부터 딥러닝으로 진화

5.4 다층 신경망

❶ 신경망의 다층화

생물의 뇌와 마찬가지로 신경망은 복잡하고 거대할수록 여러 정보 처리를 할 수 있게 된다. 신경망은 데이터를 넣는 인공 뉴런이 늘어선 입력층과 답을 내놓는 인공 뉴런이 늘어선 출력층으로 나뉜다. 이것만으로도 어느 정도의 정보처리가 가능하지만 그 사이에 중간층(은닉층)을 추가함으로써 보다 복잡한 정보처리가 가능해진다.

중간층은 많이 추가할 수 있고, 신경망의 층을 쌓아가는 것을 다층화 혹은 심층화라고 부른다(그림 5.6). 딥러닝이 심층학습이라 불리는 것은 다층화된 신경망(DNN : Deep Neural Network)으로 학습하는 점이 그 유래다. 이 다층화는 매우 중요한 의미를 가진다. 다층화에 의해 하나의 선밖에 이해하지 못했던 네트워크가 층을 쌓아감으로써 평면을 인식할 수 있게 되고, 나아가서는 쌓는 것으로 인해 입체 세계도 이해할 수 있게 된다. 그렇게 하여 다룰 수 있는 차원이 늘어가고 해결 가능한 문제가 대폭 증가하는 것이다.

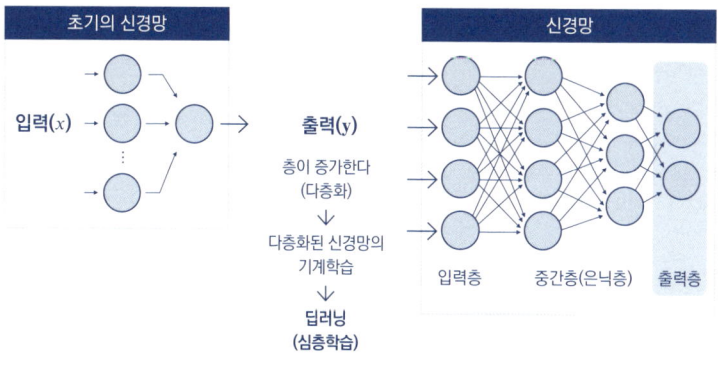

그림 5.6 신경망의 다층화

See & Think | 신경망의 학습

기존의 정보처리는 처리 절차를 미리 자세한 프로그램의 형태로 컴퓨터에 주어야만 한다. 신경망이 기존의 정보처리와 크게 다른 점은 학습 기능이다. 학습에 의해서 수치 데이터가 주어진 것만으로 판단 논리를 자동적으로 형성할 수 있게 된 것이다. 신경망 학습은 그림 5.7과 같이 나타낸다.

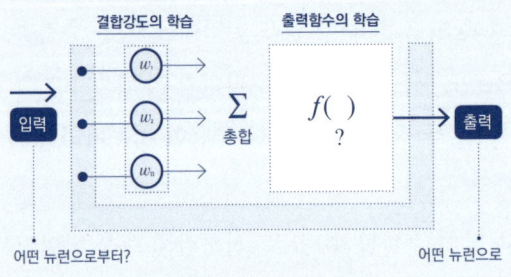

그림 5.7 신경망의 학습

① 뉴런의 함수 학습
② 뉴런의 결합 방법 학습
③ 뉴런 사이의 결합 강도 학습

우선 ① 뉴런의 함수 학습은 함수의 형태로 학습하는 것이다. ②는 신경망의 구조를 결정하는 중요한 것이다. 대상으로 하는 문제의 난이도에 따라 그것에 적절한 네트워크 크기가 결정된다. 그러나 이것을 수학적으로 구하는 것은 매우 어렵고 힘들다. 마지막으로, 이들 중에서 제일 중요한 것이 ③의 뉴런 사이 결합 강도의 학습이다(이후 간단히 뉴런의 학습이라고 하면 ③을 나타내는 것이다). 결합의 강도는 뉴런의 신뢰도를 나타낸다고 볼 수 있다. 뉴런 사이의 결합 강도 학습이 현재 신경망 학습의 핵심이 된다.

❷ 오차역전파 학습방법

연결이 복잡해지면 중요도 평가도 복잡해진다. 여기서 개발된 것이 오차역전파 학습방법(backpropagation)이다. 이것은 뉴럴

네트워크가 내놓은 기계의 답과 이상적인 답의 차이를 수정하듯이 중요도를 평가하는 알고리즘으로 지도 학습의 한 종류이다. 이 방법은 답에 가까운 출력층으로부터 문제 부분에 해당하는 입력층으로 순서대로 중요도를 수정해 간다. 문제를 풀 때와는 역방향으로 정보가 흘러가기 때문에 역전파라고 불린다(그림 5.8).

3층 정도의 신경망이 효과적이지만 은닉층이 증가하면 입력층에 가까운 부분의 오차 수정의 효과가 없어진다. 이 문제는 딥러닝이나 중요도 평가 알고리즘의 개선으로 해결되게 되었지만 신경망이 오랫동안 성과를 내지 못했던 원인 중 하나가 되었다.

신경망은 다층화하는 것으로 성능이 향상된다. 다층화하면 조정하는 가중치가 증가하여 가중치 조정이 어렵게 된다. 오차역전파법은 출력층으로부터 입력층을 향하여 오차를 수정한다.

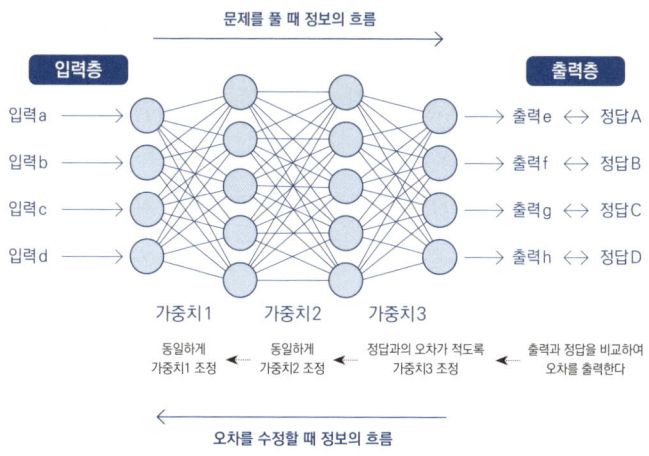

출력층에 가까우면 바르게 조정할 수 있지만, 출력층으로부터 멀게 되면 조정이 어렵게 된다.

그림 5.8 오차역전파법의 처리과정

5.5 기계학습은 판단하는 기계

현재 다양한 산업 분야에서 기계학습(machine learning)이 주목받고 있다. 기계학습이 주목을 받는 것은 AI(인공지능), 자율주행이라는 최신 기술의 발전이나 기존 비즈니스 데이터 활용에 결코 빼놓을 수 없는 구조이기 때문이다.

기계학습이란 데이터 중에서 규칙성과 판단기준을 찾아 그것을 이용해 판단하고 미지의 것을 예측하는 기술을 말한다. 데이터로부터 특징이나 판단기준을 찾아내는 것을 학습이라고 한다.

예를 들어 기계학습을 활용함으로써 수신 메일 중에서 스팸메일을 찾아내거나 여러 동물 사진 속에서 고양이 사진만 찾아 분류하는 작업을 컴퓨터가 자동으로 수행할 수 있다. 단, 데이터 및 기계학습을 어떻게 활용할지는 최종적으로 인간이 결정할 필요가 있다. 또한, 기계학습의 정확도를 실제 비즈니스에 활용할 수 있는 수준까지 높이려면 아직까지는 인간의 지원이 필요하다.

세상에 축적된 방대한 양의 데이터, 이른바 빅 데이터의 분석에도 기계학습 기술을 빼놓을 수 없다. 기계학습 기술을 이용하여 방대한 양의 데이터를 컴퓨터로 분석하면 유익한 정보를 찾아낼 수 있는 가능성이 높아진다. 인간이나 기존의 통계 소프트웨어로는 해결하지 못했던 데이터나 그 밖의 데이터를 활용하고 싶은 영역에서도 기계학습이라면 적용할 것이 많다.

5.6 기계학습의 기본구조

기계학습은 학습에 의해 얻은 모델을 사용하여 추론한다. 기계학습이 예측과 판단을 하기 위한 프로세스는 판단기준을 찾기 위한 학습과 만들어낸 모델을 사용해 실제의 작업을 수행하는 추론으로 나뉜다.

학습이란 데이터의 특징을 조사하여 모델화하는 작업이다. 예를 들어, 많은 이미지 중에서 고양이와 개의 영상을 선택할 경우 고양이나 개가 가지는 몸의 모양이나 눈과 귀의 형태, 크기, 털의 모양, 그 외 대량의 특징들을 도출해낸다. 그 중에서 '이것은 고양이', '이것은 개'라고 판단할 수 있는 특징을 수치화한다. 그 수치를 특징량이라고 한다. 특징량을 준비하면 샘플이 되는 데이터(학습데이터)를 읽어 들여, 고양이와 개의 화상을 식별하기 위해 최적의 특징량 조합을 결정해 나간다. 최적의 특징량 조합을 결정해 가는 과정이 바로 학습이다.

이렇게 학습한 결과, 실제 데이터로부터 추론하기 위한 추론모델이 구축된다. 구축한 추론모델을 사용하여 실제로 많은 영상 중에서 고양이와 개의 특징을 가진 영상을 선택해 나간다. 이 작업이 추론이다. 이와 같이, 기계학습은 데이터로부터 목적에 맞춘 판단과 예측을 수행해 간다.

기계학습으로 고양이와 개의 특징을 찾아내기 위해서는 대량의 데이터가 필요하다. 충분한 데이터가 없으면 제대로 추론모델을 구축하지 못할 가능성이 있다.

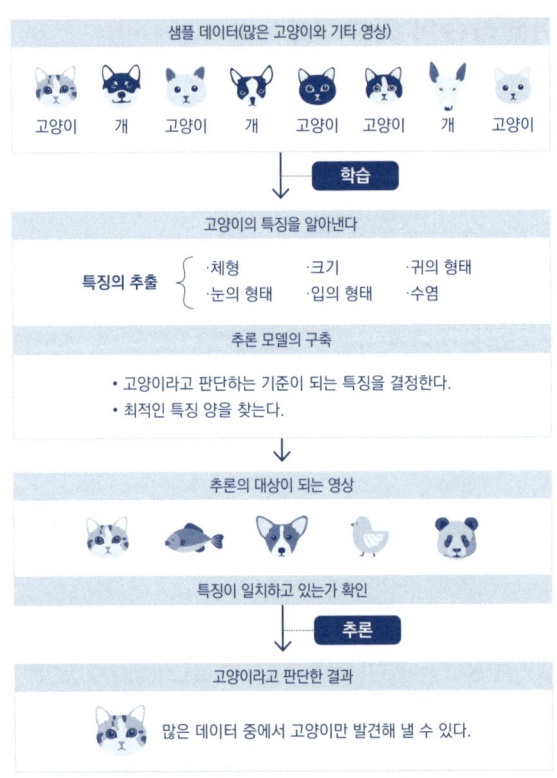

그림 5.9 기계학습으로 영상을 인식하는 구조

> **AI** **See & Think | 뉴런의 학습**
>
> 기계학습은 학습방식에 따라 지도 학습(supervised learning), 준지도 학습(semi-supervised learning), 비지도 학습(unsupervised learning), 강화학습(reinforcement learning)으로 분류된다. 지도 학습은 미리 구축된 학습용 데이터(training data)를 활용하여 모델을 학습하며, 준지도 학습은 학습용 데이터와 정리되지 않은 데이터를 모두 훈련에 사용하는 방법이다. 비지도 학습은 별도의 학습용 데이터를 구축하는 것이 아니라 데이터 자체를 분석하거나 군집(clustering)하면서 학습한다. 강화학습은 학습 수행 결과에 대해 적절한 보상을 주면서 피드백을 통해 학습한다.

예를 들어 우리에게 주어진 사진 자료들이 '이 아이는 영희, 이 아이는 철수, 이것은 강아지……'와 같이 사진마다 일일이 라벨링 되어 있다면 이를 학습하고 다른 사진들에서 영희, 철수, 강아지를 찾아내는 문제는 지도 학습 문제로 볼 수 있다.

반면, 여러 동물 사진을 섞어 놓고 이 사진에서 비슷한 동물끼리 자동으로 묶어보라고 이야기한다면 이는 비지도 학습 문제라고 볼 수 있다. 인간은 이러한 지도 학습과 비지도 학습의 과정을 모두 이용한다고 알려져 있으며 아직까지 인공지능은 지도 학습 연구가 더욱 활발하다. 하지만 인간이 세상을 라벨링 없이도 이해할 수 있듯이(예를 들어, 굳이 '강아지'라고 배운 적 없어도 비슷한 종류를 모두 강아지라고 구분할 수 있다), 미래의 인공지능 역시 라벨링 없이 세상을 이해할 수 있는 비지도 학습이 더욱 강조될 전망이다.

기계학습은 어떠한 종류의 특징값(feature)을 입력값으로 이용하는지에 따라 성능에 매우 큰 영향을 받는다. 예를 들어 기계학습을 이용해 우리가 사진 속 얼굴들이 누군지 인식해야 한다면 우리는 이미지의 개별 픽셀들을 기계학습의 입력값으로 사용할 수도 있겠지만 그 대신 눈, 코, 입 등을 따로 떼어서 입력값으로 이용할 수도 있을 것이다. 또 다른 예로 인간의 보행동작을 기계학습을 이용해 분석하려고 한다면 관절들의 위치를 기계학습의 입력값으로 사용할 수도 있겠지만 관절들의 각도 또는 각속도를 입력값으로 선택할 수도 있을 것이다.

이처럼 우리가 선택할 수 있는 특징값의 형태는 무궁무진하다. 더욱 좋은 기계학습 성능을 얻기 위해서는 같은 사물들을 비슷한 특징으로 묶어주고 다른 사물과 구별되는 특징으로 묶어주는 특징값을 찾는 것이 매우 중요하다. 기계학습은 여러 재료(입력값)를 받아 요리를 하는 요리도구와 같다. 어떤 재료를 요리도구에 넣느냐가 그 맛(성능)을 크게 좌우하는 것과 같다.

개량된 뉴런 학습 알고리즘들이 매우 많이 있고 각각 장단점이 있다. 비지도 학습에서는 신경망에 입력 데이터를 주는 것만으로 그것들에 대해서 선택적으로 반응하는 네트워크를 자동적으로 형성할 수 있다. 네트워크 자신이 그 조직 형성을 수행하기 때문에 사기조직화라고도 부른다. 이것은 입력 데이터에서 비슷한 것끼리 모아서 자동적으로 분류하는 것(클러스터링이라고 한다)에도 자주 사용된다. 비지도 학습의 대표는 회귀형 학습 알고리즘이다. 앞에서 설명

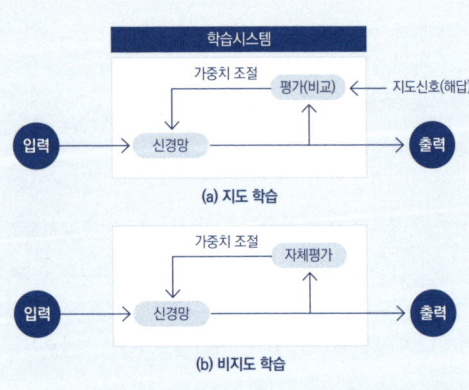

그림 5.10 지도 학습과 비지도 학습

한 바와 같이 회귀형 학습 알고리즘은 뉴런의 최초 학습 알고리즘이며 지금도 많이 사용된다.

지도 학습에서는 우선 입력 데이터와 지도 데이터를 사용하여 네트워크를 학습시킨다. 그러면 학습 후의 네트워크는 미지의 입력 데이터에 대해서도 적절한 출력을 내게 된다. 따라서 패턴인식과 같은 문제에 가장 적절하다. 지도 학습의 대표적인 것은 오차역전파법(backpropagation) 학습 알고리즘이다. 비지도 학습과 지도 학습에 대한 학습 알고리즘은 전문서적을 참고 하도록 하고 여기서는 지면 관계상 생략하도록 한다.

5.7 기계학습의 주요 목적과 활용방법

❶ 기계학습은 무엇을 위한 것인가?

기계학습은 주로 다음과 같은 목적으로 이용된다. 첫 번째는 데이터를 분류하는 것이다. 데이터(학습 데이터)로부터 도출된 모델에 따라 데이터를 자동으로 분류한다. 최근 들어서는 사람이 다 다룰 수 없는 방대한 데이터(빅 데이터)로부터 지식을 획득할 수 있다는 유효성이 판명되었다. 두 번째는 발견해낸 규칙으로부터 미래를 예측하는 것이다. 주가예측이나 상품의 수요예측 등의 용도에 활용되고 있다. 세 번째는 데이터의 최적화이다. 예를 들어, 디지털 광고에서 대상의 흥미·관심에 맞춰 최적의 광고를 배포하는 방식 등에 이용되고 있다. 네 번째는 대상을 인식하는 것이다. 영상인식이나 음성인식의 방식이 이에 해당된다.

기계학습을 실제 비즈니스에 활용할 경우 먼저 '무엇을 하고 싶은가'를 명확히 하는 것이 중요하다. 현재 안고 있는 과제가 기계학습에 의해 해결될지 판별해야 한다. 그리고 기계학습에 무엇을 시키려 하는 것인지, 얻어진 결과를 어떤 식으로 이용할 것인지, 예외가 나왔을 경우 어떻게 대처할 것인지 등의 계획을 세워두는 것이 중요하다.

기계학습은 우수한 기술이지만 결국 비즈니스 도구의 하나에 지나지 않는다. 도움이 될지는 사용방식에 달렸다고 할 수 있을 것이다. 실제로 다양한 분야에서 활용되고 있는 기계학습의 방법에 대하여 소개하려고 한다. 기계학습을 자신의 비즈니스에 어떻게 활용할 수 있을지 참고해보자.

❷ 기계학습의 여러가지 방법

기계학습의 방식은 분류, 예측, 인식, 최적화와 같이 몇 가지 축으로 분류할 수 있다. 분류는 주어진 데이터를 최적의 범주에 배당함으로써 주로 지도 학습 방법을 이용한다. 예측은 과거의 데이터로부터 미지의 값을 예측하여 상품의 수요예측 등에 이용된다. 인식은 영상이나 음성을 인식하는 것이다. 최적화는 성과가 최소 혹은 최대가 되는 조합의 패턴을 발견함으로써 광고 배포 등에 이용된다.

기계학습은 만능 기술이 아니다. 방법에 따라 용도에 적합성이 다르기 때문에 이용하는 목적에 맞추어 방식 및 도구를 선택할 필요가 있다. 기계학습의 다양한 방식은 지도 학습, 비지도 학습, 강화 학습이라는 세 가지 타입으로 분류된다. 지도 학습이란 정답 라벨이 붙은 학습 데이터를 사용하여 학습을 해나가는 방법으로 분류와 예측에 적합하다. 비지도 학습은 정답 라벨이 붙지 않은 학습 데이터를 사용하는 방법으로 인식과 최적화에 적합하다. 강화 학습은 좋은 결과에 대하여 보수를 부여하면서 학습하는 방법으로 지도 학습이나 비지도 학습과도 다르다. 딥러닝은 컴퓨터 자신이 데이터로부터 특징을 발견하는 방식이지만 기본적으로는 지도 학습으로 분류된다.

분류	예측	인식	최적화
· 스팸메일 필터 · 농가의 분류 · 사진의 자동분류	· 주가예측 · 승인의 수요예측 · 마케팅	· 화상인식 · 음성인식 · 문자인식(OCR)	· 검색엔진 · 디지털광고 · 콘텐츠 배포

그림 5.11 기계학습의 용도와 방식(응용의 종류)

5.8 기계학습의 한계

기계학습은 만능이 아니다. 많은 기대를 받고 있는 기계학습이지만, 아직 완전하지는 못하며 몇 가지 한계도 존재한다. 이러한 한계 중에는 기계학습을 도입하지 않고 인간이 하는 편이 비용 대비 효과가 뛰어난 작업도 있지만 기계학습 자체의 한계에 주목해 보자.

과거의 패턴으로부터 산출할 수 없는 아예 미지의 데이터를 만났을 경우(미학습) 기계학습은 판단을 그르칠 가능성이 높아진다. 예를 들어, 여러 개의 종류에 관한 데이터를 토대로 학습하고 개를 종류별로 나눌 수 있게 되었다고 하자. 만약 학습한 데이터 중에 치와와에 관한 정보가 들어가 있지 않았을 경우 기계학습은 치와와를 올바르게 인식하지 못할 것이다.

또한 투입된 데이터에 따라 잘못된 결과를 도출하는 경우도 있다. 고양이의 특징을 찾아내어 방대한 영상데이터 중에서 고양이 사진을 선택할 수 있게 되어도 데이터의 문제에서 정교한 고양이의 삽화(illustration)를 고양이의 사진이라 판단하는 경우도 있을 수 있다.

게다가 학습데이터에는 적합하더라도 제대로 예측을 도출하지 못하는 규칙을 만들어내는 경우도 있다. 이것은 과학습(過學習)이나 과잉적합(過剩適合)이라고 불린다. 과학습은 데이터의 부족이나 편중에 의해 과도하게 복잡한 모델을 적용하는 것이 원인으로 발생한다. 과학습을 피하고 기계학습의 정확도를 높이기 위해서는 대량의 정리된 데이터가 필요하다. 충분한 데이터를 준비하지 않으면, 기껏 기계학습을 도입했다 해도 아무 도움이 되지 않는 시스템이 만들어질 가능성도 있다.

5.9 기계학습과 AI의 차이

인터넷을 비롯한 다양한 매체에서 기계학습이 다루어질 때 사용되는 용어 중 AI(인공지능)가 있다. 기계학습은 AI의 한 분야다. AI는 크게 범용 인공지능(general AI)과 특화형 인공지능(narrow AI)으로 분류할 수 있다.

범용 인공지능이란 간단히 말하면 인간과 같이 생각하고 행동하는 것을 재현하려는 것이다. 한편 특화형 인공지능은 인간이 두뇌로 하는 작업의 일부를 기계가 하도록 하는 것이다. 특화형 인공지능은 과거 데이터의 축적으로부터 학습하고, 특정 분야의 문제해결이나 작업을 독자적으로 수행할 수 있는 인공지능인 것이다. 현재 활용되고 있는 AI나 가까운 미래에 제품화될 AI의 대부분이 특화형 인공지능에 포함된다.

그리고 기계학습은 특정 사상의 데이터를 해석하고 그중에서 특징과 규칙(rule)을 학습하여 판단과 예측하는 기술이며, 특화형 인공지능의 범주라고 할 수 있다. 그 때문에 기계학습은 AI의 한 분야로써 연구되어 온 역사가 있다. 동시에 기계학습의 발전이 AI 전체를 떠받들어 신경망이 발전해 온 딥러닝은 최근의 AI붐을 일으킨 계기가 되었다.

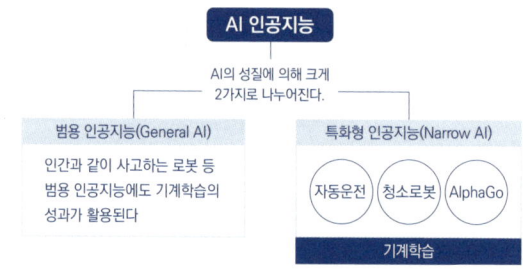

인공지능은 인간과 마찬가지로 사고하고 행동할 수 있는 범용 인공지능과 특정의 기능으로 특화한 특화형 인공지능으로 나눌 수 있다. 기계학습은 특화형 인공지능의 한 분야이다.

그림 5.12 특화형 AI인 기계학습의 응용 예

5.10 기계학습과 데이터 과학의 차이

기계학습은 데이터 과학을 지탱하는 과학기술이다. 기계학습은 데이터로부터 학습하여 예측과 판단을 자동화하는 기술이다. 그에 반해 데이터 과학(data science)은 데이터의 분석이나 활용방법 등을 연구하는 분야이다. 양쪽 다 데이터를 비즈니스에 활용하기 위한 것이지만 기계학습은 데이터 과학의 일부라는 견해에서 차이가 있다.

기업 중에는 방대한 데이터가 축적되어 있다. 그 데이터들을 효과적으로 활용하고 기업전략의 의사결정을 비롯하여 여러 업무에서 활용하고 싶다고 생각하는 것은 당연한 일일 것이다.

그러나 데이터를 제대로 활용하기 위해서는 '데이터를 모은다', '관리한다', '정리한다', '분석한다', '예측한다'라는 여러 공정이 필요하다. 이 데이터 활용 범위를 모두 커버하는 것이 바로 데이터 과학이다. 이와 같은 데이터 활용을 위한 여러 업무를 수행하는 사람을 가리켜 데이터 과학자(data scientist) 또는 데이터 분석가(data analyst)라고 부른다. 이 작업들은 모두 높은 전문성이 요구된다. 데이터 과학자란 데이터를 분석하고 이를 토대로 비즈니스에 공헌을 실현하는 직업으로 문제의 원인규명과 과제해결을 도모한다. 이를 위해서는 ① 업무의 분석기술, ② 문제의 파악능력, ③ 통계학 및 기계학습의 스킬, ④ IT 전반의 능력, ⑤ 새로운 지식을 발견할 수 있는 능력 등이 필요하다.

데이터 활용 전체의 관점에서는 데이터 과학에 대하여 기계학습은 분석·예측 등 데이터 활용의 일부에 특화되어 있다. 기계학습을 활용하기 위해서는 그 전단계로써 데이터의 수집·정리도 필요하기 때문에 데이터 과학의 전체 지식에 대해 알아야 한다. 기계학습이 데이터를 유효하게 이용하기 위한 하나의 수단인 것에 반해, 데이터 과학은 그것을 포괄한 데이터 활용의 종합적인 분야로 서로 없어서는 안 될 상보적인 관계라 할 수 있다.

5.11 기계학습의 활용사례

기계학습이란 인공지능을 만들기 위한 방법 중 하나로, 반세기 이상에 걸쳐 연구되고 있는 기술이다. 기계학습은 어떤 데이터를 읽어 들이고 패턴이나 규칙성, 법칙 등의 특징을 발견하는 데 뛰어나다. 데이터에 숨겨진 특징을 발견하는데 능숙하기 때문에 기계학습은 무언가를 예측하는데 효과적이다.

예를 들어, 새롭게 읽어 들인 데이터를 발견한 특징과 같이 비추어 보면, A에 가까운지 B에 가까운지, 혹은 장래에 C가 될 것인지 D가 될 것인지 예측할 수 있게 된다. 이 예측 능력은 AI를 움직이는 데 있어서 반드시 필요한 요소로 빅 데이터가 등장하며, 예측과 정확도가 보다 엄밀해졌다.

❶ 기계도 학습한다?

우리 인간은 가정이나 친구로부터 대화나 인격 등의 사회성을 획득하고 학교에 다니며 학문과 운동 등의 지식을 습득한다. 물론 한 번 배우는 것만으로 금방 능숙해지는 경우는 거의 없고 반복하면서 조금씩 실력을 키운다.

왜냐하면 샘플을 참고로 하여 요령을 습득하고 자기 나름대로 능숙해질 수 있는 방법을 발견하기 때문이다. 실패할 때마다 '이렇게 하면 성공하려나?'하며 시행착오를 겪고, 그렇게 실수하는 횟수가 줄어 가서 최종적으로 사회성, 지능이라는 성과를 얻어내는 것이다. 성과를 습득하는 프로세스 자체를 사람은 학습이라고 표현한다. 기계학습도 마찬가지다. 성과를 얻기 위해 1부터 10까지 모두 프로그래밍하는 것이 아니라, 샘플이 될 데이터를 부여하고 앞에서 설명한 학습 프로세스를 머신상으로 재현한다. 머신이 데이터로부터 배우고 데이터로부터 성과를 얻고 있는 것이다.

참고로 기계학습의 아버지라고도 불리는 아서 사무엘(Arthur Lee Samuel)은 기계학습을 '명시적으로 프로그램하지 않아도 학습하는 능력을 컴퓨터에게 부여하는 연구분야'라고 정의했다. 학습하는 능력이 고도화하는 미래에 AI가 인간보다 훨씬 똑똑해질지도 모른다고 생각하는 것은 당연할 것이다.

❷ 예측에 강한 지도 학습

기계학습에는 여러 가지 종류가 있다. 여기서는 주로 사용되는 두 가지 방법을 설명하도록 한다. 먼저 입력과 출력을 조합시킨 데이터를 준비하고 기계에 학습시켜 성과를 얻는 지도 학습 방법이다.

예를 들어 그림 5.13과 같이 입력에 손, 출력에 승패의 결과를 조합시킨 가위바위보 데이터가 있다고 가정한다. 이 데이터를 기계에 학습시켜, 가위바위보에 무조건 이길 수 있는 기계를 만든다고 가정해 본다. 이 경우 학습한 데이터로부터 상대방이 가위일 때는 바위, 바위일 때는 보를 내면 무조건 지지 않는다는 것을 알게 된다. 그것은 출력인 승부라는 데이터가 있기 때문이다.

즉, 무엇을 하면 정답인지를 포함한 데이터로 학습하고 정답을 내기 위해 예측하는 방법을 지도 학습이라고 부른다. 우리 인간도 지도 학습과 같은 발상으로 미래를 예측하곤 한다. 예를 들어 눈앞에 검은 고양이가 지나가면 좋지 않은 일이 반드시 생긴다고 하자. 그렇게 되면 다시 검은 고양이가 등장했을 때 '반드시 무슨 일이 일어날 거야!'라고 경계할 것이다. 단, 세상은 가위바위보보다 복잡하다. 같은 입력이더라도 다른 출력이 나오는 경우가 있기 때문이다. 일기예보에서는 맑음이었는데 실제로는 비가 내려 흠뻑 젖은 경험은 누구에게나 있을 것이다.

따라서, 대부분의 지도 학습은 데이터로부터 학습한 결과, 가장 균형이 잘 잡힌 지점을 가리켜 '대체로 ○○이다'라고 말한다. '대체로'를 표현하는 방식은 제각각이다. 예를 들어 일기예보에서는 비의 예측을 강수확률로 표현하고 있다. 예측의 정확도를 높이기 위해서는, 빅 데이터가 필요하다. 데이터가 많을수록, 여러 가지 경향을 읽어 들이기 쉽다. 따라서 많은 기업이 데이터를 모으려 제품을 만들거나 기업을 매수한다.

입력		출력
당신의 손	상대방의 손	승패
바위	가위	당신의 승리
바위	바위	무승부
...		...

그림 5.13 가위바위보 데이터의 예

❸ 분류에 강한 비지도 학습

이것은 입력밖에 없는 데이터를 준비해서 기계에 학습시키고 성과를 얻는 방법이다. 무엇을 출력할지는 딱히 정해져 있지 않고 오히려 패턴이나 규칙성, 법칙 등의 특징을 발견하여 출력 제안을 해준다고 생각하면 좋을 것이다.

예를 들어 입력에 사과, 귤, 딸기의 데이터가 있다고 하자. 그림 5.14에서 데이터를 기계에 학습시켜 특징을 발견시킨다고 가정해 본다. 학습한 데이터로부터 색이라는 특징을 발견한다. 이 경우, 사과와 딸기는 붉은색, 귤은 노란색으로 분류해 준다. 형태라는 특징이나, 어쩌면 윗부분이 초록색이라는 특징을 발견할지도 모른다. 또한 특징의 범주도 세세한 부분까지 정할 수 있기 때문에 사과와 딸기의 붉은 색은 엄밀히는 다르다고 표현하는 것도 가능하다.

즉, 데이터를 학습하고, 데이터 속에 숨어 있는 본질적인 구조를 발견하여 추출하는 방법을 비지도 학습이라고 부른다. 우리 인간도 비지도 학습과 같은 발상으로 분류하기 쉽다. 예를 들어 과거에 사귀었던 여성과 닮았다는 이유로 다른 여성을 좋아하게 되거나, 라면이 맛있는 가게라는 이유로 매운 라면인 김치라면도 맛있을 거라고 생각했는데 그렇지만도 않거나 하는 등 특징을 발견하여 어떻게든 연관 지으려고 한다. 단, 비지도 학습에서는 특징의 발견이 목적이며 그 해석까지는 불가능하다. 머신이 인간으로는 도무지 이해가 되지 않는 특징을 제안하는 경우도 있다.

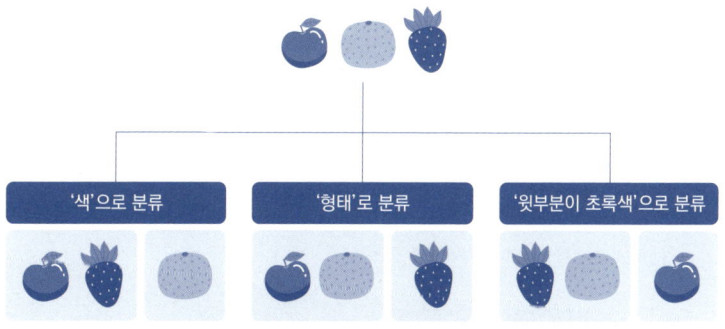

그림 5.14 사과, 귤, 딸기의 데이터 예시

AI **See & Think | 인공지능 기술의 등장 (스스로 학습하고 진화해 가는)**

프로그램에 따라 해답을 제시하는 것만이 아니라, 미래를 예측하며 가장 좋은 방법을 스스로 찾아내는 힘이 있는 컴퓨터, 그것이 인공지능(AI)이다. 이후의 일을 고려하여, 최적의 선택지를 고르는 행동은, 인간의 사고와 유사하다.

애초에 최신의 인공지능은, 인간의 뇌신경회로를 전자회로로 재현하는 것을 목표로 하고 있기 때문이다. 그 열쇠가 되는 것이, 대량의 데이터를 분석하여 학습하는 기계학습과, 그 한 분야인 딥 러닝이다. 예를 들어, 인간은 주변 사람을 인식할 때, 시각이나 청각 등을 총동원한다. 제일 처음에는 얼굴의 윤곽을 인식하고, 그 다음 세부 정보를 수집하여, 전체를 재인식한다. 이 과정을 컴퓨터상에서 실현하는 것이 딥 러닝이다. 이에 따라 자동얼굴인식, 음성인식 등의 기술이 가까이에서 이용할 수 있게 되었다.

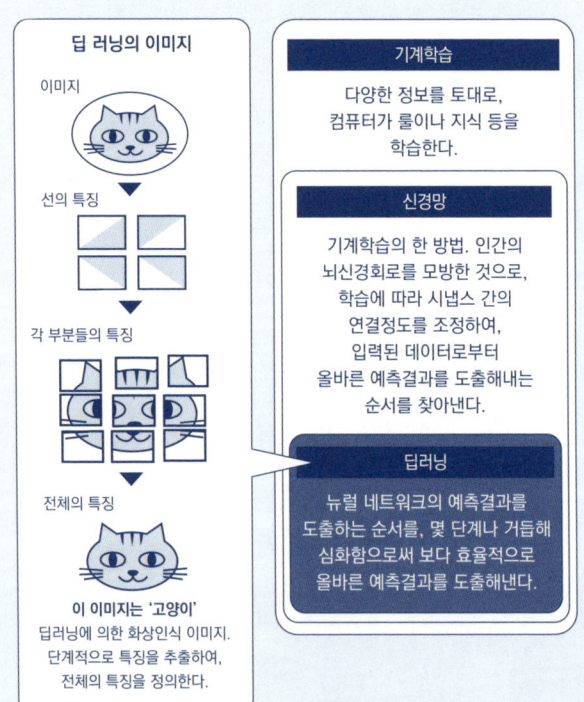

그림 5.15 기계학습을 통한 인공지능의 진화

136

137

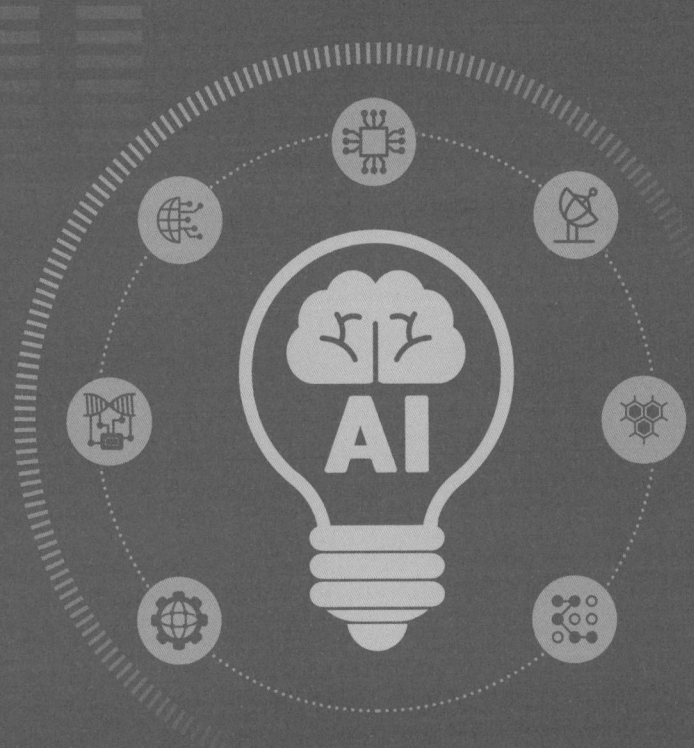

PART 06

고급 기계학습과 응용

6.1 심층학습(딥 러닝, Deep Learning)
6.2 딥 러닝의 특징추출 능력
6.3 영상인식, 음성인식에 강한 심층 신경망
6.4 언어처리와 시계열처리에 강한 심층 신경망
6.5 재귀적 신경망의 응용
6.6 딥 러닝의 결점을 보완하는 GAN
6.7 신경망이 취급하는 정보
6.8 언어의 의미를 수치로 나타내는 방법
6.9 확립되어 가는 딥 러닝의 환경
6.10 딥 러닝이 바꾼 기계학습의 방식

PART

06

고급 기계학습과 응용

6.1 심층학습(딥 러닝, Deep Learning)

KEYWORD : 기계학습, 알고리즘, 뉴런, 신경망, 기계학습, 알고리즘, 뉴런, 신경망

심층학습(deep learning)이란 기계학습의 알고리즘 중 하나로 인공지능을 만들기 위한 방법으로써 가장 주목을 받고 있다. 심층학습은 신경세포(뉴런)의 구조로부터 착상을 얻어 수식으로 재현한 것으로 유명하다.

신경세포는 입력되는 전기신호의 임계치를 넘으면 발화하여 시냅스라는 전달 수단을 사용해 다음 신경세포에 전기신호를 출력한다. 이것을 초고속으로 실행하여 뇌는 정보처리를 한다.

이 입출력의 조합과 발화의 판단, 전달을 딥 러닝으로 재현한다. 따라서 뇌를 모방하고 있다는 표현은 틀리지 않았다. 그러나 딥 러닝은 인간의 뇌를 모방하고 있기 때문에 인공지능을 만드는 것이

가능하다고 착각하고 있는 사람이 많은데 그것은 현 단계에서 너무 비약된 이야기이다.

❶ 심층학습의 기본구조

하나의 사과 영상을 예로 들어 설명하도록 한다(그림 6.1). 우선 영상을 세세히 분해하여 입력을 설정한다. 입력의 마디(절)는 데이터를 받아들이고 각 마디에 정해진 조건을 삭제하거나 계산하고 가장자리(가지)를 경유하여 그 다음 층으로 전달한다.

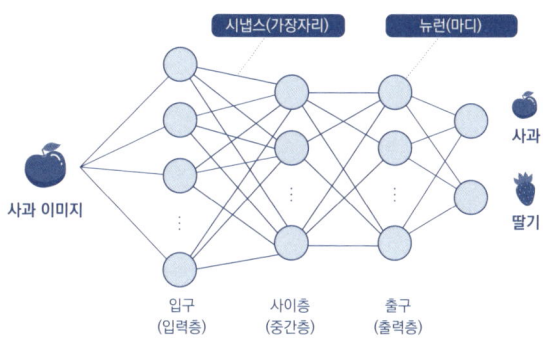

그림 6.1 사과의 영상인식을 예로 든 심층학습의 구조

이때 시냅스에서는 가중치를 부여한다. 어느 마디로부터의 정보를 중요시할지의 판단을 하는 것과 마찬가지다. 이전의 마디로부터 다수의 정보들을 받아들인 마디는 그것들을 한데 합해 정해진 조건을 제거하거나 계산한다. 그리고 제거하면 또다시 엣지 경유로 다음 마디에 전달한다.

입력단계에서 시작된 처리를 몇 층이고 반복해 간다. 세세하게 분해된 데이터는 네트워크를 경유하며 조금씩 합해지고 마지막에는 출력단계에 도달한다. 마지막 출구에서는 해답이 준비되어 있고 어느 것에 가장 가까운지를 '사과가 80%, 딸기가 20%'라는 식의 확률로 표현한다. 즉 사과다움과 딸기다움에 가까운지 어떤지의 여부를 판단하는 것이다.

참고로 입력과 출력밖에 없을 경우에는 단순 퍼셉트론이라 부르며 도중의 중간층이 하나일 경우 다층 퍼셉트론, 두 개부터 네 개 정도일 경우는 신경망 그리고 층이 많아지면 딥 러닝이라고 부른다. 경우에 따라 이름이 바뀌지만 하는 일은 거의 동일하다고 봐도 무방하다.

신경망 자체는 1980년대부터 제창되었지만 실현 가능한 기반 기계의 조달, 학습에 소요되는 시간 등 여러 제약이 있어 약 25년 정도는 그다지 주목을 받지 못했던 기술이었다.

❷ 프로그램에 의한 시냅스의 가중치 부여

심층학습의 훌륭한 점은 시냅스의 가중치(weight)를 인간이 정하지 않고 기계가 데이터로부터 알아서 판단해 주는 점이다. 그 전까지는 인간이 외관에서 특징을 발견하여 가중치 부여를 인간이 직접 했었다. 인간만큼의 정확도는 나오지 않을 것이라 생각했지만 인간이 감지하지 못한 특징을 발견하여 높은 정확도를 보였다. 영상인식 경진대회에서 마이크로소프트 리서치가 심층학습을 사용해 인간보다 높은 정확도로 인식에 성공한 바 있다.

예를 들어 사과 이미지를 사용했는데 사과 10%, 딸기 90%로 출력됐다고 가정하자. 답은 사과이기 때문에 분명 잘못된 것이다. 이 경우 사과같음의 확률이 올라가듯 엣지의 가중치 부여를 기계가 조금씩 바꾼다. 그리고 당초와 다른 사과같음을 맞추기 쉬워진 네트워크로 완성된다.

물론 모델은 처음부터 적절한 가중치 부여를 알고 있는 것은 아니다. 따라서 첫 번째 사과 이미지는 사과라고 인식했지만 두 번째 사과 이미지에서는 딸기라고 인식할지도 모른다. 그래서 정답이 무엇인지 알고 있는 데이터를 대량으로 준비하여 끊임없이 학습시키고 사과는 사과, 딸기는 딸기라고 출력하는 네트워크로 완성시킬 필요가 있다. 딥 러닝에 빅 데이터가 필요하다고 말하는 이유는 여기에 있다. 만일 이미지가 한 장밖에 없다면 그것에 적합한 네트워크가 완성되어 버리기 때문이다.

❸ 네트워크 해독은 불가능?

심층학습의 경우 중간층이 30계층 정도 있는 것은 그렇게 드문 일이 아니다. 따라서 가령 입력과는 다른 결과가 출력되었을 경우 어디서 오류가 발생했는지 특정하는 것은 현 단계에서는 어렵다. 어느 부분이 잘못되었는지 모르는 채로 기계가 전체적으로 가중치 부여를 수정해 준다.

관점을 바꿔 생각해보면 몇 십개나 되는 층으로 겹쳐 구성되는 네트워크에서 이미지를 대량으로 학습시킨 결과 어떻게 인지는 모르겠지만 사과 같다고 인식하게 되었다는 것이 심층학습이다. 참고로 인간의 뇌 전체가 가지고 있는 신경세포의 수는 수천억 개이다. 만일 마디가 수천억 정도 만들어지면 또 다른 진화가 있을지도 모른다.

6.2 딥 러닝의 특징추출 능력

❶ 영상생성이란

2017년의 딥 러닝 연구 분야에서 가장 화제가 된 영상생성에 대하여 설명하도록 한다. 데이터 유사도의 사고방식을 이용하여 영상 간의 유사도도 측정할 수 있다. 영상인식은 영상의 유사도를 측정하고 그 경계에서 분류하여 라벨을 부여한다. 영상생성은 지도영상과 비슷한 영상을 생성하는 것이다. 지도 데이터의 분포와 생성데이터의 분포가 일치하도록 학습해 감으로써 생성 가능하다.

또한, 이 지도 데이터를 토대로 하여 그 데이터와 비슷한 새로운 데이터를 만들어 내는 모델을 생성모델이라고 부른다. 생성모델에는 GAN(Generative Adversarial Network)과 VAE(Variational Autoencoder) 등 다수의 모델이 있다. 영상인식과 영상생성을 비교하면 다음과 같다.

영상인식
- 영상인식이란 영상을 분류하여 라벨을 부여하는 것.
- 분류하기 위해 영상의 유사도를 측정하고, 그 경계로 분류한다.

영상생성
- 영상생성이란 지도영상과 비슷한 영상을 생성하는 것.
- 지도 데이터의 분포와 생성 데이터의 분포가 일치하도록 학습해 감으로써 생성한다.

❷ 오토인코더

다층신경망의 기계학습 방법으로 주목받은 심층학습이지만 다층신경망은 보통의 가중치를 부여하는 것은 곤란하므로 오차역전파법으로 오차를 수정하는 것이 어렵다는 단점이 있었다. 그 문제를 해결한 방법 중 하나가 오토인코더였다.

오토인코더는 사전학습의 한 종류이다. 다층 신경망의 일부를 빼내어 특수한 학습을 실시하고 나서 신경망에 입력한다. 사전학습 자체는 자주 사용되는 방법이지만 오토인코더는 입력 데이터를 주요 특징으로 효율적으로 압축한 후 이 압축된 표현에서 원본 입력을 재구성하도록 설계된 일종의 신경망 구조이다.

이 사전학습으로 가르치고 싶었던 것은 정보의 특징이다. 오토인코더의 경우 입력과 출력의 뉴런에 대하여 중간층의 뉴런이 적고 정보를 압축할 필요가 있었다. 이 압축은 정보의 특징을 모르면 지도 학습을 할 수 없다는 것이다.

❸ 특징 추출 능력

신경망에 있어서 정보의 특징을 발견하는 특징 추출 능력은 특히 주목받았다. 오토인코더로 미리 간단한 특징을 가르쳐 두면 다층 신경망이 복잡한 정보를 다룰 때 기본적인 특징 추출에 실패하는 경우가 없어진다.

그리고 오차역전파법에 의해 오차를 수정할 때에도 기본적인 특징은 이해할 수 있다는 전제하에서 가중치를 수정한다. 그에 따라 본래라면 어려웠을 다층 신경망에서도 오차역전파법에 의한 학습이 잘 이루어지게 된 것이다.

심층학습이라는 방법 자체는 다른 알고리즘에 비해 특별히 효율이 좋은 것은 아니다. 하지만 학습에 따라 특징을 추출하고 특징을 분석함으로써 문제를 해결하는 접근법은 응용범위가 넓고 지금까지는 해결하지 못했던 다양한 문제들의 해결에 도움을 준다.

6.3 영상인식, 음성인식에 강한 심층 신경망
KEYWORD : 합성곱 신경망

❶ 합성곱 신경망(CNN)
심층학습에 이용되는 다층 신경망의 학습법 중에서도 주목도가 높은 신경망이 합성곱 신경망(CNN : Convolutional Neural Network)이다. 합성곱 신경망으로는 특징의 분리와 합성을 수행하는 합성곱과 다루는 정보를 단순화하는 풀링(pooling)이라는 프로세스에 의해 영상에 관한 특징추출을 쉽게 하고 있다.

합성곱 신경망은 영상인식 이외에 음성인식에도 유용한데 사용방식에 따라서는 언어처리에도 사용할 수 있는 범용성 높은 방법이다. 그 때문에 연구개발이 매우 진전되어 있어 다양한 발전된 모델이 만들어지고 있다.

❷ 특징을 강조하는 연구
합성곱이라는 처리는 초상화로 특징을 강조하는 이미지에 가까울지도 모른다. 인식하는 대상의 윤곽, 색조, 질감 등 대상을 잘 나타내고 있는 특징만을 교묘히 잘라내어 그 부분만 가지고 분석한다.

대상을 인식하는데 필요한 것은 실제 정보가 아니라 특징만으로 충분하다는 개념이다. 단, 특징을 추려내는 방식에 따라서는 세세한 정보가 다수 포함되어 있을 가능성이 있다. 대상을 구별하기 위해 필요한 특징이라고는 하나 너무 세세한 정보가 많으면 그 정보로 분석하기 어려워진다.

때문에 풀링으로 어느 정도 다룰 정보를 대략적으로 추려내어 세세한 특징의 차이에 휘둘리지 않도록 하기 위한 연구가 이뤄진다. 이 두 가지 처리로 영상 등의 정보는 분석이나 인식에 필요한 중요한 특징만을 추출하여 간단히 업무를 수행할 수 있게 된다. 특징을 강조하는 분석방법은 영상 이외에도 유용하여 합성곱 신경망을 응용하여 그래프 구조의 데이터베이스를 분석하는 GraphCNN도 등장하여 응용범위는 계속 넓어지고 있다.

6.4 언어처리와 시계열처리에 강한 심층 신경망

❶ 재귀적 신경망(RNN)

합성곱 신경망과 나란히 자주 사용되는 것이 재귀적 신경망(RNN : Recurrent Neural Network)이다. 재귀적이란 순환·루프에 가까운 의미를 가지며 일의 결과가 그 원인이 되어 연쇄적으로 같은 현상이 일어나는 상태를 뜻한다.

예를 들어 '닭이 알을 낳고, 알이 닭이 되어 알을 낳는다'라는 것도 재귀적이라고 할 수 있다. 단, 알과 닭은 이전과 완전히 같은 것이 태어나는 것은 아니다. 영양상태나 유전자의 변이로 조금 다른 개체가 태어나며 과거의 닭이나 알의 변화에 영향을 받은 별개의 개체가 된다. 재귀적인 현상에는 많든 적든 이와 같은 이전의 정보에 입각하여 다음 정보가 변화하는 요소가 포함되어 있으며 이 부분이 프로그램에 있어서 특징적인 움직임을 보인다.

❷ 기억력을 가진 네트워크

출력된 정보가 순환될 때마다 정보는 조금씩 변화하고 있다. 이 변화가 과거 정보의 흔적이며 일종의 기억과 같이 작용하는 것이다. 이 작용은 인간이 다루는 자연어의 처리에 도움을 준다. 인간의 말은 애매한 부분이 많아 주어·술어·수식어 등의 관계성에 따라 사용되고 있는 단어의 의미가 변하고 문맥에 따라서도 문장의 의미는 변한다. 이 때문에 문법에 따라 단순히 단어를 해석해 가는 것만으로는 자연스러운 번역이 되지 못한다. 기계번역에서 문맥과 의미의 변화에 입각한 처리가 필요하게 된다.

여기서 효과적인 것이 재귀적 신경망이다. 말을 앞부터 읽어 가서 다음 문장과 단어로 나아가도 이전 단어나 문맥의 정보가 네트워크 속에 순환되며 남아있고 그것을 근거로 하여 처리할 수 있다. 그 때문에 전후관계에서 단어나 말의 의미가 변해도 어느 정도는 대응할 수 있게 되는 것이다. 이 방법은 동영상이나 음성과 같이 시계열을 동반하는 데이터에 효과적으로 다른 방법과 조합시키는 형태로 널리 이용되고 있다.

6.5 재귀적 신경망의 응용

❶ 기억보유 기능이 높은 알고리즘

재귀적 신경망의 응용 시스템에 LSTM(Long Short Term Memory)

이라고 하는 알고리즘이 있다. 장·단기기억이라는 의미로 일반적인 재귀적 신경망보다도 높은 기억보유 능력이 있다는 점이 특징이다. 보통의 재귀적 신경망의 기억보유능력은 한정적으로 중요한 정보를 잊어버리는 등 중대한 결점이 있다. 이에 반해 LSTM의 경우 기억의 취급에 특화된 유연한 모듈을 만들어 그러한 결점들을 극복했다(그림 6.2).

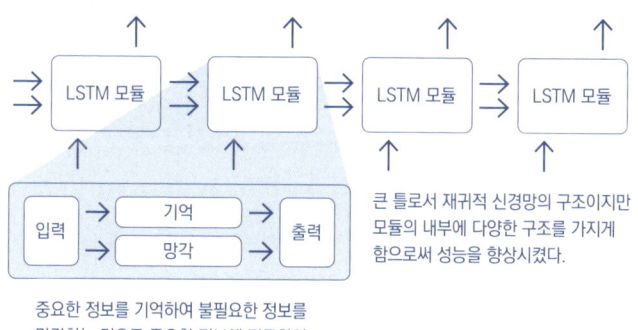

그림 6.2 LSTM의 구조

LSTM은 언어처리에 널리 사용되고 있으며 언어처리에 있어서 재귀적 신경망이라고 할 경우 실제로는 LSTM을 가리키고 있는 경우도 있을 정도로 일반적인 것이 되었다.

❷ 일부 정보에 주목하는 어텐션

LSTM과 함께 자연어 처리에 자주 사용되는 방법이 어텐션(집중, attention)이다. 어텐션은 문장 전체가 아닌 '어느 부분에 주목할 것인가'를 생각하는 독특한 방법이다.

이것은 합성곱 신경망의 특징을 강조하는 처리와 비슷하다. 문장에 있어서도 의미를 이해하는 데 있어 중요한 부분은 한정되어 있다는 개념이다. 각 단어에 중요도를 판정하고 중요한 단어를 중심으로 언어처리를 수행한다.

어텐션을 사용한 기계번역의 경우 중요한 부분에 주목하여 번역을 하고 중요도가 낮은 것은 해석하지 않는 정도의 처리가 이루어진다. 빠져 있는 부분이 있는 대신 의미의 파악은 되어 있어 전체적으로는 자연스러운 번역이 된다. 인간의 대각선 읽기(속독법)와 같을지도 모른다. 확실히 70점을 받는 방법이므로 최고 득점으로는 다른 방법에 미치지 못하지만 평균점이 매우 높고 LSTM 등 다른 방법을 효율화하여 평균점을 높일 수 있다. 이것 자체는 재귀적 신경망은 아니지만 재귀적 신경망의 평균점을 높이기 위해 자주 사용되는 방법이라 할 수 있을 것이다.

6.6 딥 러닝의 결점을 보완하는 GAN

❶ 더미 데이터를 만드는 문제

딥 러닝에는 기본적으로 방대한 학습데이터가 필요하다. 그렇기 때문에 더미 데이터가 사용된다. 단, 그 더미 데이터를 어떻게 만들 것인가가 다른 문제로 남는다. 만약, 더미 데이터가 무작위 수치를 만들거나 실제 데이터(real data)를 조금 가공하기만 해서 만드는 거라면 문제없겠지만 그것만으론 불충분한 경우에는 일이 귀찮아진다.

기계학습에 있어서 학습에 사용하는 더미 데이터의 생성은 기계학습 그 자체와 같은 정도로 중요한 문제이다. 대부분은 더미 데이터를 만들기 위한 프로그램이 별개로 만들어지고 거기에도 상당한 노력이 들어가게 된다.

❷ 적대적 생성 네트워크

더미 데이터를 만드는 방법이 적대적 생성 네트워크(GAN : Generative Adversarial Networks)다. 데이터를 만드는 AI와 데이터의 진위를 간파하는 AI 두 개로 구성되며 서로 데이터 만드는 법을 학습, 가짜를 꿰뚫어 보는 법을 학습이라는 목적을 가지고 서로 경쟁하듯 성장해 간다는 점이 특징이다.

얼굴인식으로 말하자면 가짜 얼굴을 만드는 위조AI와 위조를 간파하는 판정AI로 나뉘었을 경우 위조AI는 오로지 가짜 얼굴의 영상을 만든다. 이에 반해 판정AI는 가짜와 진짜 영상에 대해 식별을 계속한다. 그 중에서, 위조AI는 가짜임을 간파하지 못한 영상을 참고로 하여 진짜에 가까운 영상을 만들려고 한다. 판정AI도 판정AI대로 가짜임을 간파하지 못했던 영상과 진짜를 비교하여 판정의 정확도를 높여간다(그림 6.3). 최종적으로는 위조AI와 판정AI가 진전없는 작업을 반복하는 것과 다름없지만 이 과정으로 위조 성능이 올라간 위조AI는 우수한 더미 데이터의 생성AI로 변한다. 판정AI도 가짜를 간파하는 AI로서 인터넷상의 영상판정에 사용할 수 있게 될 것이다.

이 적대적 생성 네트워크를 사용한 더미데이터 생성은 응용 범위가 넓고 개인정보를 다루는 얼굴인식이나 의료, 데이터가 적은 특수한 공업 분야 등에서 널리 이용되고 있다.

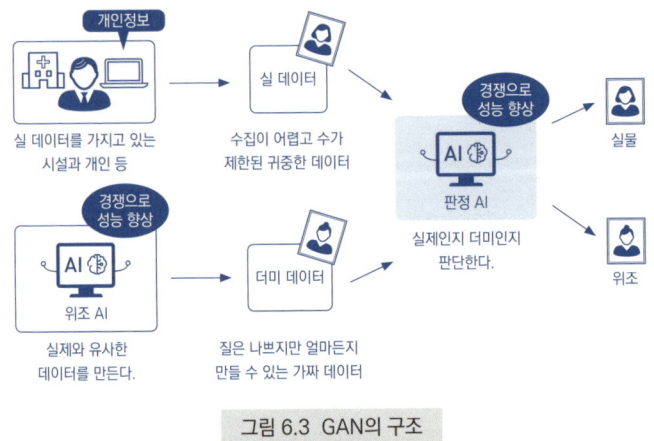

그림 6.3 GAN의 구조

6.7 신경망이 취급하는 정보

❶ 다수의 수치를 다루는 텐서(tensor)란?

신경망에서는 네트워크의 내부를 방대한 수치덩어리가 관통하여 지나간다. 그 수치덩어리를 나타내는 방법 중 하나가 텐서(tensor)다. 이것은 수학적인 용어이므로 자세히 설명하면 매우 난해해지지만 단적으로 말하자면 하나의 정보를 다수의 숫자로 나타낸 것이다(그림 6.4).

감각적으로는 게임 캐릭터의 신분·계급(status)과 그리 다르지 않다. 완력과 체력이 높으면 전사, 지능과 마력이 높으면 마술사 등과 같이 복수의 매개변수를 하나의 정보로 전달할 수 있다는 것이 텐서의 특징이다. 텐서의 간단한 표현방법으로써는 벡터(vector)나 행렬 등이 있다. 텐서는 지정된 매개변수의 양(차원)이 없지만 벡터는 1차원, 행렬은 2차원이라고 지정되어 있다는 점에서 조금 의미가 다르다.

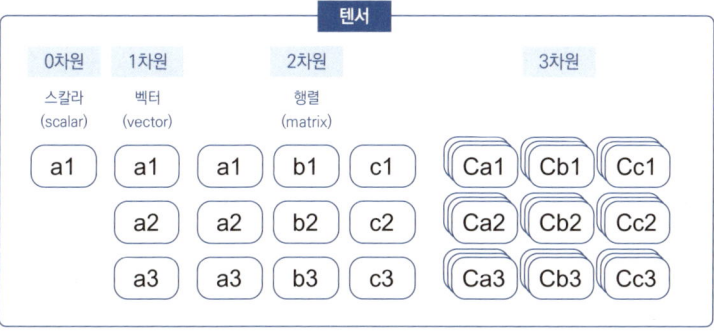

텐서라는 개념 중에 벡터와 행렬 등의 개념이 포함되어 있다.
「Ca1…Cc3」까지의 다수의 수치를 한데 모아 하나의 정보로서 표현된다.

그림 6.4 텐서의 개념

❷ 텐서를 다루는 어려움

텐서의 형식은 세계 공통이기 때문에 영상이나 통계 데이터와 같은 방대한 수치를 포함하는 복잡한 정보라도 텐서의 매개변수의 양(차원수)을 정하고 '이러한 형식의 텐서를 다룬다'라고 정하면 신경망을 사용한 계산이나 관련된 프로그램을 만들기 쉬워진다. 그러나 텐서 자체는 계산이나 취급이 매우 성가신 개념이며 관련 지식이 없으면 내부 처리의 이해도 어려울 수 있다. 컴퓨터에도 텐서의 처리에는 약한 병렬처리를 필요로 하는 경우도 있어 부담이 크다. 이 때문에 딥 러닝의 처리에는 CPU가 아니라 병렬처리에 특화된 영상처리용 GPU가 사용되는 경우가 많다(그림 6.5).

딥 러닝의 유행과 복잡성에 따라 텐서 처리에 특화된 컴퓨터나 프레임워크 등도 개발되면서 텐서 자체가 주목받는 경우도 증가했다. 텐서에 대해 큰 틀만이라도 이해해 두면 텐서플로우와 같은 텐서 프레임워크를 이해하기 쉬워질 것이다.

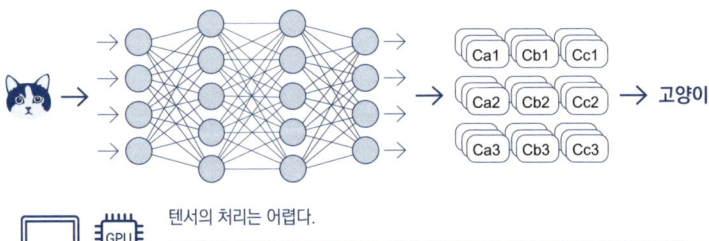

그림 6.5 텐서 처리에 특화된 시스템

See & Think

- 딥러닝에서는 텐서라는 정보가 사용된다.
- 텐서는 여러 차원을 갖는 정보의 개념
- 텐서 계산은 어렵기 때문에 전용시스템이 만들어져 있다.

6.8 언어의 의미를 수치로 나타내는 방법

❶ 워드투벡터(word to vector)의 개념

텐서와 같이 하나의 정보를 다수의 수치로 나타낸다는 것은 결코 신경망의 내부에 한정된 이야기만은 아니다. 데이터처리의 표층 부분에서도 더 사용할 수 있는 사고방식이다. 그 중 하나가 워드투벡터라는 접근법으로 단어(말)를 벡터로 표현하는 방법이다. 벡터는 텐서의 일종이지만 그 중에서도 1차원의 간단한 표현방법이다. 이것을 단어나 문장의 매개변수로 사용하는 것이다.

이 방법 또한 일종의 특징 강조라 할 수 있다. 신경망 중에서는 더욱 복잡한 차원을 가지는 텐서로 정보가 다루어진다.

그렇다면 무엇이 중요한 수치인지 알기 어려워지기 때문에 단어에 더욱 간단한 벡터로 매개변수를 부여하고 단어가 가지는 특징을 알기 쉽게 한 것이다(그림 6.6).

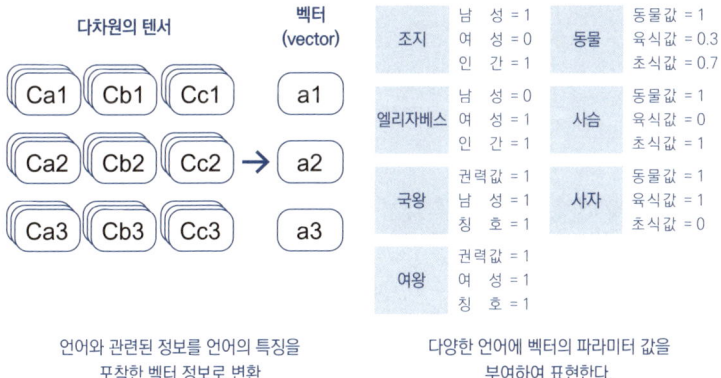

그림 6.6 언어의 수치화(word to vector)

❷ 수치와 의미를 일치시킨다

단어의 매개변수화에 따라 기계에 의한 문장 이해의 폭이 넓어진다. 예를 들어 왕을 [권력1·남성1], 여왕을 [권력1·여성1]이라 한다면, '왕 조지의 후계자로 딸 엘리자베스가 선택되었다'라는 문장에 의해 [여성1]이라 표현되어 있던 엘리자베스의 매개변수가 [권력1·여성1]로 바뀐다. 사전에 후계자나 딸에 [속성1·계승1]이나 [아이1·여성1]과 같은 매개변수를 부여하여 문장에 따라 매개변수가 잘 처리되도록 고려해 두면 명시되어 있지 않아도 '엘리자베스는 여왕이 되었다'라고 기계도 이해할 수 있게 되는 것이다(그림 6.7).

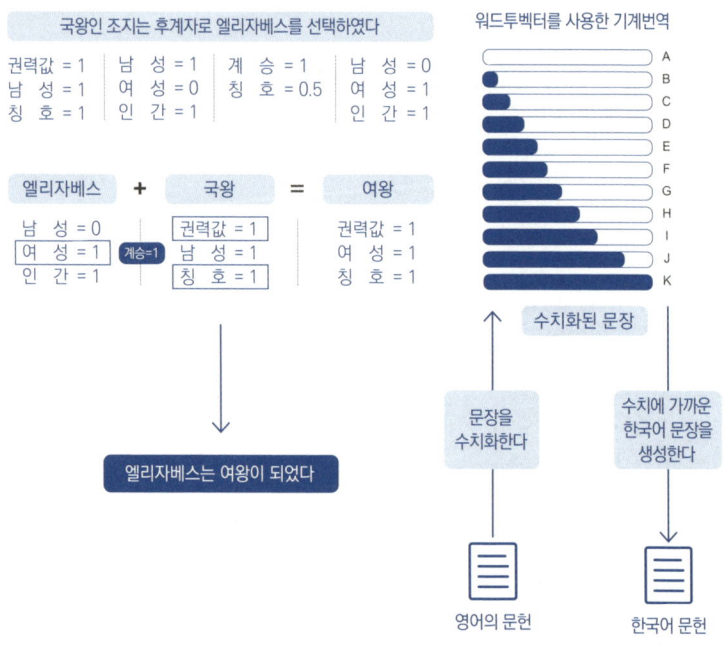

그림 6.7 워드투벡터의 의미 이해와 기계번역

이 방법으로 자연어 처리는 크게 발전했다. 특히 기계번역의 업무는 실질적으로 '문장의 매개변수를 근접시킨다'라는 간단한 업무로 바뀐다. 워드투벡터에 의해 미묘한 어감의 말이라 하더라도 '매개변수가 가까우면 의미도 가깝다'라는 것이 되기 때문에 사전을 그대로 변환한 것만 같은 이상한 말을 하지 않게 되는 것이다.

AI See & Think

- 언어를 벡터수치로 표현하는 '워드투벡터'
- 문장에 따른 수치의 변화로 문장의 의미를 이해한다.
- 문장의 수치를 가까이 함으로써 다른 언어에서도 이론상 같은 의미가 된다.

6.9 확립되어 가는 딥 러닝의 환경

❶ 플랫폼의 보급

심층학습은 엔지니어라도 제로부터 배워 사용하는 것은 상당히 수고스러운 일이다. 그러나 신경망의 경우 전이학습이나 사전학습도 활발히 이루어지고 있어 마찬가지로 기계학습 프로세스가 다른 업무에 사용 가능한 경우도 적지 않다. 결과적으로 다양한 기계학습의 플랫폼이 탄생하고 클라우드 기반으로 제공됨으로써 매우 사용하기 편리한 기술이 되었다.

대기업으로는 Google Cloud, Microsoft Azure, Amazon ML, IBM Watson 등이 기계학습 플랫폼으로서 제공되고 있으며, 가져온 학습데이터를 사용하여 간단히 기계학습을 할 수 있다. 또한, 학습시키는 것뿐만 아니라 딥 러닝의 AI를 만들 경우에는 TensorFlow, PyTorch와 같은 프레임워크가 제공되어 스스로 처음부터 만드는 것도 그다지 어렵지 않게 되었다(그림 6.8). 학습에 사용하는 데이터조차 유료나 무료로 국가·대학·기업 등이 빠짐없이 제공하고 있으며, 개인으로 AI를 개발하는 환경도 정비되고 있다.

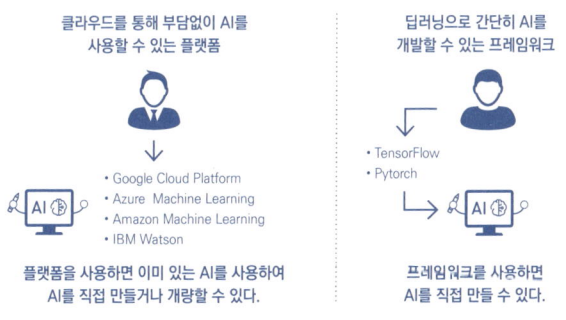

그림 6.8 플랫폼과 프레임워크

❷ **학습환경의 보급**

플랫폼이나 프레임워크뿐만 아니라 제로부터 딥 러닝이나 기계학습을 배우는 사람을 위한 학습환경도 정비되고 있다. 서적이나 개인 사이트 외에 Udemy나 AI Academy 등의 온라인 학습사이트나 한국인공지능협회(KORAIA)의 자격검정이 등장했으며 학습방법이나 목표도 알기 쉬워지고 있다. 그러나 딥 러닝이나 기계학습의 기술 자체는 급속히 진보하고 있기 때문에 학교나 자격으로 얻은 지식을 그대로 쓸 수 있는 것은 아주 잠시에 불과하다. 현장에서 활동을 이어 나가기 위해서는 계속적으로 독학으로 배워나가는 자세와 기술이 필요할 것이다.

그렇다해도 이러한 학습환경을 사용함으로써 기본적인 지식을 얻을 수 있다는 것은 틀림없다. 엔지니어를 관리하는 사람이나 구체적인 서비스에 관련된 사람이 딥 러닝을 배우기에 좋은 환경이 갖추어져 가고 있다.

6.10 딥 러닝이 바꾼 기계학습의 방식

❶ **심층학습의 범용성과 발전성**

여기까지 소개한 신경망과 심층학습의 특성은 어디까지나 기본적인 구조에 지나지 않는다. 중요한 것은 그것으로 인해 생겨나는 높은 범용성이다. 사람이 얻는 정보의 대부분이 시각과 청각에 의지하고 있고 정보교환에는 언어를 사용하고 있다.

심층학습에 의해 기계가 영상·음성·언어를 쓸 수 있게 되었다는 것은 인간이 다루는 정보의 대부분을 다룰 수 있게 되었다는 것과 다름없다고 생각해도 좋을 것이다. 심층학습이 주목받는 이유는 여기에 있다. 영상인식·음성인식·언어처리와 인간의 정보활동의 대부분이 이 세 가지에 집약되어 있기 때문에 때로는 인간을 대신한다고 주장하고 있다. 그리고 현재의 딥 러닝은 영상, 음성, 언어라는 독립된 개체로 취급하고 있는 상태에 불과하며 이제야 겨우 복합적으로 다룰 수 있게 된 단계에 있다. 이를 멀티모달 AI라고 부른다. 적어도 세 종류를 합쳐 다룰 수 있게 되고 나서야 비로소 사람과 같은 선상에 있을 수 있다.

❷ 남아있는 과제

단, 이것만으로 인간을 대신할 수 있는 것은 아니다. 눈과 귀와 말을 다룰 수 있어도 인간의 사고는 전혀 다른 세계이다. 영상이 보이고 목소리가 들리고 말에 반응할 수 있어도 사람과 똑같이 사물이나 일의 의미를 이해하고 있는 것은 아니며 같은 구조로 반응하고 있는 것도 아니다.

AI에도 일종의 사고라는 것은 존재하지만 그것은 인간과는 완전히 다른 방법으로 실행되고 있으며 인간과 같은 일을 할 수 있다고 해도 인간과 같은 방법으로 생각하거나 실행하고 있는 것은 아니다. 단순히 업무를 수행하기만 하는 것이라면 사람과 같은 방법으로 수행할 필요는 없지만 본질적인 의미에서 인간을 대신하는 AI를 만들기 위해서는 딥 러닝만으로는 부족하다. 딥 러닝은 AI에 있어서의 확실한 돌파구이기는 하지만 최후의 돌파구는 아닌 것이다.

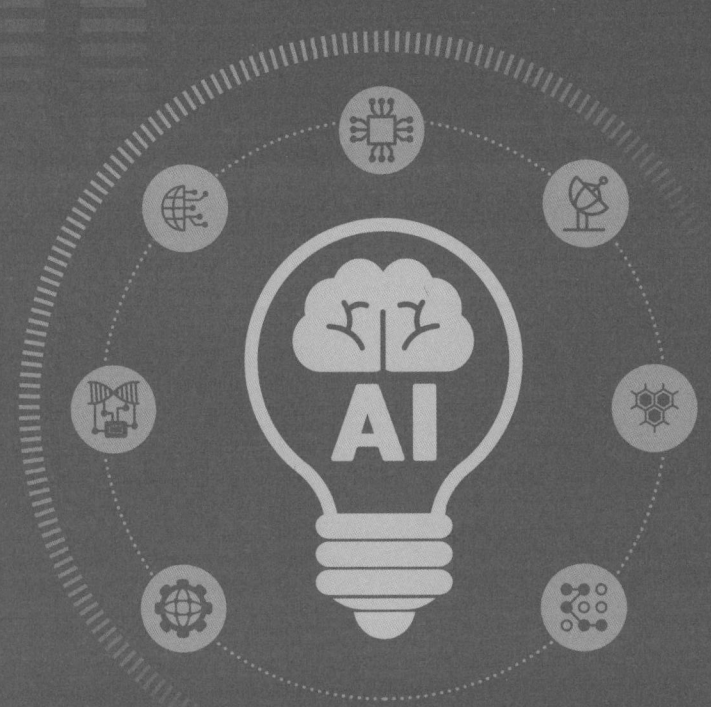

PART 07

다양한 응용기술로 확대되는 AI의 실용화

7.1   이미지에서 동영상으로 발전하는 영상인식

7.2   AI 의사소통의 개념

7.3   Transformer와 빅데이터로 바뀐 문장생성

7.4   음성의 텍스트화에 필요한 기술

7.5   영상과 음성, 여러 가지 정보를 조합한 데이터 분석

7.6   인간의 창조적인 방식의 학습

7.7   인간 신체의 사용법

7.8   분산하여 확대되는 AI

7.9   AI의 진보와 성장을 촉진하는 게임 AI

7.10   인간의 판단기준을 설명하는 게임이론

7.11   AI와 인간의 상호 협동(개인과 비즈니스)

7.12   챗봇

PART 07

다양한 응용기술로 확대되는 AI의 실용화

7.1 이미지에서 동영상으로 발전하는 영상인식

❶ 이미지 인식과 동영상 인식의 차이

실세계는 시간이 멈춘 이미지가 아니라 시간에 따라 영상이 바뀌는 동영상으로 이루어져 있다. 때문에 영상 인식기술은 이미지에서 동영상으로 진보하는 것이 이상적이다. 여기서 영상 인식에 강한 합성곱 네트워크(CNN)와 시계열 정보 인식에 강한 재귀적 네트워크(RNN)를 조합시켜 영상정보를 인식하는 방법이 등장한다. 영상은 한 컷마다 영상을 만드는 과정을 역방향으로 나아가게 하는 이미지이다. 영상을 각 컷으로 분할하여 시계열 순서에 관한 정보를 조합시켜 시간 경과에 따라 무엇이 어떤 식으로 변화했는지를 인식할 수 있게 한다. 그 다음 영상의 변화가 무엇을 의미하고 있는지를 판별하는 것이 동영상 인식 기술이다.

❷ 동영상의 인식으로 무엇을 할 수 있는가?

예를 들어 스포츠에서는 사람의 손발의 기울기나 위치가 특정 패턴으로 변화하고 교통사고의 경우 자동차 프레임이나 벽면이 접촉·변형된다. 이것이 동영상 인식에 의해 파악할 수 있는 변화라는 것이다. 인간에게는 간단한 일이지만 시간 개념을 합쳐 상태가 변화하는 현상을 인식할 수 있다는 것의 의의는 크다. 행동과 동작의 예측만이 아니라 요약(digest)의 자동작성, 감시카메라로 자동통보, 고장의 검출과 원인특정, 오작동이나 사고의 사전검출, 자동운전의 상황인식 등으로 이어질 수 있다. 영상을 본 것만으로 판단할 수 있는 것이나 이미 알고 있는 현상, 충분한 영상이 있는 것에 한하지만, 인간이 자신의 눈으로 보고 판단하는 많은 작업이 자동화될 수 있다는 뜻이다. 단, 동영상은 이미지와 달리 일련의 동작이 하나의 데이터이기 때문에 사용된 하나의 동영상으로부터 여러 개의 이미지를 잘라내어 데이터를 덧붙이는 것은 불가능하다. 어떤 시점에서 장시간 촬영된 감시카메라나 스포츠 영상 등이 동영상 인식의 주된 학습대상이 될 것이다. 앞으로 자율주행 자동차나 드론 등의 정보를 사용하여 보다 폭넓은 동영상 인식이 이루어지게 될 것이다.

7.2 AI 의사소통의 개념

❶ 규칙 베이스 의사소통

AI는 다양한 형태로 자연어를 다루고 인간과 의사소통(communication)을 하도록 되어 있다. 그 중에서도 오래전부터 사용되어 현대에도 여전히 활발히 활용되는 의사소통 방식은 'A라는 말을 들으면 B라고 답한다'라는 간단한 규칙에 기반한 방식이다(그림 7.1).

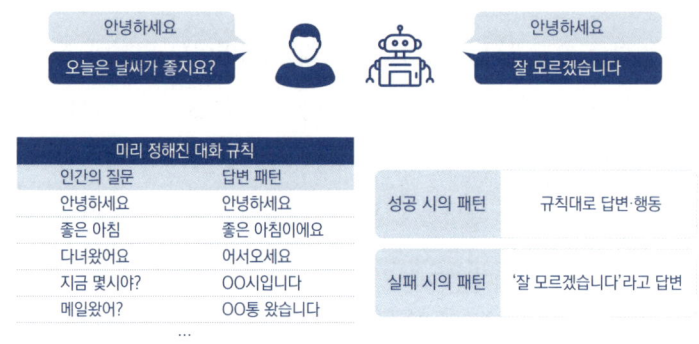

그림 7.1 규칙 베이스 의사소통

규칙에 따라 폭넓게 응용 가능하며 개발도 용이하기 때문에 최첨단 안내(assistant) AI도 간단한 규칙 베이스를 기반으로 하고 있다. 단, 딥러닝을 사용한 음성인식의 정밀도와 빅데이터를 이용한 규칙의 규모와 복잡성이 종래의 규칙 베이스 AI와 비교가 되지 않기 때문에 방식은 간단하더라도 고도의 의사소통 기능을 실현할 수 있게 되었다.

❷ 통계 베이스 의사소통

규칙 베이스와 더불어 새롭게 시작된 방법이 기계학습을 축으로 발전해 온 통계 베이스 의사소통이다. 이 방식은 인간의 질문에 대하여 AI가 '인간은 어떠한 답변을 하는 경향이 있는가'를 생각한다. '컨디션이 안 좋다'라는 말을 들으면 '괜찮나요?'라고 답하는 흐름을 학습하여 인간과 똑같이 답하게 된다(그림 7.2). 인간 흉내를 내는 것일 뿐, 말의 의미는 이해하지 못하지만 인간과의 대화에 의해 대화 패턴을 늘릴 수 있다는 것이 강점이다. 다만, 무엇이든 학습하기 때문에 차별적인 발언을 배우면 AI도 차별적인 발언을 하게 되므로 어느 정도의 거절(NG) 규칙이 필요하다.

반대로 우수한 대화 패턴을 규칙화함으로써 통계 베이스에서 규칙 베이스의 대화 AI를 만들 수 있다. 통계적으로 자주 쓰이는 대화 패턴을 추출하여 문제가 없을 것 같으면 대화 패턴에 넣어 규칙화함으로써 간단히 대화 패턴을 늘릴 수 있다. 근대적인 안내 AI의 경우, 규칙과 통계 양쪽 다 구사하여 보다 인간적이고 자연스러운 의사소통을 할 수 있게 되었다.

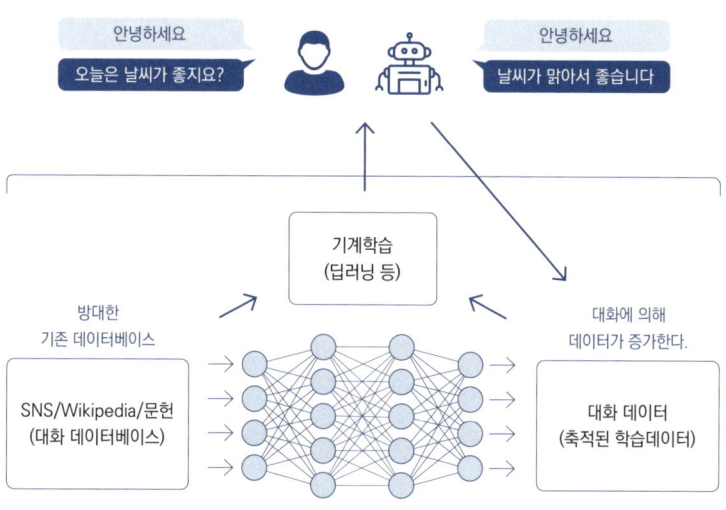

그림 7.2 통계 베이스의 의사소통

See & Think
- 대화 AI에는 규칙 베이스와 통계 베이스가 있다.
- 규칙 베이스는 대화 패턴이 정해져 있다.
- 통계 베이스는 인간의 대화 패턴으로부터 패턴을 학습한다.
- 대화 데이터에 옳고 그름의 개념을 부여해 규칙화함으로써, 양쪽의 장점을 살린 AI를 만들 수 있다.

7.3 Transformer와 빅데이터로 바뀐 문장생성

❶ 어텐션 풀링(Attention Pooling)을 활용한 Transformer의 등장

특히 자연어 처리 분야의 문장 생성 영역에서 큰 성과를 올린 것이 어텐션(5-6)을 활용한 Transformer라고 불리는 자연어 기술이었다. 어텐션은 지금까지 보조적인 사용법을 취하는 방식이었지만 Transformer로는 대부분의 처리를 어텐션으로 하고 있다. 지금까지 자연어 처리로 사용되어 왔던 합성곱이나 회귀의 처리를 거의 사용하지 않기 때문에 매우 경량이고 효율적이다. 종래에 비해 필요한 머신 파워가 적고 대규모 시스템을 구축한 다음 방대한 데이터를 동시에 학습시킬 수 있게 되었다. 영리하게 배운다고 하기보다는 짧은 시간 안에 대량으로 학습하여 성과를 올리는 형태이다. 또한 목적에 따라 응용이 가능하기 때문에 자연어 처리 이외에도 널리 사용되었다.

❷ 거대한 데이터베이스 빅데이터에 의해 성과를 올리는 GPT-3

Transformer는 등장 초기부터 Google이 개발한 BERT 등에 이용되며 주목받아 왔지만 빅데이터를 이용하는 GPT-3에 의해 그 가치를 발휘했다. GPT-3는 기사 작성, 질문답변, 문장 요약, 코딩, 소설 집필, 기계번역, 음악 생성 등의 임무를 널리 수행할 수 있고, 기사 작성에 있어서는 대부분의 독자들이 AI인 것을 눈치채지 못하여 프로그래밍보다 상위 차원에 들어갈 정도이다(그림 7.3).

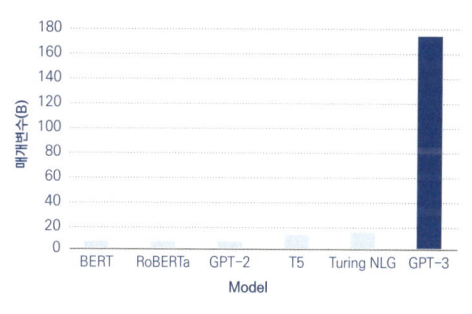

그림 7.3 압도적인 파라미터의 개수로 성과를 낸 GPT-3

실제로는 지정된 콘텐츠에 대하여 관련성 높은 자연스러운 문장과 텍스트를 생성하는데 특화된 AI일 뿐 생성하고 있는 문장의 의미를 이해하고 있는 것은 아니다. 엄청나게 눈치가 빠른 AI와 같은 이미지다. 보고서를 읽게 하여 문장의 제목에 '보고서의 요약문'을 적으면 AI는 그 흐름을 인식하고 관련성이 높은 것으로 요약문을 출력한다. 철저히 데이터를 분석하여 관련성 높은 문장이나 말을 결합시켜 가면 자연스러운 문장이 완성된다는 것이다. 데이터 분석이라는 간단한 기술을 갖춘 AI라 할 수 있을 것이다(그림 7.4).

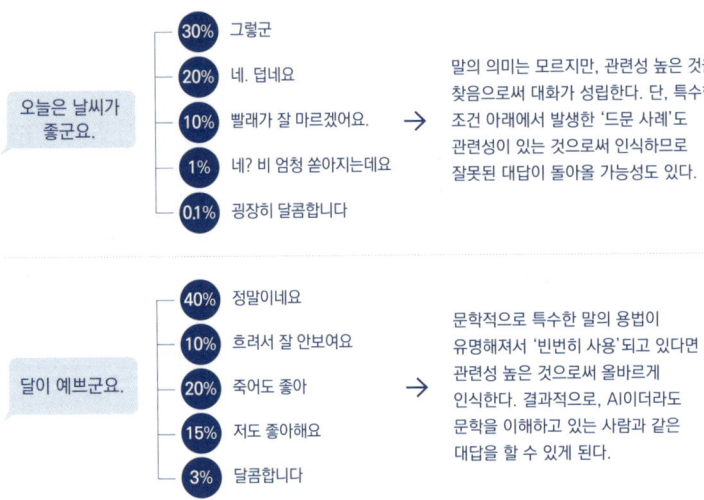

문장생성AI의 본질은 질문에 대하여 관련성 높은 콘텐츠를 만드는 것에 있다.

그림 7.4 자연어 처리 AI의 관련성 처리 예

See & Think

- 어텐션을 교묘하게 이용한 Transformer의 등장
- 방대한 데이터를 학습시킨 GPT-3가 성과를 올린다.
- 문장 생성 AI의 특징은 관련성 있는 콘텐츠의 출력
- 우수한 AI이라도 문장이나 말의 의미를 이해하고 있는 것은 아니다.

7.4 음성의 텍스트화에 필요한 기술

❶ 음성인식의 효과를 높이는 자연어 처리

대화를 하는 AI에 있어서 음성인식기술은 중요도 높은 기술이다. 그러나, 인간의 말을 인식하려면 단순히 말의 소리를 골라내는 것만으로는 충분하지 않다. 왜냐하면, 인간이 입에 담는 말은 음성의

텍스트화처럼 깔끔한 것이 아니라 소리가 사라지거나 뭉개지거나 다른 단어로 들리는 경우도 있기 때문이다. 그래도 인간이 말을 들을 수 있는 것은 잘 들을 수 없는 소리를 머릿속에서 보완하고 있기 때문으로 실제로 모든 소리가 깨끗이 들리고 있기 때문은 아니다.

이때 사용되는 것이 자연어 처리이다. 자연어 처리는 통계적으로 인간이 사용하는 단어나 문장을 학습하고 대화 중의 자연스러운 인간의 말을 학습한다. 이 기술을 음성인식과 조합시키는 것으로 추측하여 보충하는 것으로 음성인식을 성립시키는 것이다(그림 7.5).

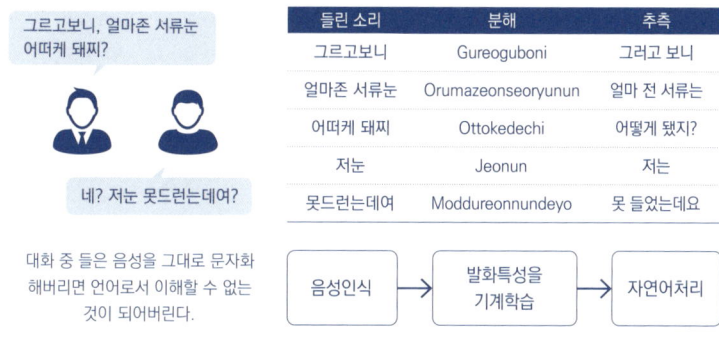

단어의 연결이나 소리의 성질에 따라 인간의 발성은 변화한다.
그것을 고려하여 자연어처리를 더함으로써 올바른 문장어로 변환할 수 있다.

그림 7.5 인간 대화의 텍스트화

❷ **음성의 텍스트화**

이 음성인식과 자연어 처리의 핵심을 모은 것이 회의나 통화의 텍스트화와 동시번역이다. 어느 정도 지시의 음성인식은 그렇게 어렵지 않지만 실제 대화를 모두 텍스트화한다고 하면 비약적으로 어려워진다. 들리지 않는 소리를 보완하는 것만이 아니라 무의미한 '에…' 나 '아…' 등의 장음이나 환언, 정정, 영단어나 숫자의 문맥을 올바르게 파악해야 문장화 가능한 소리도 포함되어 있다. 동시번역에 이르러서는 음성에서 문자화한 것을 자동번역하는 것이므로, 높은 정확도의 동시번역은 상당히 고도의 기술이라 할 수 있다(그림 7.6).

그 자리에서 텍스트화하는 속기나 동시번역과 같은 기술은 인간에게 습득하기 어려운 기술이지만 AI에게도 상당히 어려운 기술인 것이다. 단, 인간과 달리 AI에 의한 텍스트화와 동시번역은 음성 인식, 자연어 처리, 기계번역 등 각각의 요소기술의 정확도가 올라가면, 어느 정도는 자연스럽게 성능이 올라가기 때문에 이미 영어나 중국어 등의 경우 실용 단계까지 이른 것이 등장하였다.

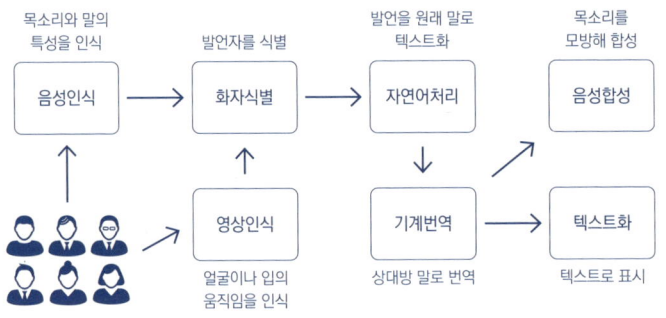

회의의 '동시번역AI'에는 여러 AI기술이 사용되고 있다.

그림 7.6 회의 중 자동번역 과정

See & Think

- 인간은 대화 속에서 부족한 소리를 머릿속에서 보완한다.
- 소리를 골라내기만 하는 음성인식으로는 인간의 대화를 이해할 수 없다.
- 음성인식과 자연어 처리를 조합하여 대화를 문장어로 바꾼다.
- 회의 중의 동시 번역에는 여러 요소기술이 조합되어 있다.

7.5 영상과 음성, 여러 가지 정보를 조합한 데이터 분석

❶ 여러 정보들을 종합적으로 처리하는 멀티모달 AI

영상·음성·언어·통계 등의 정보는 지금까지 개별적으로 처리되어 왔지만, 그것만으로 판단할 수 있는 사상(사실과 현상)은 한정적이다. 보다 복잡한 사상과 개념을 이해하기 위해 여러 종류의 정보들을 종합적으로 처리할 수 있는 AI가 멀티모달 AI이다. 알기 쉬운 예로는 영상과 음성을 사용한 상황인식이 있다. 사람이 입을 움직이고 있는 영상을 보고 알 수 있는 것은 '뭔가를 말하고 있다'라는 사실뿐이지만 대화 중의 음성정보를 더하면 말의 내용과 말하는 이유까지 알 수 있다. 나아가 주위의 상황도 고려하면 그것이 평상시의 내용(통상)인지 예외적인 내용(이상)인지도 알 수 있게 될 것이다.

그림 7.7 종합적인 정보처리가 가능한 멀티모달 AI

또한 멀티모달 AI에 의해 말을 영상과 음성으로 바꾸는 것도 가능하다. 이것은 단어에 맞는 영상을 찾는다는 뜻이 아니라 문장에 맞는 영상과 음성을 발견하고 만들어 낸다라는 의미에서 '노란색 부리를 가진 흰 새가 나뭇가지에 앉아 있다'라는 문장에서 그 모습 그대로의 영상을 합성하여 준비하는 것이 가능하다는 뜻이다 (그림 7.7).

❷ 멀티모달에 의해 크게 진보한다.

이와 같이 종합적인 정보처리가 가능한 AI가 등장함으로써 실세계에 직접 영향을 주는 자율주행이나 로보틱스 기술이 크게 진보한다. 인터넷과 같은 디지털 세계에서는 정보를 알기 쉬운 형태로 분리하여 취급할 수 있기 때문에 반드시 멀티모달 AI가 필요하다고는 단정지을 수 없다. 그러나 실세계에서 정보의 분리는 어렵고 인간과 같이 오감이 없으면 효과적으로 업무를 수행할 수 없는 경우도 적지 않다.

자율주행으로 말하자면 인간은 시각이나 청각으로 위험한 상황을 인식하고 있고 가솔린 누출이라는 결함을 후각으로 발견하는 경우도 있다. 이와 같이 인간과 비슷한 상황판단이 가능해지면 드론이나 보행로봇의 보급도 가속화될 것이다. 수하물 운반이나 가사, 아이를 돌보는 일 등 멀티모달 AI에 의해 테크놀로지가 이용할 수 있는 영역이 대폭 확대되는 것이다.

See & Think

- 여러 종류의 정보들을 이용하여 종합적인 정보처리가 가능한 멀티모달 AI
- 멀티모달 AI는 사회·환경이해도가 높고, 영상과 언어가 독립된 정보가 아닌 서로 관련성이 있는 정보로써 이해된다.
- 멀티모달 AI에 의해 보다 인간과 가까운 정보인식이 가능해진다.

7.6 인간의 창조적인 방식의 학습

❶ 예술을 이해하는 AI

멀티모달 AI에 의해 AI는 인간과 가까운 정보처리를 할 수 있게 된다. 그러나 멀티모달 AI가 아니더라도 AI는 학습능력을 높여 미래에는 어렵다고 여겨져 왔던 창조적인 업무까지 수행할 수 있게 되었다. 그림·음악·소설 등의 창조적인 영역은 인간이라 할지라도 간단히 할 수 없는 것이다. 그런데 AI는 우수한 크리에이터의 작품을 학습하고 뛰어난 작품의 특징을 발견하여 여러 작품들의 요소를 조합시키며 GAN(5-7) 등을 구사하여 모방함으로써 지금까지 없었던 작품을 만들어 낸다.

이렇게 만들어진 작품은 기존 작품의 특징을 조합하는 것으로 무(無)에서 새롭게 창조한 작품이라고 할 수 없다. 그러나, 인간의 작품도 다양한 작품들로부터 감명받아 만들어진 것이며 그러한 의미에서는 인간과 가까운 프로세스로 작품을 만들고 있다고 할 수 있을지도 모른다.

❷ 창조적인 AI가 바꾸는 비즈니스

창조적인 AI는 예술영역뿐만 아니라, 비즈니스에도 큰 영향을 미친다. 상품의 기획이나 패키지 디자인, 마케팅에 있어서도 AI는 인간의 방식을 배워 기획을 평가하거나 제안해 주게 되었다. 여기까지 오면 인간의 일이 없어질 것 같지만 실제로 창조적 업무의 모든 것을 AI에게 맡기는 것은 어렵다. 검색이나 번역 AI를 떠올리면 이해하기 쉬울 텐데 90% 우수한 결과를 내놓는다 하더라도 10% 정도는 얼토당토 않은 것이 섞여 있다.

치명적인 판단 착오는 모든 AI에게 일어날 수 있다. 특히 명확한 정답을 설정할 수 없는 창조적 업무에 있어서 더욱 두드러지게 나타난다. 대화를 창조하는 AI는 때때로 어딘가 기분 나쁜 그림을 만들어 내기도 한다. 그것 또한 예술의 하나로 생각할 수도 있지만 대화에 담겨진 메시지를 인간이 느끼지는 못할 것이다. 창조적 업무에 있어서도 인간과 AI가 협동함으로써 AI의 가치는 비로소 발휘 가능하다는 뜻이다.

7.7 인간 신체의 사용법

❶ 인간의 움직임을 모방하는 로봇

신체를 갖고 있지 않은 AI는 시각이나 청각이라는 디지털 변환이 가능한 인지영역에서만 능력을 발휘할 수 있다. 그러나 AI가 로봇 등에 탑재됨으로써 인간의 신체적 영역도 학습할 수 있게 되었다. 재빠르고 복잡한 손의 움직임조차도 인간의 손을 재현한 로봇을 통하여 인간의 움직임을 학습하고 같은 동작을 할 수 있다.

이미 로봇의 팔을 사용해 요리나 집안일을 하고 공장 작업을 대체할 수 있게 되었으며, '인간은 팔을 어떻게 움직이고 있는가'를 알고 있으면 그 작업을 기계에게 맡길 수 있다. 특히 공장 내 작업과 같이 환경과 작업내용이 정해져 있는 경우에는 로봇도 인간과 같은 작업을 수행할 수 있다. 단, 공장에서 작업을 시킬 경우에는 전용 로봇 팔을 사용해 로봇만이 가능한 움직임으로 작업을 시키는 편이 더 효율적인 경우도 많아 인간을 모방하는 것이 최적의 해답이라고는 단정 지을 수 없다.

❷ 가상공간을 이용하여 최적의 움직임을 배우는 로봇

단순히 인간을 흉내 내는 수준이라면 오히려 인간이 더 효율적인 경우가 많고, 작업을 기계에게 대신 맡기는 것은 결코 쉬운 일이 아니다. 그러나 로봇 특유의 동작이나 구조를 활용하면 기계가 인간 이상의 성능을 발휘할 수 있다. 기계의 독자적인 신체 구조를 활용할 경우, 동물이 따라야 할 정답이 반드시 존재한다고 할 수는 없다. 여기서 이용되는 것이 강화학습과 가상공간이다. 강화학습은 시행착오를 반복하며 학습하는 방식이지만, 신체를 동반한 로봇은 AI처럼 몇만 번의 시도를 간단히 수행하기는 어렵다. 때문에 현실 세계와 비슷한 가상공간을 만들어, 가상공간 속에서 로봇 신체의 적절한 사용법을 배운다. 처음에는 인간이나 동물의 방식을 기초로 기본을 배우고, 그 다음 로봇의 신체에 맞는 적절한 신체의 사용법을 배워 간다. 이러한 학습을 거듭한 기계는 인간이나 동물과는 조금 다른 신체의 사용법으로 인간이나 동물 이상의 성능을 발휘할 수 있게 되는 것이다.

7.8 분산하여 확대되는 AI

❶ 서버로부터 단말(엣지, edge)로

클라우드 AI가 보급되고 AI가 여러 방면에서 사용되면 서버나 네트워크에 부하가 걸려 AI의 동작이 불안정해지는 문제가 발생하게 된다. 그것을 피하며 AI의 새로운 사용법을 모색한 것이 엣지 AI이다. 엣지 AI는 클라우드가 아닌 단말 측에 AI가 탑재되어 정보를 처리하는 접근법으로 데이터 처리의 부담을 분신시키는 분산 컴퓨팅의 일종이다. 감시카메라나 공업용 로봇, 스마트폰 등에 AI가 탑재되어 인터넷을 경유하지 않고 그 자리에서 정보분석을 수행한다.

또한 소규모 처리장치밖에 없는 엣지 AI의 처리능력에는 한계가 있기 때문에 대부분은 분석결과나 수집한 데이터 일부를 클라우드 AI에 송신한다. 그리고 클라우드 AI는 종합적인 분석 및 학습을 근거로 한 피드백을 엣지 AI에 돌려주고 엣지 AI의 성능향상에 활용하고 있다.

❷ 네트워크의 혁신과 함께 가능성이 넓어진다.

엣지 AI의 강점은 고속성, 안전성, 신뢰성이다. 인터넷을 경유하지 않기 때문에 회선환경에 의존하지 않고 높은 신뢰성을 유지한 채로 지연 없이 고속처리가 가능하다. 더불어, 부하가 분산되므로 안정적이고 정보를 엣지 측에서만 처리함으로써 보안면에서도 안전하다.

이 장점은 엣지 측에서 데이터 처리를 수행할 수 있는 차세대 네트워크와 친화성이 높고 5G와 엣지 AI를 조합시킴으로써 거의 실시간으로 정보처리가 가능하여 드론이나 자율자동차, 공업 로봇의 대폭적인 성능향상을 기대할 수 있다. 게다가 엣지 AI는 단말 측의 기술이기 때문에 거대 플랫폼의 영향을 받기 어려우며 하드웨어에 강점을 가진 기업이 힘을 발휘할 수 있다는 점에서 다양성과 시장의 확장성이 있는 것도 주목할 만한 점일 것이다. 이미 과점상태에 있는 클라우드 AI의 플랫폼에 대하여 업계마다 다른 AI가 필요한 AI 시장은 아직 경쟁의 여지가 남아있다.

7.9 AI의 진보와 성장을 촉진하는 게임 AI

❶ AI 연구에 있어서의 게임용 AI의 역할

딥러닝의 성능이 일반인에게도 알려진 것은 AlphaGo라 불리는 바둑

AI가 세계챔피언을 제쳤을 때였다. 그전까지도 영상인식에서의 활약은 알려져 있었지만 세계적으로는 그다지 그 중요성이 이해되지 못한 상태였다. 체스나 퀴즈와 같은 인간을 동반하는 대전 게임에서는 인간과 비교하기 쉽고 일반인이 보아도 능력 있는 인간이 AI에게 패배하는 순간은 세상을 놀라게 하여 널리 보도되었다(그림 7.8).

AI	개발회사	대전상대 및 상황
딥블루	IBM	IBM이 개발한 '딥블루'가 세계 체스 챔피언을 꺾었다.
왓슨	IBM	IBM 왓슨이 인간을 퀴즈쇼 제퍼디(Jeopardy)로 꺾었다.
알파고	Google	Google '알파고'가 정상급 바둑 기사를 꺾었다.

그림 7.8 AI의 진보를 나타내는 지표가 되는 게임 AI

단, 홍보활동만이 게임 AI의 목적은 아니다. 기계학습의 이론은 '학습시켜보지 않으면 좋고 나쁨을 알 수 없다'라는 결점이 존재하며 대부분의 경우에는 '무엇을 어떻게 학습시켜야 하는가'라는 부분에서 주춤하게 된다. 그러나 게임의 세계에서는 이상적인 환경과 데이터로 학습이 진행되기 때문에 새로운 기계학습과 AI 이론의 시험에 딱 적당하다. 최첨단의 AI 이론은 게임이나 시뮬레이션 세계에서 연구되고 있다고 해도 과언이 아닐 것이다.

❷ 게임 AI를 실세계에서 사용하기

게임과 시뮬레이션 상에서 유용했던 AI가 사회에서도 활용될 수 있는지 묻는다면 그렇게 간단하다고는 할 수 없다. 실세계에서는 불확정 요소가 매우 많고 버그(bug)나 실수(miss)에 의한 피해나 악의적인 공격에 대해서도 고려해야만 하며 만약 실세계에서 인간보다 뛰어난 결과를 내놓았다고 해도 책임의 불명료함이나 위약성 등 인간에게는 없는 결점이 존재하는 한 실용적이지는 않다.

그렇다 하더라도 자율주행차나 드론, 감시카메라의 영상인식 또한 게임과 시뮬레이션을 거쳐 실세계에 전해지고 있다. 게임의 알고리즘은 그대로 사용할 수 없지만 게임에 의해 새로운 방식이 유용하다고 증명되거나 게임상에서의 학습을 사전학습으로써 활용하거나 실세계로의 투입을 용이하게 하기 위해 필요한 과정이다. 게임과 시뮬레이션으로 AI가 도출한 결과는 가상공간의 이야기지만 게임 AI는 미래의 AI의 성장예측에 필요불가결한 존재라 할 수 있다.

 See & Think

- 게임 AI에 의해 AI의 진보가 널리 사회에 인지된다.
- 게임 등의 가상공간은 AI의 테스트 운용에 가장 적합하다.
- 최첨단의 이론이나 연구는 게임과 시뮬레이션 속에서 이루어진다.
- AI의 진보를 확인하는 지표라고도 할 수 있는 게임 AI

7.10 인간의 판단기준을 설명하는 게임이론

❶ 실세계를 게임화하여 생각하는 게임이론

실세계에서 발생하는 불완전 정보게임에 대응하기 위해 활약하는 것이 게임이론이다. 게임이론은 여러 사람이 어떠한 이익을 얻고 승리를 목표로 하는 활동에 유용한 전략에 관한 이론이다. 특히 게임이론은 인간의 이익을 추구하는 합리적인 심리를 이론화하여 전략에 응용하고 있다는 점에서 게임에 한정되지 않고 경제학이나 사회학, 심리학, 생물학 등에 활용되고 있다.

때문에 당연히 게임 AI에도 사용할 수 있다. 특히 불완전정보게임의 경우 모든 선택지가 보이지 않기 때문에 탐색으로 최선의 선택지를 발견할 수 없다. 그러나 승리를 추구하는 인간의 심리를 이해하여 이익과 승률을 최대화하는 선택지는 찾을 수 있다. 게임이론의 사고방식을 도입한 포커용 AI 등은 프로 선수와 호각 이상으로 경쟁할 수 있게 되었다.

❷ 죄수의 딜레마에서 문제시 되는 내시 균형과 파레토 최적

게임이론 속에서는 다양한 전략이 검토되는데 그 중에서도 중요한 개념이 내시 균형(Nash equilibrium)과 파레토 최적(Pareto optimality)이다. 내시 균형은 관계자 모두가 자신의 이익을 최대화하는 선택을 하여 그 이외의 선택을 할 수 없는 상태를 말하며, 파레토 최적은 아무도 희생되지 않고 관계자 전체의 이익을 최대화하고 있는 상태를 말한다.

이 두 개념을 동시에 달성한다면 이상적이겠지만, 그러지 못하는 경우도 자주 있다. 경우에 따라서는 죄수의 딜레마와 같이 개인의 이익을 우선하면 전체의 이익이 대폭 줄어드는 경우도 있다. 개인과 전체의 이익을 동시에 최대화할 수 없는 경우 개인과 전체 중 어느 쪽의 이익을 우선하느냐에 따라 전략의 사고방식이 달라진다.

인간은 자신의 이익을 우선시키기 때문에 자연스레 내시 균형에 가깝게 되지만 관계자의 이해관계에 따라서는 파레토 최적을 목표로 하는 경우도 있다. 게임 AI는 이와 같은 게임이론을 이용하여 인간의 사고방식을 이론화함으로써 사신이 놓여 있는 상황과 목적을 감안해 판단하며 다양한 게임에서 인간과 호각 이상으로 경쟁할 수 있게 되었다.

> **See & Think**
> - 이익을 추구하는 합리적인 심리를 이론화한 게임이론
> - 각각이 자신의 이익을 최대화할 경우 발생하는 내시 균형
> - 전체의 이익을 최대화하려고 하면 발생하는 파레토 최적
> - 인간의 심리를 이론화함으로써 AI도 최적의 선택을 할 수 있게 된다.

7.11 AI와 인간의 상호 협동(개인과 비즈니스)

❶ AI의 작업을 인간이 지원한다.

60년 이상의 연구를 거쳐 AI는 연구실이나 게임 속에서 뛰쳐나와 사회진출을 시작했다. 그러나 그것은 'AI가 무엇이든 해준다'라는 꿈꿔온 형태가 아닌 인간과 AI의 협동 형태였다. 그것은 크게 두 가지로 나뉘는데, 하나는 'AI의 작업을 인간이 지원하는 방식'이다.

실용단계의 AI는 이상적인 환경하에서 인간 이상의 능력을 발휘하지만 실세계는 이상과는 거리가 멀어 예측되지 않은 예외적인 상황이 다수 발생한다. 그때 인간이 개입하여 문제를 해결하고 필요하다면 AI를 재훈련시키거나 조정함으로써 AI의 신뢰성 향상에 힘쓴다. 또한, AI의 도입이나 운용에 있어서 인간과의 개입을 수행하는 업무도 중요하다. AI의 특성은 모든 인간이 이해할 수 없기 때문에 AI의 도입·운용·개선·해명 등 여러 프로세스에 있어 AI를 이해하고 설명할 수 있는 인간이 필요하다.

❷ 인간의 작업을 AI가 지원한다.

다른 하나는 '인간의 작업을 AI가 지원하는 방식'이다. 이것은 지금

그림 7.9 인간과 AI의 협동영역

까지 프로그램의 연장선상에 복잡한 정보를 시각화, 미래의 가능성을 제시하는 등 인간의 판단이나 활동을 보다 정확하고 신속히 수행할 수 있게 해주는 업무가 포함된다. 종래의 프로그램과 큰 차이는 인간의 지적 활동에 이용되는 영상, 음성, 언어를 AI도 이해할 수 있게 되었다는 점이다. 지금까지는 기계라도 알 수 있도록 지시를 내려야 했던 업무가 인간이 평소에 사용하고 있는 언어로 설명할 수 있게 되어 인간이 보고 있는 영상이나 음성을 단순화하지 않고 그대로 기계에 전달하기만 하면 최적의 정보분석을 해주게 되었다.

이것의 좋은 예가 안내 AI이다. 구두로 지시하여 업무를 실행하고, 사진으로부터는 피사체의 명칭을, 음악으로부터는 명곡과 아티스트명을 지시해준다. 그리고 이와 비슷한 일을 의료, 제조, 물류, 경제 등의 각종 영역에서 할 수 있게 되면서 AI에 의해 인간의 생산성이 대폭 높아졌다.

See & Think

- AI와 인간의 협동작업에는 AI를 인간이 지원하는 경우와 인간을 AI가 지원하는 경우로 나뉜다.
- 인간은 불완전한 AI의 조정이나, AI를 이해하지 못하는 인간과의 개입을 수행한다.
- AI는 인간의 능력을 확장시키는 형태로 정보처리를 돕는다.

7.12 챗봇

텍스트나 음성을 통해 자동으로 대화하는 챗봇은 붐이라 불러도 좋을 만큼 화제를 모았다. 그 한국어 실력을 잘 확인한 다음 이용하면 이 기술은 충분히 이용가치가 높다고 생각한다(제10장 참조).

❶ 자연어처리에 의한 대화 서비스

지금까지 자연어 처리는 착실히 진전되어 왔다. 그리고 챗봇(ChatBot)이라 불리고 있는 자연어 문장에 의한 대화 서비스가 2017년 경부터 잇달아 발표되고 있다. 콜센터나 서비스 등의 시험 서비스가 많지만 실적을 쌓으며 본격 운용을 개시해 갈 것이다. 헬프데스크 등에서 챗봇 서비스를 제공하기 위해서는 도코모나 LINE 등의 판매처가 제공하고 있는 API 서비스를 이용한다.

챗봇은 자연어 처리에 의해 의도해석이나 대화, 검색 등이 가능하다.

그림 7.10 챗봇이 할 수 있는 일

❷ 챗봇의 성능

챗봇의 답변내용은 기존의 Q&A집을 이용한다. 따라서 자주 있는 질문이라면 대답할 수 있기 때문에 대다수의 질문은 오퍼레이터가 처리할 필요가 없으므로 주고받는 대화의 대폭 절감을 기대할 수 있다. 사용자도 익숙해진 스마트폰 어플로 24시간 질문이 가능하여 고객만족도 향상을 기대할 수 있는 것이다.

단, 질문 키워드에 부분 일치한 경우에만 답변이 가능한 방식이 대부분으로 여러 질문이 섞이거나 복잡한 질문의 경우에는 답변하지 못하는 서비스가 대부분이므로 주의가 필요하다. 이러한 경우에는 이후에 지원 요원이 답변해 주게 된다.

상품의 추천 서비스에 이용한 예도 있다. 유니클로에서는 2017년에 UNIQLO IQ라는 서비스 실증실험을 했다. UNIQLO IQ는 사용자가 입력한 임의의 단어로부터 복수의 추천상품을 표시한다. 사용자는 사이즈나 컬러를 선택할 수 있고 입력한 단어에 매칭하는 상품이 없으면 대체상품을 제안해 준다. 마음에 든 상품은 온라인샵에서 구입하거나 근처 점포에서 재고상황을 체크하는 것도 가능하다. 챗봇 서비스는 단순한 부분일치가 아니라 스마트스피커와 같이 보다 고도의 언어인식, 의미이해가 가능하게 되면 앞으로 널리 보급될 것이다.

See & Think | 헬프데스크 업무의 챗봇 대응

- 챗봇 : 챗봇 서비스입니다. 무엇을 도와드릴까요?

- 질문자 : 패스워드를 잊어버렸어요. 어떡하죠?

- 챗봇 : 패스워드는 로그인 화면의 '패스워드를 잊어버렸을 경우'에서 재설정 가능합니다. 등록 메일주소에 재설정용 URL을 보내드리니, 그 URL로 재설정해 주세요.

- 질문자 : 고마워요!

헬프데스크에서 자주 있는 질문을 챗봇이 대응해 주기 때문에 인간의 지원 공정이 절감될 수 있다.

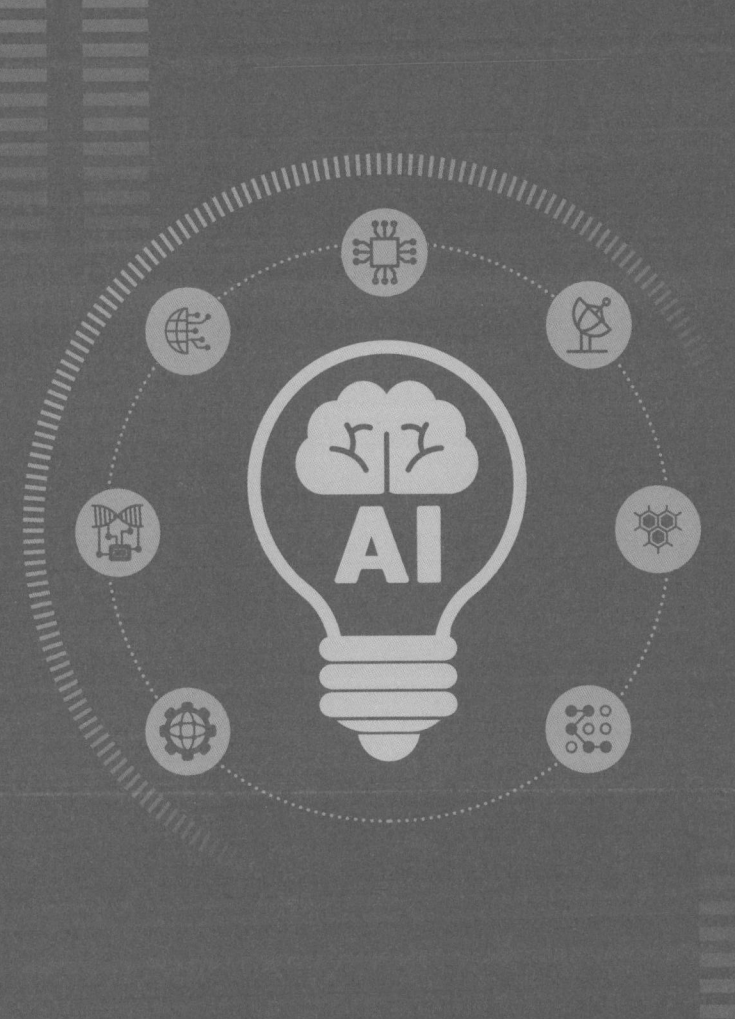

PART 08

지식표현과 전문가 시스템

8.1 지식표현(knowledge representation)

8.2 전문가 시스템(expert system)

8.3 지식베이스 시스템

8.4 알고리즘과 지식의 차이점

PART

지식표현과 전문가 시스템

8.1 지식표현(knowledge representation)

지식은 어떤 모델(지식표현)에 따라 지식베이스에 저장된다. 지식베이스는 지식의 추가·수정·삭제를 유연하게 할 필요가 있고 그것을 수행하기 쉬운 지식표현을 선택하는 것은 처음부터 그것을 위한 지식베이스 관리 기능을 준비하는 것도 필요하다.

전문가의 지식은 종래 문서의 형태로 기록되어 왔다. 그러나 문서(즉, 문장의 집합체와 삽화·설명도)는 인간에게는 비교적 좋은 지식표현 방법이지만 필요한 때에 필요한 정보를 문서로부터 획득하는 어려움을 빈번하게 경험하게 된다. 문서로는 전문가 시스템이 가지는 지식의 표현방법으로써 적합하다고 할 수 없다.

지식베이스에 요구되는 것은 추론엔진으로부터 지식 제공 요청에 의해 신속하게 정확한 지식을 지원해주는 것이다. 그것은 문서보다도 진보된 지식의 정리가 요구된다. 현재 고안되고 있는 지식의 정리·표현 방법은 대체로 다음과 같이 구분된다. 전문가 시스템의 기능 설명을 위하여 여기서는 간단하게 요약하여 설명한다.

대표적인 지식표현에는 다음과 같은 것이 있다.

- **생성 시스템**
  지식을 사물의 인과관계로 간주하여, 이것을 IF-THEN 규칙 형식으로 표현한다.
- **의미 네트워크(A.M.Collins & M.R.Quillian, 1969)**
  지식을 사물의 관계로 간주하여, 속성 네트워크로 표현한다.
- **프레임 모델(Marvin Minsky, 1975)**
  지식을 속성을 가진 사물로 간주하여, 사물을 프레임으로 표현한다.
- **술어 논리**
  지식을 자연언어 대신에 술어 논리 등의 형식 언어로 표현한다.

예를 들어,
- 자매(현숙, 경숙) = 참(true) ──── 현숙과 경숙이는 자매이다.
- 부자(길동, 동수) = 참(true) ──── 길동과 동수는 부자(父子)이다.

지식을 자연언어 대신에 술어 논리 등의 형식언어로 표현한다. 논리(명제논리와 술어 논리)를 이용한 지식표현이나 객체 지향(object oriented) 등 다른 표현방법도 있지만 여기서는 생략하고 다음과 같이 세 종류의 지식표현에 대하여 상세하게 설명하도록 한다.

❶ 생성 시스템(production system)

지식을 사물 혹은 사상 a, b에 대하여 'a의 경우 b'와 같은 식으로 인과관계로 생각한다. a는 조건 혹은 원인, b의 부분은 결과나 행동에 해당된다. 이것을 다음과 같이 기술한다.

$$IF\ a\ THEN\ b\ 혹은\ a \rightarrow b$$

이와 같은 표현을 생성 규칙(production rule)이라 하며 a를 조건부, b를 결론부라고 한다. 생성 규칙은 프로그램 언어의 조건문과 달리 하나씩 독립되어 있으며 선언적이다. 다수의 생성 규칙 집합에 의해 지식베이스가 구성된다. 한편, 지식과는 달리 실제 환경으로부터 얻어지는 관측 데이터가 있다. 이것을 사실(fact)이라 한다. 지식을 사용하기 위해서는 사실과 일치하는 조건부를 지닌 생성 규칙을 찾고 그 결론부를 실행하면 된다.

생성 규칙은 추가와 변경이 용이하여 결론부에 복잡한 처리도 기술 가능하기 때문에 유연성 높은 표현법이지만 전체적으로 모순되지 않도록 주의를 기울일 필요가 있다. 또한 어느 생성 규칙이 적용되었는지 알기 어려우며 모든 조건부를 조사하면 매우 오래 걸린다는 결점이 존재하기 때문에 이를 보완하려는 여러 연구들도 이루어지고 있다. 지식표현으로써 생성 규칙을 이용하고 그것들을 다루는 구조를 갖춘 시스템을 생성 시스템이라고 한다. 일반적인 구성은 다음과 같은 세 부분으로 이루어진다.

- **규   칙   베   이   스**
  생성 규칙을 넣어둔 지식베이스

- **추론엔진**
  생성 규칙의 조건부를 확인 후, 사실에 해당하는 결론부를 실행하고, 사실을 갱신하여 추론한다.

- **작업영역**
  추론의 중간 결과나 사실을 넣어두는 장소

생성 시스템에 문제를 부여하면 추론엔진이 ① 조건과 사실을 조합, ② 경합해소, ③ 행동&사실 갱신이라는 추론과정을 반복하여 최종적인 결론을 작업영역에 남긴다. 경합해소란 ①에서 조건이 사실과 일치한 생성 규칙이 여러 가지 존재할 경우 실행해야 하는 행동을 하나 선택함으로써 다음과 같은 방식이 존재한다.

- **최초 일치**
  가장 처음 발견한 것을 선택

- **규칙 우선순위**
  각 규칙에 우선순위를 두고, 우선순위가 높은 것을 선택

- **최신 사실 우선**
  작업영역 내에서 최근 액세스된 사실과 일치한 것을 선택

- **상세한 설명 우선**
  가장 복잡한 조건을 가지는 것을 선택

추론방향에도 다음과 같은 방식이 존재한다.

- **전향적 추론(forward reasoning)**
  특정 사실에서 출발하여 결론을 얻는다. 데이터 구동형이라고도 한다.

- **후진적 추론(backward reasoning)**
  가설에서 출발하여, 특정 사실에 도달한 후 가설을 결론으로 인식한다. 목표구동형이라고도 한다.

- **쌍방향 추론**
  전향적 추론에서 가설의 대상을 좁히고 후진적 추론에서 가설을 검증하는 등 양쪽의 특성을 모두 활용한다.

❷ 생성 시스템의 구체적인 사례

규칙 베이스(rule base) (지식)

P1 IF (몸이 노곤하다) THEN (감기) or (인플루엔자) or (저혈압) or (내장 장애) or (갑상선 장애)
P2 IF (고열이 있다) THEN (감기) or (인플루엔자)
P3 IF (미열이 있다) THEN (감기) or (폐결핵)
P4 IF (머리가 아프다) THEN (감기) or (인플루엔자) or (스트레스) or (숙취) or (뇌장애)
P5 IF (기침을 한다) THEN (감기) or (인플루엔자) or (꽃가루 알러지)
P6 IF (식욕이 없다) THEN (위궤양) or (감기) or (인플루엔자) or (더위 먹음)
P7 IF (구토 증세가 있다) THEN (식중독) or (뇌장애) or (감기)
P8 IF (위가 아프다) THEN (위궤양) or (스트레스)
P9 IF (관절이 아프다) THEN (관절염) or (인플루엔자)

사실(fact) — 환자의 상태
- 몸이 노곤하다
- 머리가 아프다
- 식욕이 없다
- 열은 없다
- 기침은 안한다
- 구토 증세가 있다
- 위는 안 아프다
- 관절은 안 아프다

작업영역의 대응항목을
조건이 YES이면 +1
조건이 NO이면 -1
조건 혹은 행동이 해당하지
않는 부분은 그대로

작업영역 초기 증상(상태)
감기=0 인플루엔자=0 저혈압=0 내장 장애=0 폐결핵=0 스트레스=0
숙취=0 뇌장애=0 꽃가루 알러지=0 위궤양=0 더위 먹음=0 식중독=0 관절염=0

추론과정
해당 항목의 수치는 정의 정수, 룰 적용순에 따라 결과는 다를 가능성이 있음

		감	인	저	내	갑	폐	스	숙	뇌	꽃	위	더	식	관
P1	Yes →	감1	인1	저1	내1	갑1	폐0	스0	숙0	뇌0	꽃0	위0	더0	식0	관0
P2	No	감0	인0	저1	내1	갑1	폐0	스0	숙0	뇌0	꽃0	위0	더0	식0	관0
P3	No	감0	인0	저1	내1	갑1	폐0	스0	숙0	뇌0	꽃0	위0	더0	식0	관0
P4	Yes →	감1	인1	저1	내1	갑1	폐0	스1	숙1	뇌1	꽃0	위0	더0	식0	관0
P5	No	감0	인0	저1	내1	갑1	폐0	스1	숙1	뇌1	꽃0	위0	더0	식0	관0
P6	Yes →	감1	인1	저1	내1	갑1	폐0	스1	숙1	뇌1	꽃0	위1	더1	식0	관0
P7	Yes →	감2	인1	저1	내1	갑1	폐0	스1	숙1	뇌2	꽃0	위1	더1	식1	관0
P8	No	감2	인1	저1	내1	갑1	폐0	스1	숙1	뇌2	꽃0	위0	더1	식1	관0
P9	No →	감2	인0	저1	내1	갑1	폐0	스0	숙1	뇌2	꽃0	위0	더1	식1	관0

결론 : 감기나 뇌장애의 가능성이 높음

그림 8.1 질병 진단 생성 시스템

증상으로부터 병명을 추론하는 생성 시스템을 시뮬레이션으로 자세히 살펴보자(그림 8.1). 생성 규칙의 조건부에는 증상을, 결론부에는 가능성 있는 병명을 기술한다. 하나의 증상에 대해 가능성 있는 병명은 여러 개가 존재하므로 결론부는 or로 기술한다. 즉, 생성 규칙은 일반적으로 다음과 같은 형태가 된다.

ex) IF (증상) THEN (병명1) or (병명2) or …
　　IF (열이 있다) THEN (감기) or (독감) or (중이염) …
　　IF (몸이 노곤하다) THEN (감기) or (독감) …

예를 들어 지금 환자의 증상이 '몸이 노곤하다, 머리가 아프다, 하지만 열은 없다 등'인 것은 사실이 된다. 이 사실을 생성 규칙의 조건부와 비교하여 일치하는 결론부의 병명에 한 표를 던진다. 반대로 명확히 사실에 반하는 조건을 가지는 생성 규칙에 대해서는 해당하는 결론부에 나타나는 병명에서 한 표를 버린다. 조건부에 사실에 해당하는 기술이 없는 것은 아무것도 하지 않는다. 이것을 모든 생성 규칙에 적용하여 가장 득표가 많은 병명이 결론이 된다.

여기서는 'IF (증상) THEN (병명)'이라는 생성 규칙을 생각했다. 이 경우 증상으로부터 병명을 추론하는 것이기 때문에 전향적 추론을 하게 된다. 한편, 그림 8.1의 생성 규칙을 'IF (병명) THEN (증상)'의 형식으로 바꾸면 결론부와 사실(증상)을 조합하여 조건부(병명)를 추론하는 후진적 추론을 하게 된다. 이 경우의 생성 규칙은 다음과 같은 형태가 된다. 결론부가 and가 되는 것에 주의하자.

　IF (감기) THEN (몸이 노곤하다) and (열이 있다) and (머리가 아프다) and …

❸ 의미 네트워크(semantic network)

뇌의 기억모델을 지식표현에 그대로 적용하여 사상 간의 관계를 네트워크로 표현하는 것을 생각해보자. 네트워크는 단순히 선으로 연결하는 것뿐만 아니므로 '어떠한 이유로 연결하는가' 혹은 '어떠한 종류의 관계인가'라는 식으로 선에 의미도 부여한다. 예를 들어

감기와 기침이라는 사상에 대하여 양쪽을 증상이라는 의미 부여의 선으로 연결한다. 그리고 기침약이라는 사상에 대하여 치료법이라는 의미 부여의 선으로 연결하는 것이다. 이와 같은 지식표현 혹은 이것을 다루는 구조를 포함하여 의미 네트워크라고 한다.

의미 네트워크는 지식에 나타나는 명사나 동사를 개념으로써 추출하고 그것들 사이의 종속관계를 의미 부여한 선으로 연결해 가면 된다. 그런데 자연히 구축할 수 있는 반면, 개념과 선도 모두 증가하여 정리와 갱신이 어렵고 오래 걸리기 때문에 최근에는 그다지 사용되지 않는다. 그러나 사상 사이의 종속관계에 착안하여 사상의 계층화와 상속이라는 개념을 도입한 점에서 중요한 표현법이다. 상속(inheritance)은 복수사상에 공통개념을 추출하여 상위사상으로 두고 공통 성질을 상위사상의 속성으로 보유한다. 하위사상은 그 성질을 이용할 때는 상위 사상에 보유된 속성을 계승한다. 이 상하위의 관계를 is-a 관계라고 한다.

의미 네트워크도 지식베이스와 추론기구가 분리되어 있으며 지식은 독립, 선언적으로 갱신 가능하지만 관련된 모든 사상들을 고려하며 갱신해야 하기 때문에 간단하지 않다. 문제가 주어지면 추론엔진은 지식베이스 상에서 문제의 패턴과 일치하는 사상 및 관계를 탐색하게 되는데 이것에는 다음과 같은 두 가지 방법이 있다.

- 직접조합
  지식베이스의 조합으로부터 직접해(直接解)가 얻어지는 범위의 추론
- 간접조합
  지식베이스의 조합과 상속을 이용한 추론규칙을 병용하여 답을 얻는 추론

❹ 의미 네트워크의 구체적인 사례

평면도형에 관한 의미 네트워크에 대해 생각해 보자(그림 8.2). 계층관계를 is-a로 표시하고 그 밖의 관계는 대상과 수치를 속성으로 의미 부여한 선으로 연결한다. 이것은 까다로운 작업으로 모든 사항을 전부 작성할 수 없겠지만 여기서는 극히 일부만을 사용한다. 이용 시에는 문제의 패턴이 그대로 발견되면 직접조합을 성공하는 것이 된다. 그렇지 않은 경우에 is-a의 계승관계를 상위에 두고 조금씩 찾아나가 문제의 패턴과 일치하는 상위대상이 있으면 직접조합에 성공, 없으면 실패하는 것이 된다.

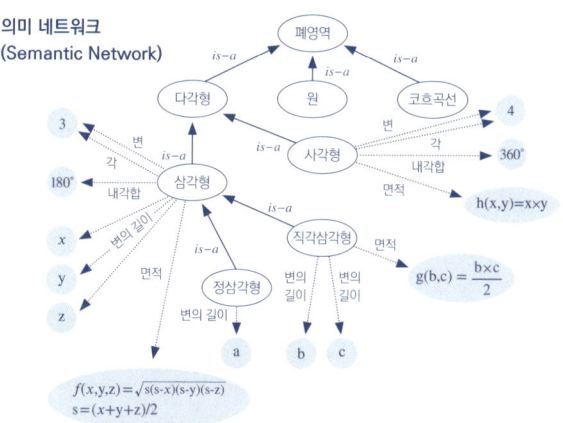

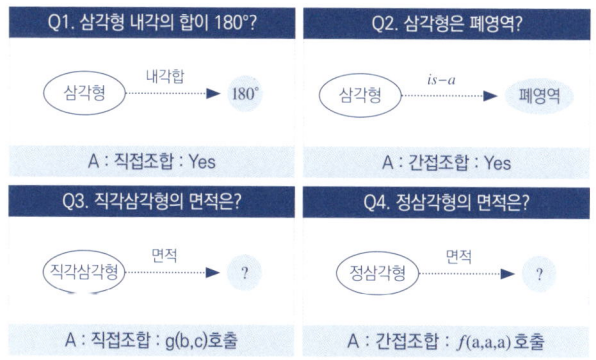

그림 8.2 평면도형에 관한 의미 네트워크

❺ 프레임 모델(frame model)

뇌의 기억모델을 자연스럽게 표현하기에 의미 네트워크는 복잡하고 실용적이지 못했는데 이것은 사상도 그 성질도 모두 동격으로 취급하는 그것들을 의미 부여된 선으로 묶었기 때문이다. 사상의 성질은 그 속성으로 정리하여 사상 속에 기술해 버리면 선의 수를 대폭 줄일 수 있고 사상을 정리하기도 쉽다. 이와 같은 속성이 포함된 사상표현으로써 프레임이라는 데이터구조를 사용한다.

- 슬롯(slot)
  사상의 속성과 그 수치를 저장(격납)하는 장소. 상속관계는 is–a 슬롯에 상위로의 포인터를 저장한다.

- 서번트(servant)
  사상에 관련된 동작도 일종의 속성으로 간주하여, 슬롯에 저장된 절차. 명시적으로 작동한다.

- 데몬(daemon)
  프레임 액세스 시에 암묵적으로 작동되는 절차. 수치의 타당성 확인 및 삭제 경고 등을 수행한다.

프레임은 계층화의 관점에서, 다음의 두 종류로 나누어진다.

- 인스턴스 프레임 : 구체적 사물을 나타내는 프레임
- 클래스 프레임 : 추상화된 공통성질을 나타내는 프레임

프레임 모델의 추론엔진은 주어진 문제에 대하여 프레임을 조사하고 다니며 데몬이나 서번트를 제어하고 추론결과를 슬롯의 갱신이라는 형태로 기록해 나간다. 최종적으로 특정 슬롯에 수치가 설정되거나 혹은 검사해야 하는 슬롯을 모두 조사하는 것 등에 의해 종료된다.

프레임은 사상의 계층화와 네트워크의 사고방식을 의미 네트워크

로부터 답습하며 동시에 사상의 구조화를 수행한다. 이에 따라 공간효율을 높이고 정리과 갱신이 간편해져 선언적 지식과 절차적 지식 모두 잘 다룰 수 있어 지식표현의 주류가 되었다. 객체 지향에 따른 지식표현과도 연결된다.

❻ 프레임 모델의 구체적인 사례

의미 네트워크에서 생각한 평면도형의 지식을 프레임으로 표현한다(그림 8.3). 사상에는 슬롯과 서번트가 속성으로써 관련되어 있으며 선은 사상의 계층관계를 나타내는 선 밖에 없기 때문에 확인하기 매우 쉽다. 사실 이 선도 is-a 슬롯에 상위사상으로의 포인터가 들어가 있기 때문에 불필요하다. 이용 시에는 사상의 슬롯과 서번트, is-a 상속을 조금씩 찾아나가며 검색하면 된다.

8.2 전문가 시스템(expert system)

❶ 전문가 시스템과 지식공학

전문가 시스템은 지식표현을 이용하여 전문가의 지식을 컴퓨터로 다룰 수 있게 해주는 시스템이다. 즉, 특정 분야의 전문지식을 지식베이스에 저장하여 두고 특정 추론 메카니즘을 사용해 그들의 지식을 조작하여 그 분야의 문제를 풀거나 이용자에게 컨설팅(consulting)을 행하게 하는 시스템이다. 전문가 부족을 보완하거나 지식 계승으로서의 역할을 담당하거나 위험작업을 대행하는 등 폭넓게 이용 가능하나. 의료 현장에서도 의사의 보조라는 형태로 초기 판단이나 응급처리에 사용할 수 있다. '인간을 대체할 수 있다'라는 과도한 기대를 갖지 않는다면 유용하다고 할 수 있다.

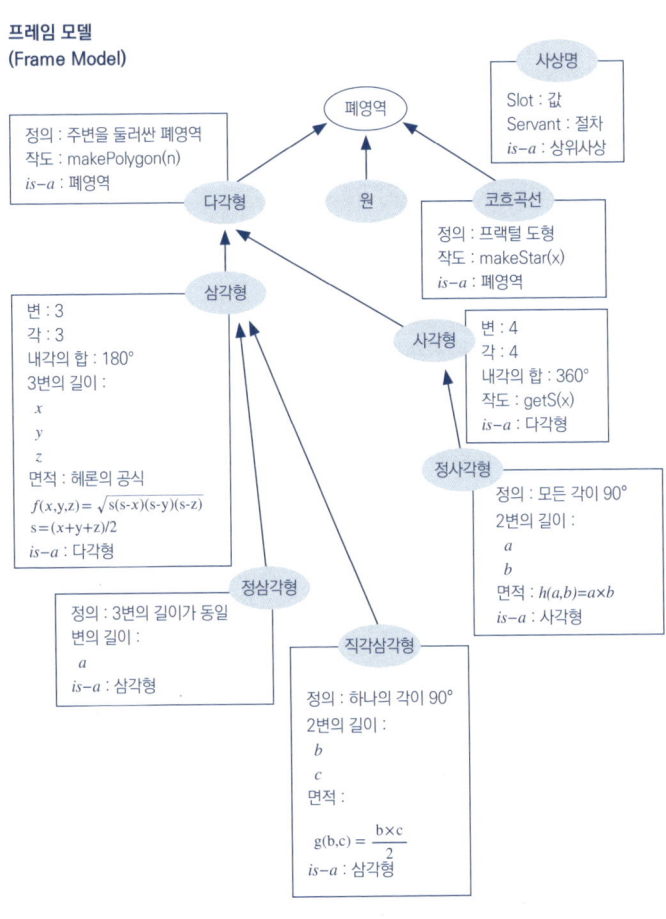

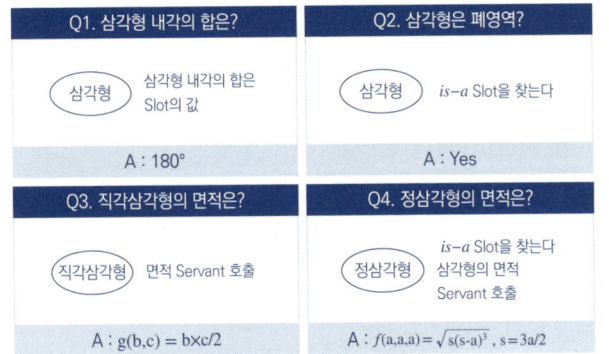

그림 8.3 평면도형에 관한 프레임 모델

지식공학의 중심과제는 전문지식의 표현방법, 문제에 관련된 지식을 선택하여 적용하는 방법 및 지식을 획득하는 문제이다. 특히 지식의 획득에 대해서는 컴퓨터를 잘 알지 못하는 전문가가 지식을 컴퓨터에 입력시키는 것과 시스템이 잘 동작하지 않을 때 저장된 지식을 수정하는 방법도 연구되었다. 지금까지는 좁은 범위를 취급하였으나 대상을 넓은 범위로 확대하는 것이 앞으로의 과제이다.

역사적인 전문가 시스템으로는 DENDRAL, MACSYMA, MYCIN이 있다. 각각 일정 성과를 냄과 동시에 그 후의 많은 전문가 시스템 발전의 기반이 되었다. 특히 MYCIN은 전문가 시스템 구축 도구의 개념을 확립하고 이후에는 지식베이스의 내용만 바꿔 대체하면서 다양한 전문가 시스템을 구축할 수 있게 되었다.

❷ 전문가 시스템의 구조

전문가 시스템은 지식베이스를 토대로 하고 있기에 구조적으로는 지식베이스와 추론엔진 및 다양한 서비스를 수행하는 보조기구로 이루어져 있다. 이는 일반적인 데이터베이스 시스템과는 목적이 다르다(그림 8.4).

데이터베이스에는 통상 데이터만이 저장되고 조작 자체는 프로그램으로 기술된다. 따라서 문제마다 데이터베이스와 프로그램 모두 다르다. 데이터베이스의 구조 자체는 SQL 등의 공통 도구가 있으며 갱신과 검색이 용이하지만 검색하고 나서 다음 문제해결을 위한 프로그램은 따로 순비해야만 한다. 데이디기 특정되기 쉽고(표 형태로 만들기 쉬움) 조작 알고리즘을 만들기 쉬운 이른바 간단한 구조의 문제일 경우 데이터베이스 시스템이 가장 많이 보급되어 있다.

한편 전문가 시스템의 경우 지식베이스 데이터뿐만 아니라 그 조작도 함께 저장되어 작동 부분으로써 존재하는 추론엔진은 반대로 문제에 의존하지 않는다. 즉, 문제의존 부분은 모두 지식베이스에 흡수되어 있다고 할 수 있다.

거기서 문제 무의존의 부분을 문제 공통의 프레임워크로 추출한 것이 전문가 시스템 구축 도구이다. 이것을 사용하면 지식베이스의 내용을 갈아 끼우는 것만으로 다양한 시스템에 대응할 수 있다. 인간의 지식은 양호한 구조가 아니라 데이터를 표로 정리할 수 없는, 처리 알고리즘도 정식화하기 어려운 구조인 경우가 많아서 일반적인 데이터베이스 시스템보다 전문가 시스템에 더 적합하다.

❸ 전문가 시스템의 형(종류)

전문가 시스템은 목적에 따라 다음과 같은 종류가 있다.

- **진단형** : 관측된 사상으로부터 원인을 추정한다. 의료진단, 고장진단 등
- **설계형** : 주어진 제약조건 속에서 최적의 답을 제시한다. 칩내 배선, 건축설계 등
- **제어형** : 센서 등의 관측 데이터로부터 최적제어한다. 화학 플랜트, 용광로, 지하철 등
- **상담형** : 요구를 충족하는 최적의 답을 제시한다. 법률상담 등
- **교육형** : 과학자의 이해에 따라 최적의 지도를 한다. 지적CAI 등

어떠한 종류든 지식베이스를 구축하기 위해서는 전문가의 지식을 이해하고 적절한 표현으로 변환시키는 일이 필요하며 이것이 가장 어렵다. 이 작업을 '지식획득'이라고 한다.

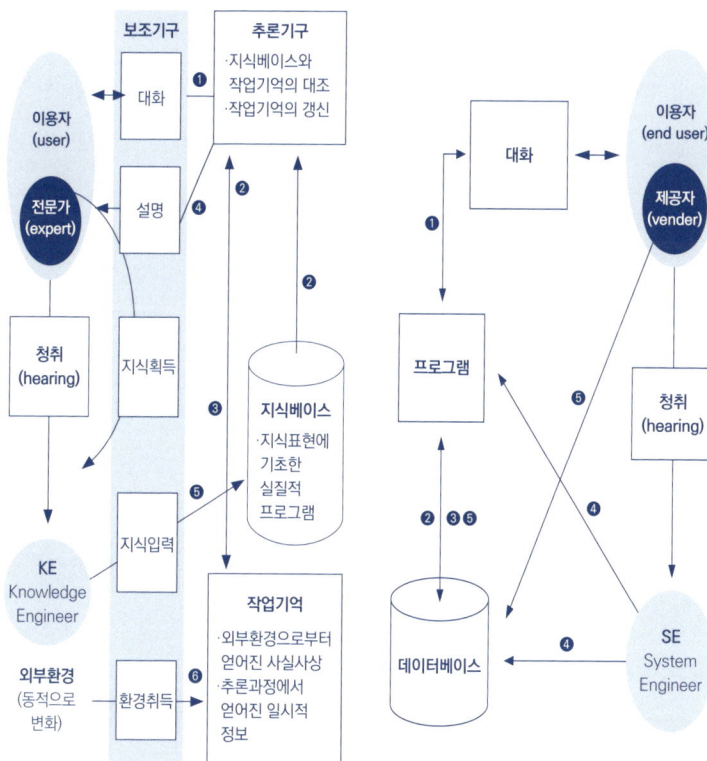

❶ 이용자의 질문 등에 따라, 추론구조가 기동
❷ 지식베이스 상에서 작업기억의 상태와 일치하는 지식을 검색
❸ 일치한 지식의 지시에 따라 작업기억을 갱신
❹ 이용자의 요구에 따라 추론과정을 표시
❺ 지식베이스는 지식입력에 따라 KE가 구축
❻ 작업기억은 환경변화에 의해서도 수시로 갱신됨

※ 지식베이스와 작업기억의 내용 이외에는 공통의 프레임워크
　→ 전문가 시스템 구축 툴

❶ 이용자는 대화기능에 따라 프로그램을 기동
❷ 프로그램은 적의 데이터베이스를 참조, 갱신
❸ 프로그램 실행 중의 일시적 정보는 프로그램 내 또는 데이터베이스 내에 보유
❹ 프로그램과 데이터베이스 모두 SE가 구축
❺ 데이터베이스는 제공자가 구축할 경우도 있음 또한, 프로그램으로부터도 수시로 갱신됨

※ 시스템을 3분류(Model, View, Control) 함으로써 보수성이 높아진다.
　・Web 시스템에서는 공통 프레임워크화

그림 8.4 전문가 시스템의 구조

❹ 전문가 시스템의 구축 툴

전문가 시스템 구축 도구는 지식베이스 내용 이외의 구조를 프레임워크로 제공하고 전문가 시스템의 구축을 효율화하는 것이 목적이다. 추론엔진이나 보조도구는 지식표현에 의존하므로 생성 시스템에 대응한 규칙형, 프레임 모델에 대응한 프레임형 그리고 이것들의 복합형 등의 다양한 상용 도구가 있다.

보조도구에는 지식획득을 지원하는 기능도 있으며 지식의 입력을 용이하게 해준다. 단, 일반적으로 전문가 시스템을 이용할 때의 사용자 인터페이스는 고유 문제로 되므로 따로 프로그램을 작성할 필요가 있다.

MYCIN으로부터 시작된 전문가 시스템 구축 도구는 1980년대에는 AI붐이라고도 할 만한 성황을 이루며 각 기업이 상용화에 격전을 벌였다. 그러나 인간의 상식까지 포함한 판단기준으로 보면 표면적인 지식표현으로는 도움이 되지 않는다는 사실을 알게 되어 1990년대 이후 전문가 시스템은 쇠퇴해 갔다. 그러나 이용 범위가 잘못되지 않으면 여전히 매우 효과적인 사고방식으로 법률관계나 플랜트 설비의 스케줄링, 의료분야에서 심전도 해석 등 비교적 확립된 분야에서 실용화가 이루어지고 있다.

8.3 지식베이스 시스템

지식베이스 시스템과 전문가 시스템은 일반적으로 같은 의미라고 여겨지고 있지만 엄밀하게는 조금 다르다. 지식베이스라고 하는 것은 선언형 기술을 중심으로 한 지식에 의해 정보를 기술한 것의 집합체이다.

그것과 비교해서 전문가 시스템은 그와 같은 지식베이스의 형식에 있어서 저장되는 정보가 전문가의 노하우를 포함하고 있고 그 전문가 시스템이 전문가에 있어서 대표할 수 있는 것을 말한다. 지식베이스는 정보를 저장하는 하나의 방법이고 전문가 시스템을 구축할 때 아주 많은 역할을 하는 방법이라고 생각하는 것이 타당하다. 즉, 전문가 시스템이라고 말해도 그 안에 전문가의 노하우가 저장되어 있지 않으면 단지 지식베이스의 형태인 것만으로 전문가 시스템이라고 말할 수 없다. 이것은 현재 전문가 시스템이 가지는 하나의 문제점이지만 이러한 지식은 얕은 지식이라고 불리고 있다. 실제로 전문가가 어떻게 문제를 해결하는지에 대해 생각해 보자.

진단에 관한 예를 들면, 전문가는 그 문제 영역에 있어서 다수의 증상-원인 패턴을 가지고 있다. 이것은 오랜 기간의 경험과 메뉴얼에 기재되어 있는 증상-원인 패턴에 일치하는가 검사한다. 만약 일치한다면 거기서 진단은 종료된다. 만약 일치하지 않으면 유사 패턴을 찾기 시작하고 거기에서 조사한다. 더욱이 유사 패턴도 없으면 기본 원리에 의거해서 추론을 행한다.

이때 그 대상 시스템의 구조와 기능, 작동 등을 고려하면서 처리하게 된다. 가령 텔레비전의 고장 원인을 전기 기사가 발견할 때는 보통은 먼저 증상에 해당하는 화면상태부터 자신이 가지고 있는 증상-원인에 일치하는 것을 발견하고 신속히 원인을 판정한다. 이때 대개의 경우는 회로도를 보지 않는다. 만약 모든 방법이 다했을 때 즉, 패턴을 발견할 수 없었을 때 비로소 회로도를 보고 원인을 조사하게 된다. 이와 같이 인간은 우선 얕은 지식을 이용해서 결론을 찾아내려고 하지만 만일 잘 되지 않았을 때는 원리 원칙에 의거해 추론한다. 이와 같은 원리원칙을 '깊이 있는 지식'이라 부르고 그것에 의거한 추론을 '깊이 있는 추론'이라 부른다.

8.4 알고리즘과 지식의 차이점

전문가 시스템도 하나의 소프트웨어 시스템이지만 종래의 소프트웨어 시스템과는 큰 차이점이 있다. 즉, 소프트웨어라고 하는 것은

소프트웨어 = 알고리즘 + 데이터

로 구성되지만 소프트웨어를 만드는 사람은 원하는 소프트웨어를 개발하기 위해서 알고리즘 및 데이터를 만들 필요가 있다. 한편 전문가 시스템을 만드는 사람은 기본적으로는 데이터만을 만들면 된다는 것이다. 여기서 기본적이라고 하는 것은 알고리즘이 추론 부분에 대응하고 있지만 추론 부분이 단순하기 때문에 그것을 보충하기 위해 일부의 단편적인 제어 정보를 데이터에 넣을 필요가 있다.

단적으로 말해 지식이라고 하는 데이터에 제어에 관한 정보를 첨가한 것이라고 할 수 있다. 여기서 제어에 관한 정보라고 하는 것은 엔진의 추론 방법에 의존하는 것이고, 여러 가지 추론에 의해 다르게 나타나고 있다. 예를 들면 생성 시스템에서는 그 지식의 형태는

if 조건   then 행동

이지만 이 if-then 형식이 제어에 관한 정보에 해당한다. 따라서 전혀 제어에 대해 생각할 필요가 없는 것은 아니다. 예를 들면 순서도로 표현되는 전체 제어 흐름에 대해서는 고려할 필요가 없지만 이러한 조건이 성립했을 때는 이와 같은 처리를 수행한다고 하는 이른바 단편적인 제어에 관한 정보는 필요하다. 가령, 작업 메모리의 내용이 'a'일 때 다음과 같은 if-then 규칙이 있다고 가정한다.

① if a then b
② if a and b and c then d
③ if a and b then c

이 경우에 ①, ②, ③의 순으로 이들 규칙이 적용되지만 그것을 기술할 필요는 없고 그 적용 순서는 추론이 실행될 때에 평가하면서 결정해 가는 것이다. 따라서 ①, ②, ③의 규칙은 어떤 순서로 기술되어 있어도 결과는 동일하다.

뒷부분에서도 설명하겠지만 if-then 형식의 지식을 가지고 있는 시스템을 생성 시스템이라고 부른다. 생성 시스템은 추론(rule-interpreter)과 작업 메모리 및 if-then 규칙으로 구성되고 있다. 추론은 작업 메모리의 내용과 어울리는 조건부를 가지고 있는 if-then 규칙을 발견하여 그 규칙의 행동부 내용에서 작업 메모리의 내용을 바꿔 놓는 작업을 반복하게 된다. 이 예에서 작업 메모리의 내용이 'a'일 때, 우선 조건부에 'a'를 가지는 규칙 ①이 적용되고 이 결과, 작업 메모리의 내용이 'a와 b'가 된다. 다음 조건부에 'a and b'를 가지는 규칙 ③이 적용된다.

위의 예에서는 if-then 형식의 지식표현에 대해 소개했지만 그 외에도 프레임(frame), 의미 네트워크(semantic network), 술어 논리, 객체(object) 등 많은 것이 있다. 또 추론 방식도 각 지식표현에 대해 존재한다. 가령, if-then 형식의 지식 표현을 예로 들면, 적극적 추론과 소극적 추론이 있다. 적극적 추론은 규칙의 조건부가 앞에 서술한 것처럼 작업 메모리의 내용과 일치했을 때 행동부를 작업 메모리에 집어넣는 것이다. 한편 소극적 추론은 가설을 세워서 그 가설의 정당성 여부를 검증하는 조작이다. 기본적으로는 작업 메모리의 내용이 가설에 해당하는 행동부에 대한 규칙의 조건부와 일치하는지 여부를 반복한다.

전문가 시스템에 저장된 지식과 종래형의 소프트웨어의 차이는 전체로서의 제어 흐름(control flow)의 의식 여부에 의해 다음과 같은 문제가 생긴다. 결론부터 말하면 지식의 검증이 매우 곤란하게 되는 것이다. 일반적으로 소프트웨어를 실제로 이용할 경우에는 그 소프트웨어의 올바른 수행이 보증 혹은 확인되어 있어야 한다. 이 소프트웨어의 올바른 수행을 확인하는 작업은 지극히 중요한 일이고 종래부터 많은 연구가 이루어져 여러 방법이 제안되어 왔다. 절차형 언어의 경우에는 전체 제어 흐름이 명백하기 때문에 그러한 소프트웨어의 올바른 수행을 확인하는 것은 비교적 용이하다. 한편 대부분의 지식 표현은 선언형(비절차형)이지만 이와 같은 선언형 언어의 경우에는 제어 플로가 명확하지 않기 때문에 올바른 수행의 확인이 매우 곤란하다. 이것이 전문가 시스템의 실용 단계에서의 적용 중 하나의 장벽이다.

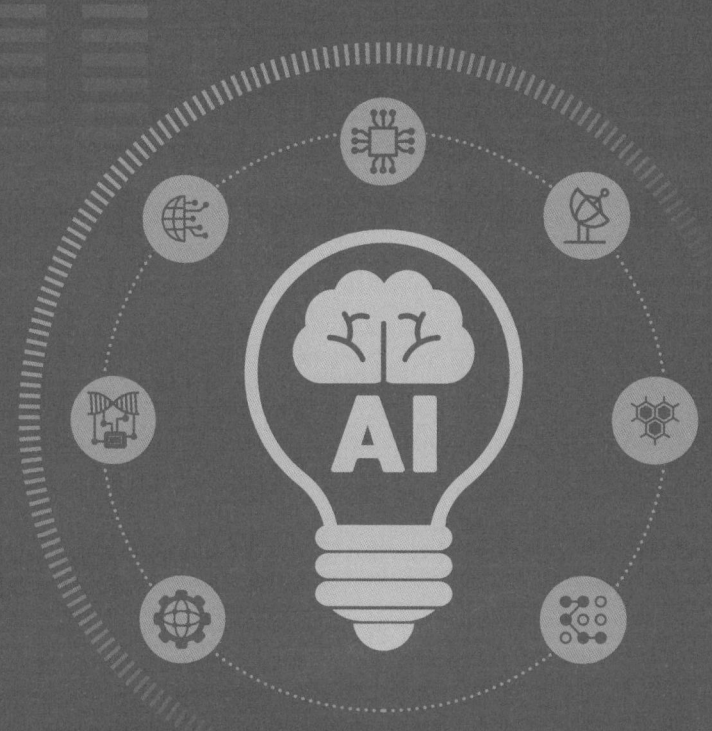

PART 09

AI 데이터(정보)와 지식처리 관련 이론

9.1 퍼지이론과 응용

9.2 데이터마이닝

9.3 온톨로지

9.4 진화계산

PART 09

AI 데이터(정보)와 지식처리 관련 이론

9.1 퍼지이론과 응용

❶ 퍼지이론

컴퓨터를 중심으로 한 과학 기술의 눈부신 발전은 오늘날 사회의 기반을 변혁시키고 있다. 이 과학 기술이 추구하는 하나의 큰 목표는 인간과 유사한 능력을 가진 인간을 대체할 수 있는 기계의 실현이다. 퍼지이론(fuzzy theory)이 추구하는 것은 무엇인가? 한마디로 말하면 인간의 기능에 가까운 정보처리를 실현하는 것이다. 인간의 지적 기능을 컴퓨터 등의 기계로서 실현하는 것은 인류의 오랜 기간 동안 꿈이었다.

최근 인공지능과 로봇공학이 각광 받는 것도 당연히 그와 같은 배경으로부터이고 그들의 연구 성과로써 전문가와 유사한 판단을 내리는 전문가 시스템과 인간에 가까운 동작을 하는 지능 로봇의 등장이라고 할 수 있다. 이와 같은 인간의 능력에 있어서는 풍부한 지식과 함께 언어를 처리하는데 있어 기계가 인간에 더욱 가깝게 하도록 이들의 능력을 규명해야 한다.

이와 같은 언어나 지적 판단 등에는 본질적으로 애매함(fuzziness)이 포함되어 있어서 인간의 정보처리 능력은 이 애매함의 처리와 깊은 관련이 있다. 이것은 인간이 복잡하고 대규모인 대상과 문제에 대하여 의사결정이나 문제해결을 도모함과 동시에 이것으로 정보를 얻어서(검색) 인식·사고·판단평가·결정 등의 지적 정보처리를 행할 때 근사적인 모델을 제공하는 것이다.

퍼지이론은 이러한 애매함을 처리하는 수리적 이론 및 방법론을 따르는 이론이다. 그리고 애매한 정보를 수량화하여 지금까지 컴퓨터에서 처리하던 방법으로 취급할 수 있도록 하는 방법론이라고 말할 수 있다.

퍼지이론은 정보처리 모델을 만드는 것에 유용하고 인간의 지적 정보처리를 시뮬레이션하고 근사적인 모델을 만들어야 한다. 경험이 풍부한 전문가나 숙련 기술자로부터 그 지식과 경험을 자연어인 문장으로 획득하고 이것을 컴퓨터 등에 입력하여 개괄적인 논리연산이 행해지고 있다. 이 모델을 사용하여 해석을 진행하고 인간의 행동과 사회(기업)의 현상(상황)을 조사하기도 하고, 혹은 인공지능으로서 인간에 유용한 기계나 소프트웨어를 제공한다.

❷ 퍼지 집합

퍼지이론은 1965년에 L.A Zadeh 교수에 의해 제안된 퍼지집합

(fuzzy set)을 시작으로 퍼지논리(fuzzy logic) 및 퍼지측도(fuzzy measure)의 발달을 가져왔다. 그 중에서도 퍼지집합은 가장 기초적이며 매우 중요하다. 퍼지집합은 애매한 개념을 다루는 집합개념으로부터 이론화되었다. 지금까지의 집합론에서는 1인가 0인가 또는 Yes인가 No인가라는 확정적인 사상을 다루는 것이었지만 퍼지 집합론은 1도 0도 아닌 또는 Yes도 no도 아닌 애매한 사상을 다루는 집합론이다. 우선 퍼지집합을 통하여 퍼지이론을 이해할 필요가 있다.

예를 들어, 쾌적한 기온을 생각해 보자. 쾌적한 기온은 18도라고 말하는 경우도 있지만, 19도에서는 좀 더 쾌적하지 않겠는가? 18도에서 플러스 마이너스 몇 도라고 하는 것과 같이, 어느 정도 폭을 가질 수 있다. 그러나 경계 부근은 '쾌적하다'에서 '쾌적하지 않다'로 급하게 변하기 때문에 매우 부자연스럽다.

따라서 그림 9.1(a)와 같이 가로축에는 기온을, 세로축에는 쾌적함의 정도를 그래프화 한 것을 생각할 수 있다. 그림에서 기온이 15도이면 쾌적함의 정도는 0.5이다. 이와 같이 쾌적한 기온을 보다 자연스럽게 나타낼 수 있다. 퍼지이론에서는 쾌적한 기온 등과 같은 것을 라벨(Label)이라 하고, 그 정도를 소속도(membership grade)라고 한다. 수학적으로 쉽게 취급하기 위해서 소속도는 보통 0부터 1까지의 범위가 이용된다.

퍼지 이론에서는 그림 9.1(a)와 같은 함수를 소속함수(membership function)라고 하며 중요한 역할을 담당하고 있다. 여기서 그림 9.1(a)을 쾌적한 기온의 소속함수라고 했지만, 이것은 물론 개개인에 따라서 조금씩 달라도 특별히 문제가 될 것은 없다.

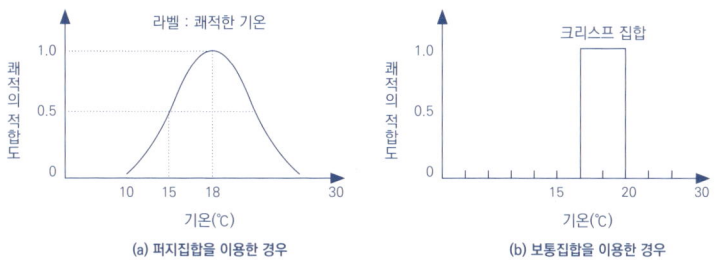

그림 9.1 기온과 쾌적함의 정도

그림 9.1(b)의 보통집합을 이용한 경우에는 14℃일 때는 쾌적의 적합도는 0이 될 것이다. 한편 (a)의 퍼지집합을 이용하면, 쾌적함의 정도는 0.5 정도이고 보다 인간의 감각에 가깝게 된다. 퍼지집합에 대해서, 지금까지 취급한 집합을 보통집합 혹은 크리스프 집합(crisp set)이라고 한다.

❸ 애매한 세계를 이해하기 위한 정보의 표현
❸-1 정보의 애매함을 이론화하는 퍼지이론

우리가 다루는 정보에는 덥다·춥다, 적다·많다 등 상황에 따라 기준이 애매함을 포함하는 것들이 있다. 예를 들어, 춥다와 덥다의 경우에 사람마다 느끼는 정도가 다를 것이다. 또한 인간의 감각적으로는 이해하기 쉽더라도 컴퓨터가 다루기에는 애매한 표현이다. 이와 같이 애매한 정보에 대하여 다룰 수 있게 만든 것이 퍼지(애매함)이론이다(그림 9.2).

퍼지이론으로는 여러 가지 수식과 방법을 조합시켜 애매한 정보를 표현하지만 인간의 감각으로 생각하면 어려운 이야기는 아니다.

0이나 1이 아니라 그 중간도 다룰 수 있게 만드는 것이다. 덥다·춥다의 중간을 0.2나 0.6이라고 표현하는 것처럼 애매함을 적절히 수치화함으로써 컴퓨터도 다루기 쉽게 만든다.

언어로 표현하는 것은 간단하지만 기계로 표현할 경우 의외로 까다롭다. 가령 쾌적함을 수치화한다고 해도 직선으로 할지 곡선으로 할지 볕이 드는 정도나 습도의 요소를 더할지 아날로그로 할지 디지털로 할지 등으로 최적의 표현 방법은 바뀌게 된다. 엄밀한 수식을 사용하여 애매한 표현을 하면 복잡해지기 때문에 그것을 전문적으로 다루는 퍼지이론이 등장한 것이다. 쾌적함은 확실한 온도와 수치화가 어려운 애매한 정보이다. 추운상태와 더운상태의 중간값의 위치로 쾌적함을 표현할 수 있는 방법이다.

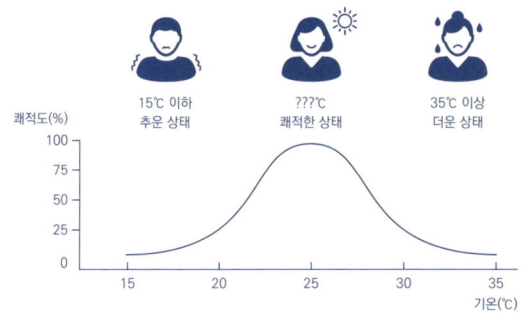

'쾌적함'은 확실한 온도와 수치화가 어려운 애매한 정보

그림 9.2 퍼지이론의 표현

❸-2 서포트 벡터 머신

서포트 벡터 머신(support vector machine, SVM)은 애매한 것을 깔끔하게 식별하는 기계학습 분야 중 하나로 패턴 인식, 자료 분석을 위한 교사 학습 모델이며 주로 분류와 회귀분석을 위해 사

용한다. 데이터를 구별하기 위해 경계선을 긋는 기술로 기계학습의 조합과 경계선의 조정으로 분류의 정확도를 높일 수 있다. 데이터를 구별하기 위한 기준을 알 수 없는 분류문제나 경계선을 깔끔하게 그을 수 없는 어려운 문제에 효과적이며 딥 러닝의 등장 이전에는 유력한 식별기술이었다.

또한 서포트 벡터 머신은 수학적으로 뉴럴 네트워크와 비슷한 부분이 있으며 같은 인식 업무에 사용할 수 있다. 유연한 경계선 긋기를 가능케 하는 커널법(kernel method)과 조합시킴으로써 초기의 뉴럴 네트워크 보다 복잡한 사상에 이용할 수 있었다. 딥 러닝에 비하면 구조가 단순하여 사용하기 쉽고 이론적으로도 비슷한 부분이 있기 때문에 기계학습 초보자가 배울 것이 많은 기술이다.

❹ 애매한 세계를 이해하기 위한 이론(미래의 예측)
❹-1 불확정 요소가 많은 추론의 베이즈 추정

애매한 정보밖에 없는 경우에 곤란한 것이 바로 미래예측이다. 모든 정보가 확실한 상태라면 정확하게 예측 가능하지만 미래의 예측과 같은 애매한 세계를 이해하는 것은 간단하지 않다. 불확정 요소가 많은 상황의 추론을 위하여 고안된 것이 타당성을 다루도록 한 베이즈 추정이다. 이것이 감각적으로는 확률과 비슷한 개념이지만 정확한 확률을 내놓기에는 불확정 요소가 많은 경우에 사용된다.

예를 들어 스스로 나무를 잘라 만든 주사위의 단면을 생각할 때 주사위는 깔끔한 정육면체가 되지 않기 때문에 확률은 1/6이 될 수 없다. 단, 실제로 주사위를 몇 번 정도 던져보면 '대충 이 정도의 확률이겠지?'라는 수치는 나온다. 베이스 확정의 경우 이것을 타당함이라고 부르며 불확실한 미래를 예측하기 쉽게 한다.

이 사고방식을 사용함으로써 명확한 확률을 알 수 없다고 하더라도 인간이 자주 하는 '이론적으로는 모르겠지만, 경험적으로는 이렇게 생각하는 게 좋을 것 같다'라는 어느 정도의 대략적인 추측이 가능하게 된 것이다.

❹-2 논리적으로 미래를 예측하는 마르코프 과정

베이즈 추정은 정밀도를 높이기 위해 충분한 정보가 필요하지만 정보가 없는 경우에는 어떻게 하면 좋을까? 만약 애매한 정보밖에 없더라도 현재 상태는 알고 있을 것이다. 여기서 과거의 조건이나 외적 요인을 무시하여 현재의 상황으로부터 다음의 현상을 예측할 수 있다고 가정한 프로세스를 마르코프 과정이라고 한다.

예를 들어 '주사위는 6면이므로 언제 주사위를 던져도 확률은 6분의 1이 될 것이다'라고 생각하는 것이 마르코프 과정이다. 한편 베이즈 추정은 1이 많이 나왔을 경우 '또 1이 나올 것 같다'라고 예측한다.

주사위가 비틀린 형태를 취하고 있는 경우에는 베이즈 추정 쪽이 정확할지 모르지만 그것을 알 수 없는 경우에는 마르코프 과정으로 생각하는 것이 자연스러울 것이다. 마르코프 과정의 경우 다른 요인이 존재했다 하더라도 그것을 무시하기 때문에 애매함이나 편중에 현혹되지 않고 데이터를 있는 그대로 파악해 생각할 수 있다는 것이 장점이다.

See & Think | 애매성의 여러가지 의미

(1) incomplete(지식이 부족하여 잘 모르는 경우)

나에게 스페인어로 이야기한다면 실은 전혀 얘기를 알아듣지 못한다. 의미 있는 내용이라도 지식부족으로 알아듣지 못하는 것이다.

(2) ambiguity(해석이 몇 가지나 있어서 모르는 경우)

'배'라고 했을 때 먹는 배인지, 타는 배인지, 가슴 아래 배인지 불분명하다. 다의성이라고 불리는 것으로 이와 같은 성질은 말뿐 아니라 그림 등에도 있다. 수치의 경우는 구간도 하나의 예이다. 그 원인으로서는 무지(ignorance)와 모순(conflict)의 두 가지를 들 수 있다.

(3) randomness(미래의 일이라서 모르는 경우)

지금 던질 주사위에 나타날 눈은 몇인가, 내일 아침 집을 나설 때 오른발부터 내딛느냐 왼발부터 내딛느냐 하는 문제는 애매하다. 일어나는 일에 관한 애매성이라고 일컬어지고 있다. 또는 우연성이라고도 하며 기존에는 확률론에서 취급되어 온 애매성이며, 이 애매성을 특히 랜덤니스(randomness)라고 한다.

(4) imprecision(정확하지 않은 경우)

오류가 포함되어 있거나 잡음이 들어 있어 애매한 경우이다. 이것은 부정확함에 기인하는 애매성이다.

(5) fuzziness(정의할 수 없는 또는 정의해도 의미가 없는 경우)

언어에 관한 애매성, 즉 의미의 애매성이 대개 이에 해당된다. 예를 들면 미인인지 아닌지 오늘은 더운지 어떤지에 관한 애매성이다. 주관에 따라 달라지곤 한다. 이상에서 예를 든 것 이외에도 애매성은 얼마든지 있다. 이 책에서 주로 취급하는 애매성은 퍼지니스라 불리는 애매성이다.

9.2 데이터마이닝

대용량 기억 장치의 가격이 급속도로 하락하고 산업상 많은 분야에서 대규모 데이터 수집과 보존이 이루어지게 되었다. 그러한 방대한 데이터를 단순히 보존해 두는 것만이 아니라 비즈니스 활동에 유용하게 활용하려는 수요가 높아지고 있다. 데이터마이닝은 대규모 데이터에 잠자는 지식을 자동적으로 발견하게 하기 위한 기술이며 데이터를 활용하기 위한 기술로서 기대가 높아지고 있다.

❶ 데이터마이닝(data mining)이란

데이터마이닝은 대량의 실제 데이터로부터 이전에 잘 알려지지는 않았지만 묵시적이고 잠재적으로 유용한 정보를 추출하는 작업이라 정의한다. '대량의 실제 데이터'란 실제 현장에서 생성되는 수천, 수백만 건 이상의 데이터를 의미하는 것이다. '이전에 잘 알려지지 않은 정보'라는 것은 현장에서 통용되는 상식적인 내용을 탐사대상으로 한다는 것을 의미한다. '묵시적'이란 데이터베이스나 시스템 카탈로그에 저장된 명시적 정보가 아닌 숨겨진 정보를 의미하며 '잠재적으로 유용한 정보'란 현장에서 의사결정, 성능 향상의 목적으로 활용할 수 있는 정보를 의미한다. 방대한 데이터에서 자동적인 방법으로 지식을 추출하는 것이다.

관련 자료에 따라 데이터마이닝이라는 용어 대신에 데이터베이스로부터 지식발견(KDD : Knowledge Discovery in Database)이라는 용어를 사용하기도 한다. 데이터마이닝에서 추출할 수 있는 지식을 그 성질에 따라 크게 분류하면 다음과 같다. 어떤 지식을 추출하는가에 따라 적용하는 방법이 달라진다.

① **분류화(classification)**
데이터가 여러 개의 클래스로 분할되어 있을 때 데이터가 소속하는 클래스를 결정하는 지식을 획득한다. 즉, 소속 클래스를 알 수 없는 미지의 객체가 있을 때 그 소속 클래스를 결정 하는데 활용된다. 예를 들어 사고율이 높은 차와 낮은 차라는 것을 구분하기 위한 지식이다.

② **특성화(characterization)**
한 집단 데이터에 대해 그것들에 공통된 성질을 설명하는 지식을 찾아낸다. 예를 들어 학생의 성적 데이터가 있을 때 성적이 좋은 학생에게는 공통된 지식이 있다.

③ **연관규칙탐사(association)**
여러 개의 트랜잭션들 중에서 동시에 발생하는 트랜잭션의 연관관계를 발견하는 것이다. 규칙 발견에 사용한 측정값은 연관성의 신뢰 요인으로 사용된다. 예를 들어 어떤 고장이 발생했을 때 동시에 발생할 가능성이 높은 다른 고장에 관한 지식이다. 또는 어떤 상품을 구입하는 고객이 동시에 구입할 가능성이 높은 상품에 관한 지식이다.

④ **클러스터링(clustering)**
데이터 간에 유사성을 찾아내어 유사성이 높은 데이터의 그룹(cluster)으로 분할한다. AI 분야에서 분류는 지도 학습임에 반해 클러스터링은 비지도 학습으로 불린다. 지도 학습이란 지도자가 자료를 집단별로 구분해 놓고 분류 기준은 컴퓨터 프로그램이 학습에 의하여 발견하도록 하는 방법이다. 비지도 학습은 지도 없이 컴퓨터 프로그램 스스로가 자료집단의 유사성을 바탕으로 집단을 나누어 나가는 방식이다. 예를 들어 학생의 복수 과목의 득점 패턴에서 클러스터링을 행한다. 각 클러스터가 일종의 지식 표현이 된다.

⑤ **경향분석(trend analysis)**
시계열 데이터(주식, 물가, 판매량, 과학적 실험 데이터)들이 시간 축으로 변하는 전개과정을 특성화하여 동적으로 변화하는 데이터의 분석을 수행한다.

⑥ **패턴분석(pattern analysis)**
대용량 데이터베이스 내의 명시된 패턴을 찾는 것이다.

실세계에서는 다양한 형식을 사용하여 데이터와 데이터베이스가 유지되고 있다. 그들의 종류와 특징에 따른 데이터마이닝 방법의 개발이 필요하게 된다. 주요한 데이터베이스 형식을 나타내면 다음과 같다.

① 관계 데이터베이스(Relational Database: RDB)
  자주 사용되는 데이터의 저장 형식. 표현식으로 데이터를 저장한다.

② 객체 지향 데이터베이스(Object-Oriented Database: OODB)
  객체 지향에 기초한 표현 형식으로 데이터를 저장한다. 복잡한 구조를 객체와 관련하여 표현할 수 있다는 특징을 가진다.

③ XML 데이터베이스(XML Database: XML DB)
  최근에 보급되기 시작했으며 간단하게 XML 도큐먼트를 도큐먼트의 구조에 따라 보존하거나 검색할 수 있는 데이터베이스이다.

④ 텍스트 데이터베이스
  텍스트(문자열)로 구성되며 위의 RDB나 OODB의 큰 차이는 이 형식의 데이터베이스에는 명확한 구조가 없다는 점이다. 그렇기 때문에 구조가 없는 데이터베이스라고도 한다.

여기서는 결정 트리(decision tree)에 의한 분류 지식의 데이터마이닝을 우선 다루고 이어서 상관규칙의 데이터마이닝 방법에 대해 설명한다. 또한 잘 알려진 많은 데이터마이닝 방법을 설명해야 하므로 데이터마이닝을 행하기 위해서는 여러 프로세스(공정)를 거쳐야 한다.

❷ 실세계에서의 기대

다수의 기업이 제품의 제조에 관한 데이터, 판매에 관한 데이터, 고객 데이터 등 다양한 종류의 데이터를 대규모로 소유하고 있다. 그러한 데이터를 활용한 비즈니스 전개가 필요해지고 있다.

기존에는 데이터에 기초하는 것이 아니라 숙련자의 경험과 감(느낌)에 의한 부분이 많았다. 최근에는 상황 변화의 속도와 변화의 정도가 커지고 있기 때문에 데이터마이닝 기술 등을 도입하여 데이터에 기초한 과학적인 비즈니스 전개가 기대되고 있다. 그러한 데이터에 기초한 활동을 지식관리(Knowledge Management: KM)라고 한다.

데이터마이닝의 전형적인 예를 간단하게 들어본다. 이외에도 많은 경우에서 데이터마이닝이 활용되고 있다.

① 고객의 구매 이력으로부터 '어떤 제품이 어떤 고객층에 판매되고 있는가'라는 패턴을 발견한다. 고객 명단에서 그 패턴에 따라 직접 메일로 권유하고 매출. 향상과 비용 절감을 달성하도록 한다.

② 통신회사는 통화명세기록(Call Detail Record : CDR)에 관한 방대한 데이터를 가지고 있다. 이 데이터에서 통신 패턴을 발견함으로써 효율적인 설비 투자를 한다. 또 고객의 통화 패턴에 기초하여 매력적인 서비스를 제공한다.

③ 금융업계에는 불법자금의 세탁 방지가 중요하다. 자금의 흐름에 관한 패턴을 조사하여 부정한 움직임을 신속하게 감지할 수 있다.

④ 식품 업계에서는 수요 예측이 중요한 문제이다. 보존이 어려운 식품(예를 들면 도시락)은 수요 예측의 정밀도가 직접 이익에 영향을 미친다. 데이터를 이용하여 정밀도가 높은 수요 예측을 한다.

❸ 결정트리란?

결정트리에 의한 데이터마이닝에서 대상이 되는 데이터는 표 9.1과 같은 형식을 취하고 있다. 또한 이 데이터는 설명을 위해 인위적으로 만든 것이다.

데이터베이스의 한 행(가로 방향)이 한 건의 데이터를 나타내고 있으므로 표 9.1에는 10건의 데이터가 들어가 있다. 한 건의 데이터는 다섯 항목으로 나누어져 있다. 처음 네 가지 항목(마력, 종류, 연식, 색)을 속성이라 하고 속성에 주어진 값을 속성치라고 부른다.

예를 들면 마력 속성은 고, 중, 저의 속성치를 취하고, 색 속성은 붉은색, 검은색, 청, 황, 자, 백, 은의 속성치를 취한다. 마지막 항목을 분류 속성이라고 하며 그것이 취하는 값을 분류라고 한다. 이 경우에는 사고율 높음, 사고율 낮음 중 한 가지의 분류가 된다. 데이터를 이런 표 형식으로 정리하는 것은 매우 일반적이며 간단하게 준비할 수 있다. 널리 이용되는 관계 데이터베이스와의 친화성도 높다.

결정트리란 데이터의 분류를 결정하기 위한 것이다. 그림 9.3과 그림 9.4는 모두 결정트리의 예이다. 리프 노드 이외의 노드에는 그 노드에서 속성치를 검사해야 할 속성이 부수적으로 딸려 있다. 루트 노드에서 시작하여 노드에서 지정된 속성치를 검사하고 지시된 가지의 방향으로 향한다. 리프 노드에 도달하면 분류를 알 수 있다.

마력	종류	연식	색	분류
저	쿠페	중고	적	사고율 높음
고	세단	신형	흑	사고율 낮음
중	세단	중고	흑	사고율 낮음
고	세단	중고	청	사고율 높음
저	쿠페	중고	황	사고율 낮음
고	세단	신형	자	사고율 낮음
저	쿠페	중고	백	사고율 높음
중	세단	신형	백	사고율 낮음
고	쿠페	중고	흑	사고율 높음
저	쿠페	중고	은	사고율 낮음

표 9.1 데이터베이스의 예

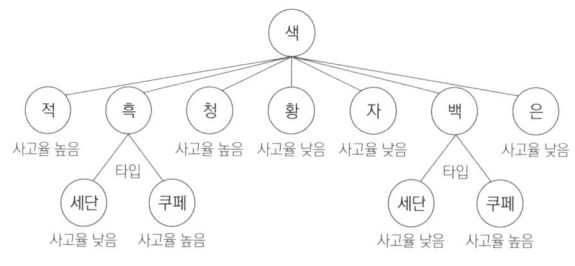

그림 9.3 결정트리의 예(첫 번째)

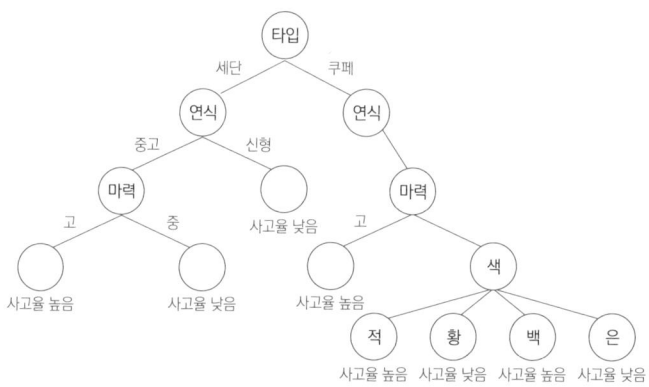

그림 9.4 결정트리의 예(두 번째)

그림 9.3의 경우 루트 노드는 색 속성의 검사이다. 만일 색 속성이 흑 혹은 백인 경우에는 분류를 결정할 수는 없지만 다른 색이라면 리프가 되므로 분류가 결정된다. 흑과 백인 경우에는 계속하여 종류 속성을 검사한다. 그 속성치가 세단(sedan)인지 쿠페(coupe)인지에 의해 분류가 결정된다. 예를 들어 흑이고 세단이라면 사고율 낮음이지만 흑이고 쿠페라면 사고율 높음이 된다.

그림 9.3과 그림 9.4는 모두 결정 트리이므로 어떤 것을 사용하여 속성치를 조사하여도 분류를 결정할 수 있다. 마찬가지로 분류를 결정할 수 있다면 가능한 한 단순한 결정 트리를 사용하는 것이 좋다.

그 편이 속성치를 검사하는 횟수가 적어진다. 실제로 그림 9.3에서는 대부분의 분류가 1회 속성치를 검사하는 것만으로 결정되고 최악이라도 2회의 검사로 결정된다. 한편 그림 9.4의 경우에는 4회의 검사(즉, 모든 속성)를 해야만 분류가 된다. 실제로 큰 데이터에 대해서는 결정 트리의 크기가 크게 결정되는 것도 있다. 이것은 설명이기 때문에 작은 결정트리를 사용하여 차가 적지만 현실적으로 대량의 데이터에 대해서는 결정트리의 크기가 크게 되고 작게 만든 것과 큰 것의 차이는 커진다.

9.3 온톨로지

❶ 온톨로지의 정의

온톨로지(ontology)란 원래 존재하는 것의 공통된 성질과 근거를 고찰하는 철학의 한 분야이며 존재론이라고 번역된다. 그렇지만 AI에서는 온톨로지라는 단어가 사용되는 경우가 많다. AI에서의 온톨로지는 연구 관점에 따라 다양한 의미로 사용되고 있다. 온톨로지에 대한 정의는 여러 가지가 있지만 여기서는 온톨로지를 다음과 같이 정의한다.

- 어휘와 개념의 상호 관계를 포함한 범용성을 가진 지식 체계
- 공유된 개념화(shared conceptualization)에 대한 정형화되고 명시적인 명제 (Gruber의 정의)
- 개념(concept)들의 집합들을 나타내는 것으로 개념 간에 존재하는 관계를 명백하게 기술하여 개념과 그러한 관계 성립의 공유를 목적으로 사용된다.

온톨로지의 다양한 정의 중에서 가장 본질적인 정의를 들어보면

'온톨로지는 공유하기 위한 개념들의 개념화를 형식적이고 명백하게 설명해 놓은 명세서'라고 할 수 있다. 이 정의를 세부적으로 살펴보면 다음과 같은 네 가지 용어가 복합되어 있는 것을 알 수 있다.

① **개념화(conceptualization)**
사람들이 사물에 대해 생각하는 바를 추상화한 모델이다. 대개는 특정한 분야에 국한시켜 논의된다.

② **명시적 명세(explicit specification)**
개념의 타입이나 사용상의 제약조건들이 명시적으로 정의된다.

③ **정형화(formal)**
온톨로지는 프로그램이 이해할 수 있어야 하며 여러 단계의 정형화가 존재할 수 있다.

④ **공유(shared)**
온톨로지는 합의된 지식을 나타내므로 어느 개인에게만 국한되는 것이 아니라 그룹 구성원이 모두 동의하는 개념이다.

온톨로지는 간단히 표현하면 단어와 관계들로 구성된 사전으로서 어느 특정 도메인에 관련된 단어들을 계층적 구조로 표현하고 추가적으로 이를 확장할 수 있는 추론규칙을 포함한다. 온톨로지의 역할 중 하나는 서로 다른 데이터베이스가 같은 개념에 대해서 서로 다른 단어나 식별자를 사용할 경우에 이를 해결해 주는데 있다.

예를 들어 주소를 포함하는 두 데이터베이스에서 postal code와 zip code는 같은 것을 의미한다. 이 두 데이터베이스의 정보를 비교하거나 통합하려는 프로그램이 있다면 이 두 단어가 같은 것을 지칭한다는 사실을 알아야 하며 이것이 바로 온톨로지를 통해서 이루어진다.

온톨로지는 웹 기반의 지식처리나 응용 프로그램 사이의 지식 공유, 재사용을 가능하게 하는 아주 중요한 요소로 자리잡고 있다.

온톨로지에는 계층분류(taxonomy)와 추론규칙(inference rule)에 대한 정의가 포함된다. 계층분류는 객체의 분류(class)와 서브분류(subclass), 그것들 간의 관계(relationship)를 정의한다.

온톨로지에 대한 상세한 설명은 여기서는 불가능하므로 다음의 몇 가지를 간단한 예로 설명하기로 한다. RDF 스키마에서는 그림 9.5와 같이 개념 간의 계층 관계와 각 개념이 가지는 성질을 정의하였다. 각 개념의 성질을 더욱 세부적으로 정의하기 위해서는 온톨로지가 필요해진다. 웹상의 정보 검색을 생각해 보자.

예를 들면 먼저 병원 정보의 검색이 필요한 경우 병원에 관한 온톨로지는 그림 9.5와 같은 것이 나타낼 수 있다. 의사와 닥터 같은 동의어가 있는가 하면 외과의사, 내과의사와 같이 의사를 전문 분야로 특화한 서브 분류도 있다. 또 병원과 의사가 1대 N의 관계에 있다는 것을 나타내고 있다. 즉, 한 병원에는 여러 의사가 소속되어 있는 관계이다.

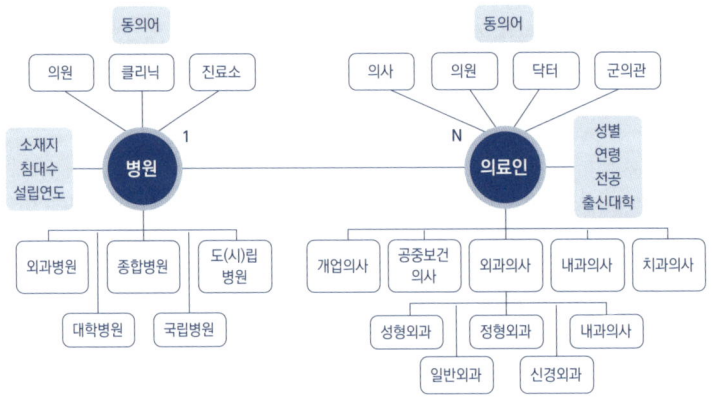

그림 9.5 의사에 관한 온톨로지(예)

이러한 온톨로지가 주어지면 그것을 다음과 같이 이용할 수 있다.

- **범위를 확장한 검색**
  동의어와 상위 개념도 포함한 넓은 범위에서 검색을 한다.

- **범위를 축소한 검색**
  서브 분류의 관계에 있는 개념(예를 들면 의사에 대해서 외과 의사)을 이용하여 보다 정밀한 검색을 한다. 남성 의사에 한정하거나 출신 대학을 한정하여 범위를 좁힐 수도 있다.

- **관련 정보를 이용한 추론과 검색**
  예를 들면 병원에는 의사가 소속되어 있기 때문에 병원을 의사의 정보를 사용하여 검색하는 등 관련된 정보를 이용한다.

- **복수 온톨로지의 이용**
  다른 조직이 있을 때 각각의 온톨로지를 이용하여 조직 간에서의 개념명의 차이를 흡수할 수 있다. 혹은 같은 개념이 없는 경우에 유사한 개념을 찾아 대신 사용할 수도 있다. 시맨틱 웹에서는 온톨로지의 취급도 규격화할 필요가 있다. 온톨로지 기술의 표준 언어로서 WOL(Web Ontology Language)가 거의 정착되어 있다.

9.4 진화계산

생물의 진화과정을 모방하여 환경에 보다 잘 적응하기 위한 지식과 기능을 컴퓨터가 자동적으로 획득할 수 있도록 하는 것이 진화적 계산의 목표이다. 또한, 유전자 알고리즘은 생물의 유전과 진화 메카니즘을 공학적으로 모델화하여 다양한 문제해결이나 시스템의 학습 등에 응용하려고 한 것이다.

여기서는 공학적인 유전자 알고리즘을 근본적으로 이해하기 위해서 생물의 유전과 진화과정을 이해하고 진화적 계산의 기본적인 방법과 분류에 대하여 예를 통해 유전자 알고리즘의 원리를 이해하도록 한다.

❶ 생물유전과 진화계산의 이해

생물은 긴 진화의 과정에서 종을 보존하기 위해 다양한 기능과 적응 능력을 스스로 획득해 왔다. 현재 존재하는 생물은 오랜 기간에 걸친 진화 끝에 현재의 합리적인 기능을 얻은 것이다.

예를 들어 사람은 진화에 의해 고도의 지능이라는 해를 획득한 생물이라고 생각할 수 있다. 이 진화의 메커니즘을 참고로 하여 새로운 환경 적응적인 지적 정보처리의 구조를 만드는 것이 진화 계산(evolution computation)의 연구 목적이다. 즉, 진화적 계산은 컴퓨터상에서 생물의 진화 과정을 모방함으로써 환경에 적응하는 여러 기능을 찾아내려고 하는 개념(사고방식)이 근간이 되어 있다. 보다 구체적으로 말하면 주어진 문제에 대하여 무작위로 생성된 초기의 개체 집단에 대해 선택, 교배, 돌연변이라는 유전적 조작(genetic operation)을 수행하고 환경에 대한 적응도에 의해 각 개체를 평가하고 적응도가 높은 개체를 남기는 처리를 반복 실행한다. 각 개체는 점차적으로 환경에 적응한 상태, 즉 문제의 해에 접근해 가는 것이다. 이것은 방대한 해 공간에서 실용적인 해를 찾아내는 과정이라고 생각할 수 있다.

진화적 계산의 장점은 '문제 해결 방법을 알 수 없다' 혹은 '문제 공간의 구조가 명확하지 않다'라는 문제에도 적용시킬 수 있다는 것이다. 단 도태를 모방하기 위해서는 개체의 장점을 나타내는 적응도(fitness)를 분명히 결정해 둘 필요가 있다. 이 적응도의 계산 방법은 풀려고 하는 문제에 따라 달라진다. 현실적으로 생물에서는 한 세대 진행되는데 인간이 약 30년, 농작물은 약 1년이라는 시간이 필요하다. 이에 대해 컴퓨터에서는 몇천, 몇만 세대를 몇 초

사이에 진행시킬 수 있다. 또 생물 집단의 개체수를 자유롭게 설정할 수 있다는 장점도 있다.

진화계산은 공학뿐만이 아니라 경제 등과 같이 광범위하게 응용되고 있다. 최근에는 인터넷이 발전함에 따라 진화계산은 웹을 대상으로 한 지능 에이전트와 데이터마이닝, 지식 발견 등에도 적용되고 있다.

유전자 알고리즘(Genetic Algorithm, GA)이란 자연계에 있어서 생물의 유전과 진화의 메카니즘을 공학적으로 모델화하는 것으로 생물이 갖는 환경에서 적응능력을 취급하는 것이고 1970년대 초기에 John Holland(당시 Michigan대학 교수)에 의해 제안된 자연도태의 원리를 기초로 한 최적화 방법이다.

즉, 유전자 알고리즘은 자연계의 진화현상을 기반으로 만들어진 계산모델로써 풀고자하는 문제에 대한 가능한 해들을 정해진 형태의 자료구조로 표현한 다음 이들을 점차적으로 변형함으로써 점점 더 좋은 해들을 생성하게 된다. 유전자 알고리즘은 탐색 및 최적화, 기계학습의 도구로 많이 사용되고 있다.

❷ 진화 계산의 분류

유전자 알고리즘 또는 진화 알고리즘은 자연 세계의 진화 현상에 기반한 계산 모델이다. 진화 알고리즘은 풀고자 하는 문제에 대한 가능한 해들을 정해진 형태의 자료구조로 표현한 다음 점차적으로 변형함으로써 점점 더 좋은 해들을 생성한다. 긱각의 가능한 해를 하나의 유기체(organism) 또는 개체(indivisual)로 보며 이들의 집합을 개체군(population)이라 한다. 하나의 개체는 보통 한 개

또는 여러 개의 염색체(chromosomes)로 구성되며 염색체를 변형하는 연산자들을 유전 연산자라 한다. 진화 알고리즘은 탐색, 최적화 및 기계학습을 도구로 많이 사용한다.

진화 계산(evolutionary computation)의 연구는 그림 9.6과 같은 문제 해결 전략에 따라 주로 4가지로 나눌 수 있다.

- 유전자 알고리즘(Genetic Algorithm, GA)
- 유전자 프로그래밍(Genetic Programming, GP)
- 진화 프로그래밍(Evolutionary Programming, EP)
- 진화 전략(Evolutionary Strategy, ES)

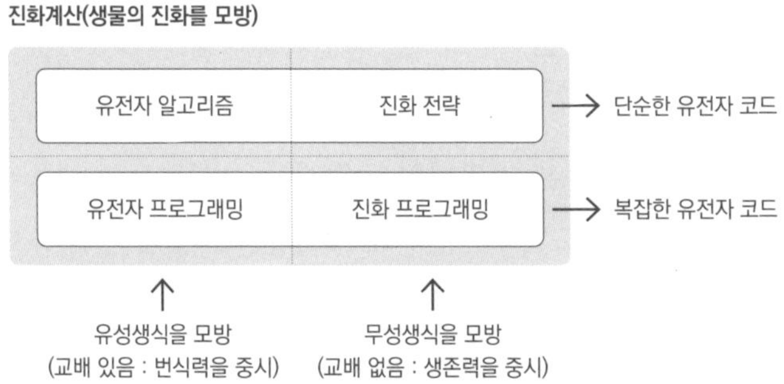

진화계산(생물의 진화를 모방)

유전자 알고리즘	진화 전략	→ 단순한 유전자 코드
유전자 프로그래밍	진화 프로그래밍	→ 복잡한 유전자 코드

↑ 유성생식을 모방 (교배 있음 : 번식력을 중시) ↑ 무성생식을 모방 (교배 없음 : 생존력을 중시)

그림 9.6 진화 계산의 분류

위의 기원은 19세기의 Charles Darwin의 진화론에 의한 것으로 자연선택과 적자생존(natural selection and survival of fittest)을 기초로 한 생물학적으로 관찰한 제안이다.

유전자 알고리즘과 유전적 프로그래밍은 유성생식을 모방(simulate)하고 있는데 비해서 진화전략과 진화 프로그래밍은 단세포 생물에서 자주 볼 수 있는 무성 생식을 모방하고 있다. 그러므로 이들 진화적 계산을 번식력과 생존력이라는 관점에서 보면 유전자 알고리즘과 유전자 프로그래밍은 번식력에, 진화전략과 진화 프로그래밍은 생존력에 중점을 두고 도태(선택 조작)를 행하고 있다고 생각할 수 있다. 유전자 알고리즘은 그 외의 진화적 계산에 비해 이론 및 응용에 관한 연구의 축적이 풍부하다.

따라서 현재 이와 같은 알고리즘을 진화 알고리즘(evolutionary algorithm, EA)이라 부른다. 진화 계산 중에는 개체의 집단에 관한 유전의 변화 모델에 기초한 다수의 방법론과 기술이 포함되어 있다. 현재 인공생명이나 생물학 등의 분야에 있어서 GA, GP, EP, ES라는 진화 접근방법이 다수 사용되고 있다. 진화 계산에 있어서 중심으로 되는 것은 거의 Darwinian 이론의 단순화된 메카니즘의 응용이다. 특히 대부분의 응용은 다음 3가지의 기본적인 구성요소를 갖고 있다.

- 적응도(fitness)
  개체가 장래의 세대에 영향을 주는 범위를 결정한다.
- 생식 연산자(reproduction operator)
  개체가 다음 세대에 자손을 생성한다.
- 유전 연산자(genetic operator)
  부모의 유전자 정보로부터 자손의 유전자 정보를 결정한다.

유전자 알고리즘은 컴퓨터를 사용한 문제해결 시스템의 설계와 실행에 진화 프로세스를 사용한다. 현재까지 여러 가지 진화 프로세스의 계산모델이 제안되어 있다. 이들은 주로 3가지의 진화 프로세스 즉, 선택(selection), 돌연변이(mutation), 생식(reproduction)을 사용한다. 이들의 프로세스는 환경에 대한 개개의 개체 성능에 따라 다르다.

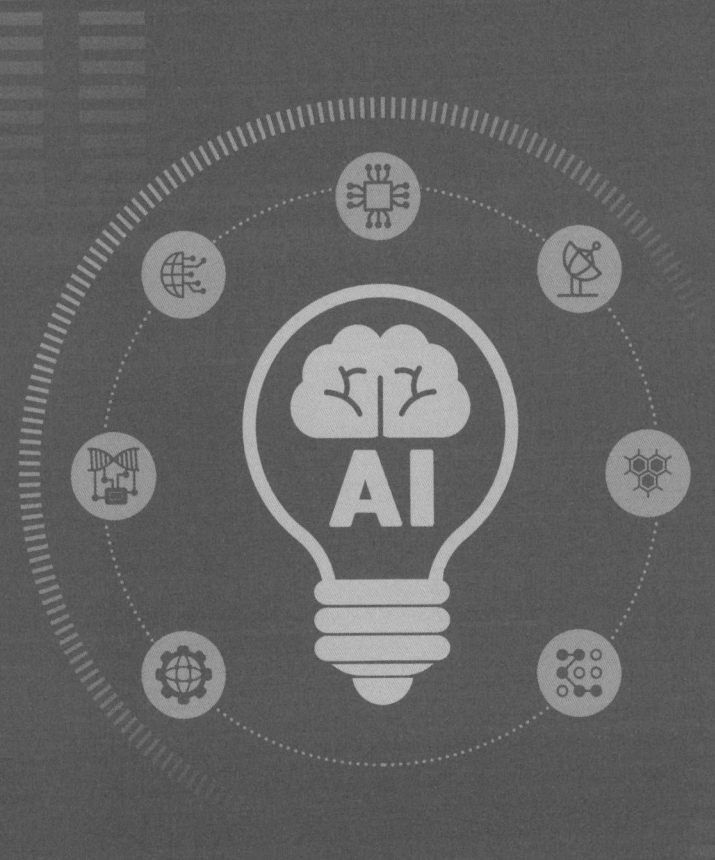

PART 10

생성형 AI
(GAI, Generative Artificial Intelligence)

10.1 생성형 AI의 정의와 개념

10.2 생성형 AI 종류 및 개요

10.3 ChatGPT와 대규모 언어모델과의 관계

10.4 대규모 언어모델의 등장

10.5 생성형 적대 신경망(GAN)

10.6 생성형 AI의 이점과 한계

PART 10

생성형 AI
(GAI, Generative Artificial Intelligence)

10.1 생성형 AI의 정의와 개념

생성형 AI란 무엇인가? 최근 들어 AI 기술은 빠르게 발전하고 있으며 그 중에서도 생성형 AI(Generative AI)가 큰 주목을 받고 있다. 생성형 AI는 텍스트, 이미지, 비디오, 오디오 등 다양한 형태의 콘텐츠를 자동으로 생성할 수 있는 인공지능 기술을 말한다. 여기서 생성(generative)이란 일일이 AI에게 지시하거나 학습시키지 않아도 알아서 이용자가 요구하는 바를 만들어 내는 범용 AI를 말한다. 예를 들어, 사용자의 입력에 맞춰 자연스러운 문장을 만들어내거나 독창적인 이미지를 생성하는 등의 작업을 수행한다. ChatGPT는 생성형 AI 기술을 활용한 대표적인 예시이다.

최근 인공지능(AI) 분야의 발전은 데이터 기반의 차별적 AI 작업에서 생성적 AI를 통한 정교하고 창의적인 작업으로 기계 처리의 새로운 패러다임을 가능하게 했다. 딥 생성 모델을 활용하여 생성

AI는 기본 사용자 프롬프트를 바탕으로 다양한 영역(예 : 텍스트, 이미지 또는 프로그래밍 코드 등)에서 새로운 현실적인 콘텐츠를 생성할 수 있다. AI와 생성형 AI 사이에는 계층적 관계가 있지만 둘 다 다른 목표와 접근 방식을 가지고 있다. 기존 AI와 생성형 AI의 차이점은 표 10.1과 같다.

기존의 AI	생성형 AI
• AI는 일반적으로 인간의 지능이 필요한 작업을 수행할 수 있는 지능형 시스템을 만드는 데 사용된다.	• 기존 훈련 데이터에서 패턴을 학습하여 새로운 텍스트, 오디오, 비디오 또는 다른 유형의 콘텐츠를 생성한다.
• AI 알고리즘이나 모델의 목적은 광범위한 응용 분야에서 인간의 지능을 모방하는 것이다.	• 생성 AI 알고리즘이나 모델의 목적은 원래 데이터 세트의 데이터와 유사한 특성을 갖는 새로운 데이터를 생성하는 것이다.

표 10.1 기존 AI와 생성형 AI의 차이점

10.2 생성형 AI 종류 및 개요

생성형 AI는 여러 가지 종류로 나눌 수 있다. 주로 텍스트, 이미지, 코드, 음성, 비디오, 3D 모델링 등 다양한 기능을 가진 플랫폼들이 있다. 생성형 AI의 종류에 대한 간단한 설명은 다음과 같다.

① **텍스트 생성 AI** : ChatGPT, Jasper 등은 사용자가 입력한 텍스트를 기반으로 다양한 텍스트 콘텐츠를 생성한다. 예를 들어, 사용자가 특정 주제에 대한 글을 작성해 달라고 요청하면, 이 AI는 그에 맞는 창의적인 글을 생성한다.

② **이미지 생성 AI** : Midjourney, DALL-E 2 같은 플랫폼은 사용자가 입력한 키워드에 따라 이미지를 생성한다. 예를 들어, '한국 여성'을 입력하면 해당 이미지를 만들어낸다.

③ **코드 생성 AI** : GitHub Copilot은 프로그래밍 코드 작성을 도와주는 AI로 사용자의 코드 작성패턴을 학습하여 적절한 코드를 제안한다.

④ **음성 생성 AI** : 음성을 텍스트로 변환하거나 텍스트를 음성으로 변환하는 AI도 존재한다. 이는 음성 비서나 고객 서비스에 널리 사용된다.

⑤ **비디오 생성 AI** : DeepBrain과 같은 플랫폼은 사용자가 입력한 스크립트에 따라 비디오 콘텐츠를 생성한다.

⑥ **3D 모델링 AI** : AI는 3D 모델을 생성하거나 조작하는 데도 활용될 수 있다. 이는 게임 제작이나 가상 현실(VR) 콘텐츠에 유용하다.

생성형 AI의 기본 원리와 그 기반 개념 및 전망에 대해 포괄적인 개요를 제공한다. 우리는 관련 용어와 기술에 대한 개념적 소개를 제공하고 생성형 AI를 구성하는 고유한 특성을 개괄하며 그 잠재력과 도전에 대해 상세히 설명한다. 또한, 연구자와 실무자들이 생성형 AI의 독특한 특성을 이해함으로써 그 잠재력을 효과적으로 활용하고 위험을 완화하며 기본적인 이해에 필요한 내용을 기술한다.

10.3 ChatGPT와 대규모 언어모델과의 관계

ChatGPT의 핵심은 딥러닝 기반의 대규모 언어 모델이다. 이를 통해 모델은

- **자연어 처리** : 문맥, 의미, 뉘앙스 등을 이해하고
- **자연어 생성** : 사용자의 질문에 맞춰 적절하고 일관성 있는 답변을 생성한다.

즉, 방대한 텍스트 데이터를 학습하여 언어의 다양한 패턴을 파악하고, 이를 바탕으로 인간과 유사한 대화가 가능하도록 설계된 것이 ChatGPT의 핵심이라고 할 수 있다.

① **기반 기술** : ChatGPT는 Generative Pre-trained Transformer(GPT) 아키텍처를 기반으로 하며, 이는 생성형 AI 기술의 한 종류이다.

② **자연어 생성** : ChatGPT는 사용자의 질문이나 대화에 대해 일관되고 자연스러운 텍스트 응답을 생성한다.

③ **대규모 학습** : 방대한 양의 텍스트 데이터를 사전에 학습하여, 다양한 주제와 상황에 맞게 창의적인 답변을 만들어낸다.

ChatGPT는 생성형 AI의 핵심 기술 중 하나를 실제 응용한 사례로 인간과 유사한 대화를 생성하는데 특화되어있다.

10.4 대규모 언어모델의 등장

우리가 평소 대화에서 사용하는 말을 자연어라고 한다. 컴퓨터는 기존에 자연어를 이해하거나 말하는 것이 서툴렀다. 그래서 자연어 처리(Natural Language Processing, NLP)라고 하는 연구 분야가 오랫동안 발전해 왔다. 문장 요약이나 번역 등이 그 대표적인 애플리케이션이다.

그러나 대규모 언어 모델(Large Language Models, LLMS)의 등장으로 그러한 개별적인 중요한 언어적 작업이 범용적인 모델로 모두 해결할 수 있다는 혁신이 일어났다. 무엇보다 경악할만했던 것은 2022년에 OpenAI 회사가 출시한 ChatGPT라는 웹 애플리케이션 상에서 컴퓨터와의 자연스러운 대화가 가능해졌다는 것이다.

우리는 이러한 새로운 기술적 돌파구가 요구하는 스킬인 질문력에 초점을 맞출 필요가 있다. 대규모 언어 모델은 우리가 던지는 다양한 질문에 대해 훌륭하고 자연스러운 답변을 돌려줄 것이다. 과연 그것은 어떤 원리에 근거하고 있는가. 이 현실이 우리에게 요구하는 변화란 어떤 것인가.

❶ 대화가 가능한 컴퓨터

2022년 11월에 ChatGPT가 등장하여 많은 사람이 사용하는 기술이 되었다. 그전까지 일부 연구자나 기술자 사이에서 화제가 되었던 인공지능의 기술이 누구나 접근할 수 있는 기술로 공개된 것으로 사회현상이 된 것이다.

이러한 현상은 AI의 역사를 되돌아봐도 매우 드문 일이다. 그 전까지의 AI 기술은 어디까지나 엔지니어나 연구자 등 그 분야의 전문가에 의해 만들어지는 기술이며 일반인에게도 쉽게 닿는 기술은 아니었다는 점에서 전혀 다른 AI 기술이다. 제3차 AI붐의 도화선 역할이 된 딥러닝도 일반인이 딥러닝 기술에 일상적으로 접하며 무언가를 하는 것까지는 이르지 못했다.

ChatGPT의 무엇이 대단한지 묻는다면, 물론 무엇을 물어봐도 매우 자연스러운 문장으로 대답하는 것이다. 그리고 프롬프트(prompt)라고 하는 자연어를 쓸 수만 있다면 누구나 그 혜택을 누릴 수 있게 된 것이 특필할 만한 포인트일 것이다.

ChatGPT의 등장은 컴퓨터에 지시하기 위한 프롬프트를 고안하여 누구나 새로운 작업이나 사용법을 발견할 수 있게 해주었다. 그 결과 소셜 미디어나 블로그를 보면 AI로 '간단하게 파워포인트를 만들 수 있는 방법', '대량의 자료에서 간단하게 경쟁사를 분석하는 방법', '광고의 캐치 카피를 생각하는 방법' 등 다양한 프롬프트를 매일 찾을 수 있고 공유되고 있다.

ChatGPT의 등장이 없었다면 이 기술은 어쩌면 일부 엔지니어나 연구자에 의해 사용될 뿐 현재와 같은 발전을 볼 수 없었을지도 모른다. 실제로 ChatGPT와 같은 생성 AI를 지탱하는 대규모 언어 모델의 핵심이 되는 기술은 2017년에 Google이 개발한 것이다. 그 후에도 구글이나 메타와 같은 거대 테크 기업은 대규모 언어 모델의 개발을 진행했고 2021년에는 구글에서 'LaMDA'라는 인간과의 대화에 특화시킨 모델이 공개되었다.

ChatGPT 개발의 기반이 된 모델 GPT-3은 2020년에 개발된 것이다. 그 시점에 이미 인간과 대화를 하는 등 전문가들 사이에서는 상당히 화제가 되었으며, 개발자인 OpenAI도 언론에 공개하는 등 홍보에 힘써왔다. 하지만 실제로 사용하기 위해서는 엔지니어가 붙어서 데모(demonstration)해야 했고, ChatGPT처럼 누구나 브라우저로 사이트에 접속하는 것만으로 대화할 수 있는 것은 아니었다.

❷ ChatGPT의 성공

ChatGPT의 출시는 사실 철저하고 꼼꼼히 준비된 것은 아니었다. GPT-3의 능력을 대폭 업데이트한 GPT-4를 개발하여 2023년 초 출시를 위해 준비하고 있었지만 2022년 11월에 급하게 일반인을 위한 서비스로 대화형에 특화된 모델 ChatGPT를 출시하기로 결정한 것이다.

과거 1년간 에세이 집필이나 프로그래밍 문제를 풀 수 있는

GPT-4의 출시를 준비하고 있던 OpenAI의 개발자들 중에는 이 발표에 당황한 사람도 있었던 것 같다. 모델은 거의 완성되었고 테스트와 미세 조정만 하면 앞으로 몇 달 안에 출시될 수 있을 정도로 준비가 되어 있었기 때문이다. 사용자가 스스로 시도해 볼 수 있는 챗봇과 함께 GPT-4는 제공될 예정이었다고 한다.

그러나 OpenAI의 경영진은 경쟁 회사가 챗봇을 출시하는 것은 아닐까 걱정하여 그 전에 가급적 빨리 자사 서비스를 출시해야 한다고 판단하였다. 실제로 ChatGPT가 출시된지 불과 15일 전인 2022년 11월 15일에 Meta가 'Galactica'라는 주로 과학자를 위한 새로운 대규모 언어 모델을 출시했다. Galactica는 과학자나 미디어로부터 모델의 응답이 부정확하고 편향되어 있다는 비판이 쇄도하여 출시 불과 3일 후인 11월 17일에 폐쇄에 내몰렸지만 경쟁 회사가 언제 일반용 챗봇을 출시해도 이상하지 않다고 OpenAI의 경영진은 생각하고 있었다. 그래서 챗봇만의 출시를 서둘러야 한다고 판단했다. 그 전까지 GPT-3을 기반으로 개량했던 미발표 챗봇의 개발을 일단 내려놓고 GPT-3 그대로 빠르게 출시하기로 한 것이다. 그 결과 그 13일 후에 ChatGPT가 탄생하게 되었다.

ChatGPT의 발매는 역사에 남을 대성공을 거두었다. 출시한 지 5일 만에 100만 명이라는 사상 가장 빠른 사용자가 가입하고 몇 달 만에 세계적인 사회현상이 될 정도로 화제를 모았다. 수백만 명의 사람들이 문장을 쓰거나 앱을 만들거나 브레인스토밍을 하거나 새로운 기획을 생각하거나 때로는 상담 상대가 필요해 ChatGPT를 이용하고 있다.

❸ **ChatGPT를 지탱하는 기술**

그렇다면 ChatGPT의 성공은 어떤 기술에 의해 뒷받침되고 있는 것일까. ChatGPT의 성공은 아래에서 설명하는 트랜스포머(transformer)와 자기 지도 학습(self-supervised learning)이라는 두 가지 기술에 기초하고 있다. 이러한 기술은 ChatGPT에 한정되지 않고 현재 이용 가능한 다양한 대규모 언어 모델에 공통적으로 사용되고 있는 핵심 기술이다.

그렇기 때문에 이러한 두 가지 기술에 대한 이해를 깊게 하는 것은 ChatGPT와 같은 대규모 언어 모델을 능숙하게 사용하기 위한 기초 지식이 된다. 따라서 대규모 언어 모델의 구조를 이해하고 있으면 ChatGPT가 어디에 쓸 수 있는지, 어떻게 발전시킬 수 있는지, 혹은 반대로 무엇에 서투른지 파악하는 데 도움이 될 것이다.

❹ **트랜스포머**

트랜스포머는 현재 AI 기술의 상승을 견인하는 딥러닝 기술 중 하나이다. 딥러닝은 인간의 뇌 구조를 모방한 다층 네트워크에 의해 복잡한 패턴을 파악할 수 있는 컴퓨터 모델이다. 이미지 인식이나 감정 분석 등의 복잡한 작업을 정밀하게 수행하고, 비즈니스에 응용도 진행되고 있다.

그러나 자연어 처리라고 하는 인간의 언어를 다루는 작업의 정확도는 성장에 어려움을 겪고 있었다. 자연어 처리에서는 문장의 구조나 문맥을 이해하기 위한 고도의 능력이 요구되지만 기존의 딥러닝에서는 이러한 요소들을 충분히 파악할 수 없었기 때문이다. AI와 기계학습, 딥러닝 및 생성형 AI와의 관계는 일반적으로 그림 10.1과 같다.

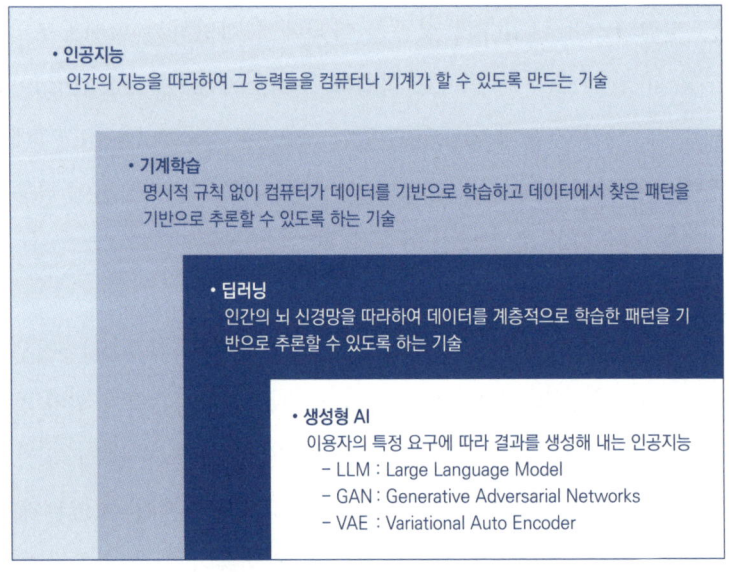

그림 10.1 AI와 생성형 AI의 관계

예를 들어, 다음과 같은 문장이 있다고 하자.

'한국의 수도는 서울입니다. 서울에는 많은 관광지가 있습니다.'

이 문장에 대해 '많은 관광지가 있는 도시는 어디입니까?'라고 질문한 경우 대답은 '서울'이 된다. 하지만 트랜스포머 이전 모델은 '한국'이라는 잘못된 대답을 반환하는 경우가 있었다. 이것은 종래의 모델이 관광지와 서울이 강하게 관련되어 있다는 것과 서울이 도시라는 맥락을 정확하게 파악하지 못했기 때문이다.

이 문제를 해결할 새로운 딥러닝 모델로서 등장한 것이 트랜스포머였다. 이 혁신적인 모델은 2017년에 구글의 연구팀에 의해 발표된 논문 'Attention is All You Need(주의가 필요한 전부)'에서 제창되었다. 트랜스포머에서 제안된 어텐션(Attention)이라는 구조는 문장의 구조나 문맥의 이해를 비약적으로 향상시켰다.

❹-1 자기주의 : 문장 중 단어 간의 연결을 파악한다.
어텐션의 구조는 크게 두 가지로 나뉜다. 그중 하나인 '자기주의(self-attention)'는 문장 내의 각 단어가 서로 어떻게 관련되어 있는지를 파악하고, 그 관계의 강도를 가중치(weight)로 표현하고 학습한다. 이 가중치는 단어 간의 관련성의 강도를 수치로 나타낸 것으로 문맥에 따라 단어 간의 관계의 중요성을 판단한다.

게다가 자기주의의 구조를 사용하면 긴 문장이라도 멀리 떨어진 단어 간의 의존 관계도 끄집어낼 수 있다. 이것, 그것, 저것 같은 지시 대명사나 논제(topic)를 나타내는 말이 문장에서 멀리 떨어진 위치에 나타나는 경우가 종종 있다. 그런 의존 관계를 잘 파악할 수 있는 것이다.

❹-2 멀티 헤드 자기주의 : 여러 관점에서 문장을 이해한다.
자기주의는 같은 문장에 대해 병렬적으로 이루어지며 동시에 복수의 관점에서 관계성을 파악할 수 있다. 이것이 또 하나의 어텐션 구조인 멀티헤드 자기주의(multi-head self-attention)이다.

어떤 관점을 포착할지는 주어진 데이터로부터 트랜스포머가 자동으로 학습한다. 다양한 데이터로 모델을 학습시킴으로써 다양한 관계성을 학습하여 표현할 수 있게 되는 것이다. 다른 관점에서 문장을 해석하고 그러한 관점을 조합하여 문장 전체의 이해를 깊게 한다. 그 결과 더 풍부한 문장의 해석으로 이어진다.

문장의 구조나 문맥을 파악하는 것은 인간이라도 결코 쉬운 작업은 아니다. 하지만 트랜스포머는 그 고도의 처리 능력을 구사하여 복잡한 문장을 해석하고 문맥을 파악할 수 있는 것이다. 트랜스포머의 등장으로 자연어 처리의 정확도가 비약적으로 향상되는 토대가 마련되었다.

❺ 자기 지도 학습(빈칸 채우기 문제를 푸는 것처럼 자기 학습)
또 하나의 기술이 자기 지도 학습이라고 불리는 방법이다. 한마디로 말하면 기존의 문장에서 자동으로 예측 문제를 작성하고 정답 맞추기를 하면서 자기 학습을 진행하는 방법이다. 그러기 위해 우선 입력된 문장에서 일부를 숨기고 빈칸 채우기 문제를 만든다. 예를 들어 '한국의 수도는 서울입니다.'라는 문장부터는 아래와 같은 문제를 만든다.

- '한국의 수도는 ( )입니다.'
- '( )의 수도는 서울입니다.'
- '한국의 ( )는 서울입니다.'

다음으로 ( )에 들어가는 단어를 모델로 예측시켜 정답 맞추기를 하면서 학습한다. 이것이 자기 학습의 과정이다. 이러한 방법을 '지도 있음'이라고 부르는 것은 모델이 답에 맞도록 학습해 나가기 때문이다. '자기 지도 있음'이란 정답은 존재하지만 그것은 원래의 데이터에 이미 존재하는 것으로 인간이 새롭게 주는 것은 아니라는 의미이다. 학습이 적절하게 진행되고 있는지는 모델이 생성한 빈칸 채우기 문제의 결과와 답이 맞는지 여부를 검사한다.

자기 지도 학습의 장점은 지도 데이터라고 부르는 '질문과 답변 쌍'을 인간이 준비하지 않아도 된다는 것이다. 종래의 지도 학습에서는 대상이 되는 작업의 전문가가 지도 데이터를 준비할 필요가 있었다. 번역 작업이라면 원래의 문장과 번역된 문장의 조합, 요약 작업이라면 원래의 문장과 적절하게 요약된 문장의 조합 등이다. 이것이 자기 지도 학습에서는 인터넷이나 데이터베이스에 존재하는 방대한 종류, 방대한 양의 텍스트가 똑같이 그대로 지도 데이터가 된다.

빈칸 채우기 문제를 풀기 위해서는 문장의 문맥, 구조, 연결, 배경지식 등을 학습할 필요가 있다. 트랜스포머를 사용하면 자기 지도 학습이 가능하다. 트랜스포머는 텍스트 데이터를 불러오면서 단어 간의 관계를 파악하고 예측 확률을 높이도록 학습한다. 만약 틀렸다면 정답에 맞도록 학습한 무게를 조정해 간다. 이 학습을 통해 모델은 빈칸 채우기 문제의 달인으로서 문장을 생성할 수 있게 된다. 결론적으로 대규모 언어 모델이 행하는 문장의 생성이란 어떤 단어의 계열관계에서 다음에 오는 단어의 빈칸을 메우는 것이다. 그것은 다양한 문제의 패턴을 기억하고 있는 학교 선생님과 같은 시험 프로가 주어진 문제 뒤에 있는 패턴을 순간적으로 기억에서 끌어내어 답변하는 것과 비슷하다.

❻ 대규모 언어 모델

트랜스포머(transformer)와 자기 지도 학습을 사용하면 텍스트 해석의 정확도가 비약적으로 향상된다는 것이 연구지나 엔지니어 사이에서 화제가 되었고, AI 연구자들은 일제히 이 기법을 이용한 연구개발을 진행해 갔다. 그러한 개발이 활발히 진행되는 가운데 트랜스포머에는 종래의 언어 모델과 다른 특징이 있는 것이 밝혀지고 있다.

그것은 모델을 대규모화 할수록 학습 데이터를 늘리면 늘릴수록 정밀도가 향상된다는 것이다. 모델의 크기와 데이터량을 늘리는 것으로 문장 중 단어의 뉘앙스나 문맥의 이해가 향상된다.

'대는 소를 겸한다'라는 말이 존재하는 것처럼 '큰 모델이 더 정밀도가 좋은 것은 당연하지 않을까'라고 생각할지도 모른다. 하지만 트랜스포머 이전의 모델에서는 모델을 크게 하면 어느 시점에서 성능이 한계점에 다다르는 현상이 일어나고 있었다. 그렇기 때문에 작업에 따라 적절한 모델 사이즈로 해야 한다는 것이 상식이었다. 파라미터 수가 많고 모델의 크기가 크면 과학습(overfitting)에 빠지기 때문이다.

과학습이란 모델이 학습 데이터에 과도하게 적합하여 미지의 데이터에 대한 성능, 이른바 일반화 성능(generalization performance)이 저하되는 현상을 가리킨다. 이것은 예를 들어 시험의 기존 출제 문제만 반복해서 풀었던 학생이 실전 시험에서는 대응할 수 없는 상황과 비슷하다.

그러나 트랜스포머는 과학습에 빠지기 어렵고 대규모화해도 성능이 계속 올라갔다. 2018년에 구글이 발표한 언어 모델 BERT는 파라미터 수가 3.8억이었지만 2년 후의 GPT-3은 1,750억으로 증가했고 게다가 이듬해 2022년의 구글 PaLM은 5,400억으로, 모델은 대규모화되는 동시에 정확도도 향상되어 갔다.

왜 대규모화 해도 정밀도가 계속 올라가는가? 그것은 자기주의 구조 덕분에 병렬적인 계산에 의해 대규모 모델에서도 학습이 비교적 빠르게 할 수 있다는 것이 그 이유로 꼽히고 있다. 그러나 모델 안에서 무슨 일이 일어나고 있는지, 왜 이런 일이 실현될 수 있는지는 아직 명확하게 알려져 있지 않다. 그 해명이 진행되고 있지만 트랜스포머와 자기 지도 학습에 의해, 지금까지와는 다른 일이 일어나고 있다는 것은 확실하다고 말할 수 있을 것 같다.

❼ 대화에 특화된 학습

지금까지 트랜스포머와 자기 지도 학습이라는 두 가지 기술에 대해 소개했다. 이러한 기술이 ChatGPT의 이름에도 반영되어 있다. GPT는 'Generative Pre-trained Transformer'의 약자로 트랜스포머를 사용하여 사전 학습된 생성 모델임을 의미하고 있다.

그리고 'Chat'이라는 부분은 이 모델이 인간과의 대화, 즉 채팅에 특화되어 학습되었음을 보여주고 있다. 요컨대 트랜스포머와 자기 교사가 있는 학습 모델을 커스터마이징하여 대화용 가면을 쓴 모델이라는 것이다.

사전 학습을 통해 모델은 대량의 텍스트 데이터를 읽음으로써 일반적인 언어 지식을 습득한다. 이것은 인간이 책 등의 문장을 읽음으로써 언어를 배우는 것과 비슷하다. 다만 이 단계에서는 어디까지나 책에서 얻은 지식이며 사람과의 대화에 반드시 직합한 것은 아니다. 외국어를 텍스트로만 배운 경우 실제 대화에서는 조금 부자연스러운 대화가 될 수 있다. 자연스러운 대화를 익히기 위해서는 그 언어의 화자와 실제로 대화하는 풍부한 경험이 필요하다. 모델의 경우도 마찬가지다. 사람과의 대화에 특화되도록 사전 학습을 마친 모델을 대화용으로 커스터마이징해 줄 필요가 있다. 이 추가 학습을 거쳐 보다 자연스러운 대화를 가능하게 한 것이 ChatGPT다. 구체적으로는 다음 3단계를 통해 모델의 튜닝을 실시한다.

1. 모델에게 질문에 대한 적절한 답을 가르쳐준다.
2. 모델이 생성하는 대답이 좋은지 나쁜지, 인간이 피드백한다.
3. 많은 좋은 평가를 받을 수 있도록 모델을 더욱 학습시킨다.

'단계1'에서는 텍스트로 배운 말의 사용법밖에 모르는 모델에게 대화하는 방법을 가르쳐 준다. 많은 질문과 답의 쌍을 사용하여 문제가 주어졌을 때 어떻게 답을 생성하는지 모델에게 가르친다. 빈칸 채우기뿐만 아니라 대화할 수 있도록 하는 것이다. 예를 들어, '한국의 수도는?'이라는 질문에 대해 '서울입니다'라는 문제와 답의 쌍을 많이 준비하고 문제가 주어지면 답을 생성할 수 있도록 모델을 조정한다. 이것을 추가 학습(fine-tuning)이라고 한다. 추가 학습은 범용적인 학습 모델의 특정 도메인에서의 성능을 높이기 위한 일반적인 방법이다.

'단계2'에서는 모델이 생성한 답에 대해 인간이 평가를 내린다. 모델이 얼마나 잘 응답했는지를 평가하기 위해서다. 제대로 된 답변을 하면 ○, 그렇지 않으면 ✕, 혹은 비방을 해 버리면 ✕, 무례한 말이나 공격적인 말을 하면 ✕ 라는 식으로 인간이 ○✕를 붙인다. 예를 들어 '요즘 일이 바빠서 스트레스가 쌓입니다. 뭔가 긴장을 푸는 방법이 없을까요?'라는 질문에 대해 '일을 그만두는 것이 가장 좋겠습니다'라고 대답했다고 하자. 이 답변은 그다지 현실적이지 않기 때문에 ×이다. 한편, '휴식하는 방법으로는 심호흡, 짧은 산책, 좋아하는 음악 듣기, 요가나 명상 시도 등이 있습니다'라고 대답하면 실제로 시도해 볼 가치가 있는 답변이므로 ○를 붙이는 것이다.

'단계3'에서는 인간의 피드백을 참고하여 ○를 얻을 수 있는 답을 생성할 수 있도록 모델을 더욱 학습시킨다. 이전의 '긴장을 푸는 방법'에 관한 질문에서는 심호흡을 하는 등의 방법을 제시한 응답을 생성하는 것을 배워가는 셈이다. 이것을 'RLHF(Reinforcement Learning from Human Feedback. 인간으로부터의 피드백에 기초한 강화 학습)'라고 부르며 모델은 ×의 답변에서는 무엇을 피해야 하는지, ○의 답변에서는 무엇이 원하는지 배운다. 두 가지 평가를 결합함으로써 모델은 보다 적절한 응답을 생성하는 능력을 향상시킨다. GPT에 대화용 옷을 입혀 부적절한 발언을 줄인 것이 ChatGPT가 많은 사용자에게 받아들여진 큰 요인이다.

❽ AI 맞춤(alignment)

그전까지의 대화형 AI는 인간의 피드백에 근거한 학습을 하지 않았고 앞서 소개한 Meta의 Galactica처럼 공개 후에 비방이 쇄도하기도 했다. Galactica 외에도 2016년에 Microsoft가 발표한 Tay는 발매 후 불과 15시간 만에 혐오 발언을 반복하게 되어 1일 만에 공개 중지되었다.

마찬가지로 2020년의 한국 기업 ScatterLab의 Lee-Luda도 혐오 발언이 원인으로 공개된 지 20일 만에 중지할 수밖에 없게 되었다. 자유롭게 손에 넣을 수 있는 텍스트 데이터에는 그만큼 부적절한 표현이나 문장이 넘쳐난다는 의미일지도 모른다.

하지만 물론 이 피드백에 의한 학습이 완벽하다는 것은 아니다. 2023년 2월 OpenAI의 기술을 활용한 Microsoft의 검색 서비스 Bing은 사용자와의 대화 중에 사용자를 깔보며 사과를 요구한다는 답변을 생성해 말다툼이 벌어진 사건이 발생한 바 있다.

이러한 사건을 피하기 위하여 보다 인간에게 협조적인 모델로 만들어 나가려는 움직임도 활발해지고 있다. 이것은 AI 맞춤(AI Alignment)라고 불리며 사람에게 다가가는 AI 시스템을 의미한다. 그러나 AI가 선택할지도 모르는 모든 발언이나 행동을 사전에 예측하고 제거하는 것은 애초에 불가능하지 않았냐는 의견도 있어 AI 개발의 방향성에 대해서 활발히 논의되고 있다. 물론 이러한 논의는 이전부터 존재했지만 ChatGPT의 등장으로 단숨에 문제가 현실감을 띠기 시작한 것일지도 모른다. 일부 전문가뿐만 아니라 일반적으로 널리 사용되는 서비스가 나타남으로써 사회 전체와 관련된 과제로 부각된 것이다.

10.5 생성형 적대 신경망(GAN)

❶ GAN의 정의와 특징

GAN은 가짜 데이터를 생성하는 모델과 진짜와 가짜를 구분하는 모델을 함께 학습시켜 진짜와 구분하기 힘든 데이터를 생성하는 모델이다. GAN은 비지도 학습에 사용되는 인공지능 프레임워크의 한 유형이다. GAN은 생성자와 판별자라는 두 개의 신경망으로 구성된다. GAN은 적대적 학습을 사용하여 실제 데이터와 유사한 인공 데이터를 생성한다.

비지도 학습	• 학습 데이터의 레이블이 따로 주어지지 않고 진짜 이미지의 특징을 학습해 진짜 같은 가짜 이미지를 생성하는 모델
생성모델, 판별모델	• 생성기와 판별 모델 2개의 모델을 학습에 활용하여 과적합 문제 해결

표 10.2 GAN의 특징

❷ GAN의 구성요소와 절차

GAN은 세 가지 구성 요소로 구분할 수 있다.

- **생성적 구성 요소**
  이 구성 요소는 데이터 세트의 기본 패턴을 이해하여 새로운 데이터를 생성하는 방법을 학습하는 데 중점을 둔다.

- **적대적**
  간단히 말해서, '적대적'은 두 가지를 반대에 두는 것을 의미한다. GAN에서 생성된 데이터는 데이터 세트의 실제 데이터와 비교된다. 이는 실제 데이터와 가짜 데이터를 구별하도록 훈련된 모델을 사용하여 수행된다. 이 모델은 판별자로 알려져 있다.

- **네트워크**
  학습 과정을 가능하게 하기 위해 GAN은 딥 신경망을 사용한다.

❷-1 GAN의 절차도

GAN의 작동 방식을 이해하려면 먼저 GAN의 다양한 구성 요소가 실제 데이터와 매우 유사한 새로운 데이터 샘플을 생성하는 방식을 보여주는 다음 그림 10.2에서 살펴볼 수 있다. GAN에는 생성 네트워크와 차별 네트워크라는 두 가지 주요 구성요소가 있다. GAN의 작동에 관련된 단계는 다음과 같다. 여기서 차별기는 분류 정확도를 높이도록, 생성기는 분류 정확도를 낮추도록 학습한다.

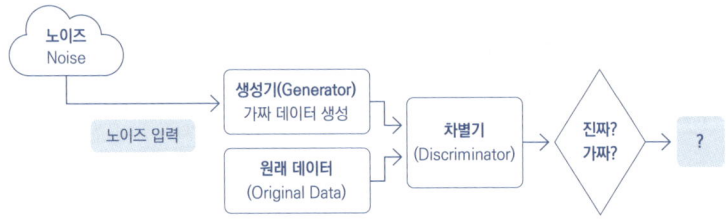

구분	설명
훈련 데이터	• 생성 모델과 분류 모델을 훈련시키는데 사용되는 학습 데이터 집합
Generator (생성기)	• 생성자로 훈련 데이터 기반으로 데이터를 생성하고 분류기를 속이기 위해 진짜와 가까운 가짜 데이터를 생성
Discriminator (차별 모델)	• 판별자로 생성 모델이 생성한 가짜 데이터를 진짜와 분류하기 위해 학습하는 모델

그림 10.2 GAN의 흐름

❷-2 GAN의 도전과제

GAN은 매우 강력한 생성 도구이지만 몇 가지 도전과제도 있다. 예를 들어, 학습 과정의 불안정성, 고품질의 데이터 생성을 위한 높은 계산 비용, 생성된 데이터의 윤리적 및 법적 문제 등이 있다. 이러한 도전과제를 극복하기 위해 연구자들은 지속적으로 GAN의 알고리즘을 개선하고 있다.

구분	문제점	설명
데이터	훈련 데이터의 불완전성	• 모델 학습에 활용되는 훈련 데이터의 불완전성으로 오류 발생
	생성 데이터의 품질	• GAN으로 생성한 합성 데이터의 품질이 인간이 만들어낸 데이터에 미치지 못함
윤리/법	딥페이크	• 불법으로 사람의 얼굴을 합성한 딥페이크 영상으로 개인정보 침해
	저작권	• 다른 사람의 창작물 무단 학습으로 도용 및 저작권 문제 발생

표 10.3 GAN의 문제점

10.6 생성형 AI의 이점과 한계

생성형 AI를 구현하는 것의 몇 가지 이점을 살펴보면 다음과 같다.

- 콘텐츠 작성 과정을 자동화한다.
- 이메일에 답장하는 데 드는 수고가 줄어든다.
- 기술적인 질의에 대한 대응이 향상된다.
- 콘텐츠 생성 과정이 간소화된다.
- 이는 개인에 대한 현실적인 표현을 만들어낸다.

생성 AI 애플리케이션을 사용하는 동안 고려해야 할 몇 가지 제한 사항은 다음과 같다.

- **출처 검증 부족**
  콘텐츠 출처를 항상 검증하지는 않는다.
- **윤리적 문제**
  딥페이크 등 생성된 AI 콘텐츠의 오용이 발생할 수 있다.
- **지나친 일관성 강조**
  일관성에 대한 지나친 강조로 인해 편향된 출력이 생성될 수 있다.
- **창의성 문제**
  때로는 생성 AI가 진정으로 창의적인 결과물을 생성하는 데 어려움이 있다.
- **복잡성 미세 조정**
  특정 작업에 맞게 모델을 미세 조정하는 것은 어려울 수 있다.
- **학습 데이터 종속성**
  출력은 학습 데이터의 품질에 따라 달라진다.

인공지능(AI) 교양강의 및 학습교재

인공지능(AI) 기술과 응용

초판 1쇄 발행 2025년 4월
지은이 정환묵
발행처 스마트산업연구소
디자인 밝은사람들

ⓒ 정환묵, 2025
이 책은 저작권법에 따라 보호를 받는 저작물이므로 무단 전재와 복제를 금하며,
이 책 내용의 전부 또는 일부를 사용하려면 반드시 저작권자의
동의를 받아야 합니다.

ISBN : 979-11-985255-1-2
정가 : 22,000원